财经法治

互联网金融
法律评论

Internet Finance Law Review

2018年第2辑 · 总第13辑

上海交通大学互联网金融法治创新研究中心 主办
许多奇 主编

法律出版社
LAW PRESS · CHINA

《互联网金融法律评论》编委会

本书得到蚂蚁金融服务集团的鼎力支持

特致谢意!

序

人类正在迅速滑入全球金融资本主义体制的时代。互联网金融使这一进程呈几何级数加快。与此同时，经济的投机性、市场泡沫破裂的风险性、社会的复杂性和不确定性也在不断膨胀。于是，对无限递增的数码空间进行监管、对迅速增值的金融权力进行约束的呼声也渐次高涨。正是在这样的背景下，上海交通大学《互联网金融法律评论》应运而生，旨在把层出不穷的金融创新纳入法治轨道，对网络互动中产生的涨落和混沌进行有序化处理，为新式商业信用系统的形成和发展提供坚实的制度基础。

互联网金融的根源可以追溯到20年前。在中国，从2013年起互联网金融才开始蓬勃发展，并以迅雷不及掩耳之势推动了直接融资和间接融资的体制改革和产业资本市场的发育。众所周知，我国既有的金融体系与财政体系的边界其实是模糊的、流动的。金融秩序以政府信用为担保才得以维持。因而金融业务具有很强的垄断性，具体表现是霸王条款和过度盈利。为了防止权力的任意性引发金融震荡，有关职能部门采取层层把关、步步审批的方式进行监管，形成了森严的等级结构，严重妨碍了营业效率的提高。近年来，互联网金融异军突起，一举打破了原有的垄断格局和僵化体制。显然，互联网金融的最大优势就是通过平面化、网络化、信息技术化的革新模式，大幅度提高了金融服务的效率，并拓展了融资渠道以及民间资本市场的发展空间。

在互联网金融领域，数码虚拟的自由空间、纵横交错的关系结构以及大数据处理的基础设施构成全新的风景线。在电脑网络与人际机缘相链接和叠加而形成的多媒体社会中，信息和资源的传递与计算变得极其便捷、极其广泛，也使交易成本大幅下降，催生了网上银行、电子货币、互联网支付、移动支付、网络小微企业贷款、网络小额信用贷款、网络众筹融资、金融机构的网络服务创新平台、网络基金销售等一系列新生事物，也给我国经济发展带来了巨大红利。通过跨界无垠的互联网金融通道，庞大的资本既可以在一眨眼间啸聚而来，也可以在一转念间风流云散而去；既可以给实体经济造成出其不意的打击，也可以给个人财富造成变幻无常的盈亏。高风险、高收益是互联网金融的基本特征。

以互联网的开放性为前提条件,以红利分享的机会为驱动装置,相关金融领域的确已呈现出一派欣欣向荣的生机。然而在繁荣景象的背后也并非没有泡沫、荫翳以及陷阱。毋庸讳言,迄今为止的互联网金融界,由于缺乏准入门槛和行业规则,竞争虽然是自由的,却未必是公平的;由于缺乏监管机制和法律约束,信用破绽不安始终如影随形;由于互联网金融与制造业经济的关系尚未定型,一种投机的、冒险的虚拟资本冲动很可能把长期理性和公共利益推下断崖,使国民财富变得像无根的浮萍。为了将互联网金融从上述困境里解救出来,防止我国在走出"租场式经济"低谷之后又陷入"赌城式经济"的迷魂阵,特别需要法学专家、立法者、司法机构、金融监管部门、业界人士加强交流,在通力合作的基础上凝聚制度设计的共识,采取未雨绸缪的防范措施。

上海是崛起中的国际金融中心。中国(上海)自由贸易试验区的一项最重要使命就是实现中国的金融制度创新。而在上海交通大学徐汇校区,高级金融学院、安泰经管学院、凯原法学院比邻而立,可以说这里正是推动学科交叉和知识融会的最佳场所。我相信,在业界支持下,由一群新锐法学者创办的《互联网金融法律评论》能够为那些勇于直面现实问题、试图凝聚制度共识的各领域才俊搭建一个影响深远的交流平台。我祝愿,本书能成为金融法律创新的孵化器,成为风险对策的实验室,成为互联网金融新生事物茁壮成长的温床。我希望,在不久的将来,一群具有国际视野和精通实务技能的新型金融法律人才能够通过本书相识、互助、共荣并在各自的事业中脱颖而出。

 *

2015年4月6日

* 季卫东,上海交通大学法学院院长,教授,长江学者。

目　　录

慎思篇

审问篇

笃行篇

广闻篇

Contents

Articles

Comments

Cases

News

慎思篇

隐私、个人信息与平台责任

傅蔚冈 *

2009 年《华尔街日报》的科技记者朱莉娅·安格温(Julia Angwin)在一篇名为"Putting Your Best Faces Forward"的文章中分析了为什么 Facebook 能够在激烈的社交媒体大战中脱颖而出。她的总结就是用户"愿意用自己的隐私换取一个基于信任的沟通平台"。这话听起来很耳熟,因为就在 2018 年 3 月的中国发展论坛上,百度 CEO 李彦宏也说过"中国用户很多时候愿意用隐私来换便捷服务"。李彦宏的原话是这样的:"同时,用户的一些个人数据实际上能够帮助互联网企业为之提供更好的服务或产品。比如,用户在电商、购物网站上的习惯、关注的品类等等信息,有助于网站为用户提供更贴心、更高效的服务。中国的消费者在隐私保护的前提下,很多时候是愿意以一定的个人数据授权使用,去换取更加便捷的服务的。因此,我们需要在保障用户信息安全和运用用户数据为之提供更好服务之间,找到更好的平衡点。当然,这一切都要遵循一定原则,要在保障用户数据权益的基础上,用这些数据让所有人受益。"

这个道理其实并不复杂,现在我们都把类似于百度和 Facebook 这样的互联网公司称为平台。平台经济的一个最为基本的原则,即当质量优先和双边市场的滚雪球效应结合在一起的时候,质量最终会带来数量激增。当然,这也产生了一个问题,当用户把数据在留在平台上的时候,实际上就赋予了平台保护相关数据的责任,如果平台没有保护好相关的信息,那么它就会面临相关风险,这个风险可能是商誉上的,也可能是法律上的。最近 Facebook 就遇到了这样的麻烦:因为近 5000 万个用户信息泄露事件,美国社交媒体上发起了一项"删除 Facebook 账户"的活动,Facebook 的商誉遭受了极大损失。同时,美国联邦贸易委员会已经开始了对 Facebook 的相关调查。有媒体甚至宣称 Facebook 有破产倒闭的风险。在这双重打击下,Facebook 的股价不断下滑,截至美国东部时间 4 月 6 日收盘,公司股价从最高时期的 195.32 美元每股跌至 157.20 美元每股,市值缩水近 20%。

正所谓"成也萧何败也萧何"。一方面,Facebook 的快速崛起依赖于用户提供的

---

* 上海金融与法律研究院执行院长,法学博士。

真实信息;另一方面,平台很快就遭受到来自保护信息不善而导致的惩罚。可以想象,现代社会不止 Facebook 一家存在海量的用户信息,如果信息保管不善都会产生类似的风险。

在某种程度上,现代互联网营造的便捷生活在很大程度上都是建立在这些互联网巨头积聚了海量的个人信息之上,无论是美国的 Goolge、Facebook、Twitter,还是中国的 BAT。这次 Facebook 信息泄露事件是一个导火索,它把公众对互联网巨头的各种担忧(同时还含有一些不满)都爆发出来了。那么,平台该如何在个人信息和便捷的服务之间作平衡?它又该履行哪些义务?

一、个人信息和隐私

尽管公众经常将因素和个人信息联系在一起讨论,但这两者的内涵和外延并不尽一致。

从时间来看,隐私出现得更早一些,早在 19 世纪末期就有学者讨论这个问题。我们现在讨论隐私问题,在很大程度上还是没有跳出 100 多年前哈佛法学院沃伦和布兰代斯这两位教授在《哈佛法律评论》上发表的《论隐私权》一文中所奠定的框架。在这篇论文中,作者将隐私视为"个人有权保持个体私密以防止被呈现于公众之前,这是隐私权外延中最简单的情形。保护个人不成为文字描述的对象、私生活不受媒体指指点点,将是一种更为重要、范围更广的权利"。从这个角度来看,保护隐私的目的是保护人的尊严,在大陆法上将其和人格权联系在一起。

那么,隐私和个人信息有何区别?尽管在欧洲和美国个人信息成为法律保护的客体已经有几十年的历史,但是在我国是近几年才有的事。如果以"个人信息"为关键词搜索中国裁判文书网,就会发现有关"个人信息"的案件都是发生在 2013 年以后,而且是以刑事案件为主,集中在"非法获取公民个人信息"和"出售、非法提供个人信息"两个领域。而关于隐私权纠纷的案件早在 20 世纪 90 年代就已经存在了。

为什么 2013 年是个分水岭?因为 2012 年 12 月 28 日第十一届全国人民代表大会常务委员会第三十次会议通过了《关于加强网络信息保护的决定》,在此之前我国并没有关于个人信息保护的法律。该决定首次在法律层面确认了个人信息保护原则,如收集个人信息的合法、正当、必要原则,知情透明原则等。尽管被学界不少人称为一般性规定过多,且很多保护措施过于宽泛,但至少释放了一个信号:个人信息和隐私两者是不同的。否则法律为什么还要另起炉灶呢?

那么,何为公民的个人信息?2017 年 5 月 9 日最高人民法院、最高人民检察院颁布的《关于办理侵犯公民个人信息刑事案件适用法律若干问题的解释》指出,《刑法》第 253 条之一规定的"公民个人信息",是指以电子或者其他方式记录的能够单独或者与其他信息结合识别特定自然人身份或者反映特定自然人活动情况的各种信息,包括姓名、身份证件号码、通信联系方式、住址、账号密码、财产状况、行踪轨迹等。

由此可见,个人信息和隐私两者并不尽一致。隐私通常是由一组个人信息构成,但是并不是所有的个人信息都是隐私。

举个最简单例子,只要个人在社会中生活,参与社会交往,那么就必然要和别人交换一系列信息,而他人或者组织总会存储一些个人信息,包括但不限于姓名、身份证件、联系方式和财产状况等。很显然,别人知道我的信息,并向他人或者组织告知有关我的信息并不必然侵犯我个人的信息。我国《民法总则》第 111 条规定:"自然人的个人信息受法律保护,任何组织和个人需要获取他人信息的,应该依法取得并确保信息安全,不得非法收集、使用、加工、传输他人信息,不得非法买卖、提供过程公开他人个人信息。"

为什么他人或者组织要获得个人信息?在笔者看来,无论是合法还是非法,其目的主要是营利,或者说个人信息成为一种生产要素,就是和石油等自然资源一样,这就构成了我们今天数字经济的基础。个人或者组织为何要侵犯他人隐私?一般来说是为了达到贬损他人人格的目的,而且其构成要件必须是将隐私公之于众。笔者觉得这是隐私和个人信息的最为本质的区别。换句话说,如果我知晓了他人的隐私但是并不公之于众并不会侵犯他人隐私,但是如果我通过法律上禁止的手段获得了他人信息,尽管没有将其公布于众,但我还是侵犯了个人信息,因此要承担法律上的责任,包括但不限于民事、行政或者刑事上的责任。

尽管很多个人或者机构会通过非法获得个人信息谋利,但是对于绝大多数的平台而言,一个个孤立的个人信息并无多大的价值,只有当每个用户将其行为和一定的选择联系在一起的时候才会有价值。比如,刚刚更新的 google 用户协议中解释了它为什么要处理用户的各种数据,包括但不限于"当您在 Google 地图上搜索某家餐馆或在 YouTube 上观看某个视频时,我们会处理与该活动相关的信息(其中包括您观看的视频、设备 ID、IP 地址、Cookie 数据和位置之类的信息)",其目的是:

帮助我们的服务提供更实用、更合乎需求的内容,如更相关的搜索结果;

改进我们的服务,并开发新的服务;

根据您的兴趣(其中包括您在 *YouTube* 上进行过的搜索或观看过的视频之类的内容)向您投放广告;

防范欺诈和滥用行为,从而提高安全性;

进行分析和衡量,以便了解 *Google* 服务的使用情况。

同时还需要提及的一个背景是,无论是欧洲还是美国,保护个人信息最早是源于保护个人信息免受政府公权力的不当干扰。但是在中国,个人信息在很大程度上是为了将其不当用于商业目的,其针对的对象是各种商事主体。于是这就产生了一个疑问,我国《民法总则》第111条规定的“组织”是不是把政府包括在内?政府如果收集个人信息,应当遵循何种程序?但遗憾的是,这在中国似乎是一个被遗忘的问题。

二、平台的保护义务

既然现代社会个人或者组织获得个人信息的目的是创造财富,而且从过去的经验已经证明数据能提高效率,那么法律就应当鼓励个人信息的合法流通。在Facebook信息泄露之前,我国也有类似信息泄露事件,只不过这些信息泄露不是发生在互联网大型平台,而是发生在传统企事业单位。2015年2月15日桔子、锦江之星等七大酒店的数千万条开房信息被泄露,涉及住户的姓名、家庭地址、电话、邮箱乃至信用卡后4位等敏感信息;4月22日30多个省市的社保系统、户籍查询系统等被曝存在高危漏洞,包括个人身份证、参保信息、财务、薪酬、房屋等敏感信息在内5000多万条的社保用户信息可能被泄露;2015年8月线上票务网站大麦网被曝存在安全漏洞,600余万用户账号密码遭到泄露在黑产论坛公开售卖。

那么,平台该如何合法使用并保护其获得的用户信息,从法律层面分析,至少存在四个面向。

其一,平台和网络用户之间基于合同法上产生的契约关系。当用户要使用平台所提供的各种服务,平台会要求用户提供相应的信息。因为平台要面对海量的用户,因此平台和用户之间不可能是一对一的谈判产生,而是由平台提供一个格式条款,约定相关个人信息的使用规则。尽管这个使用规则是由平台当单方作出,但是它还是要受到法律的约束。格式条款中应当告知用户平台收集了哪些信息,如何使用这些信息,在这里必须要遵循用户知情同意的原则,而所有这些数据的使用和处理,必须符合用户的预期。在这一法律关系下,平台要承担外观保护和内容保护,即要保证收集的信息必要,保管的信息准确,并在存储过程中保证可用性、完整性、保密性。这也是我国《网络安全法》第41条和第42条确认的原则。如果平台违背这些原则收集和使用用户信息,就会受到来自民事或者行政的责任,情况严重的还要承担刑事责任。

其二,用户和平台之间基于侵权法上的责任。现实生活中经常出现的情况是用户在平台上发现有损其声誉的信息,比如说诽谤信息或者侵害他人隐私的信息,而不是平台大规模泄露用户信息的事件,因为用户信息作为平台最核心的资产,它必定会有激励来保证这些信息不被泄露。当发生这种情况后,平台应当承担什么样的责任?

我国《侵权责任法》第36条对此种情况作了这样规定:“网络用户利用网络服务实施侵权行为的,被侵权人有权通知网络服务提供者采取删除、屏蔽、断开链接等必要措施。网络服务提供者接到通知后未及时采取必要措施的,对损害的扩大部分与该网络用户承担连带责任。”学界将此条款称为平台的安全保障义务,但是安全保障到何种程度,在实践上则是一个难题。因为首先要确认的一个前提是,何种行为是侵犯用户的权益乃至网络服务者必须采取“删除、屏蔽、断开链接等必要措施”?平台并不是法院或者行政机构,它没法强制性要求用户提供相应的信息来论证其信息真伪,也无法判断这是否构成了诽谤。如果任何一个用户都能向平台主张类似要求,那么互联网的信息共享实际上就要接近瓦解,同时还会产生各种各样类似于“删帖”的黑色产业。因此,在“通知删除”规则中用户的证明义务就显得格外必要,它向平台主张相关诉求时,必须提供相关证明主张其要求是合理的,如法律已经生效的判决书或者裁定,行政机关的决定或者是其他已经生效的司法文书。学界对此有很多讨论,但是到目前为止并未达成一致。不过从欧盟和美国的不同实践来看,互联网要获得发展,要更有利于民众的生活,那么平台不应当承担过重的义务。

其三,平台的网络安全运行义务。由于平台集聚了海量的信息,因此我国《网络安全法》给其设定了法律义务,使其能够“保障网络免受干扰、破坏或者未经授权的访问,防止网络数据泄露或者被窃取、篡改”。需要指出的是,不同平台所要承担的义务并不相同,通常来说就是“能力越大责任越大。为此我国《网络安全法》第三章第二节还引入了“关键信息基础设施”的概念:“国家对公共通信和信息服务、能源、交通、水利、金融、公共服务、电子政务等重要行业和领域,以及其他一旦遭到破坏、丧失功能或者数据泄露,可能严重危害国家安全、国计民生、公共利益的关键信息基础设施,在网络安全等级保护制度的基础上,实行重点保护。”

其四,平台和信息处理者之间的关系保护义务。尽管平台手机和储存了个人信息,但这并不意味着都由它自己来完成对所有信息的分析和处理,基于社会分工的需要,有可能它还会外包给第三方,或者是授权给第三方使用。比如,引发此次Facebook信息泄露事件的就是源于第三方的不当使用信息,并不是Facebook本身。这时候至少要回答以下几个问题:

第一,平台可以在多大范围内将信息移交给信息处理者,以及信息处理者应该承担什么样的义务?

第二,在哪种情况下个人信息移转是合理的,其范围该如何限定?比如,在某公司内部移转,还是可以在公司以外移转?尤其是现在很多公司为了经营上的便利或者是风控的原因登记成立了不同的公司,那么该如何界定“公司内外”的概念?

第三,当合法转移后的个人数据交易产生问题时,到底该由谁来承担责任,以及该承担多大的责任?当然,通常情况下这是一事一议,要根据具体的情节来判定,但是这并不妨碍法院在司法实践中提炼出一般性原则来确认责任的边界来保护相关数据信息。

三、结语

尽管在数字时代公众的生活更加便利了,但是很多人还是对个人信息被存储在各大巨头的服务器上存有疑虑,最典型的就是当年风靡一时的《大数据时代:生活、工作与思维的大变革》一书。该书在第三部分"大数据时代的管理变革"中把现在互联网时代的保留在平台上的用户信息和当年东德10万名斯塔西监视民众的日常行为相提并论,认为"互联网的出现使得监视变得更容易、成本更低廉也更有用处。如今,已经不只是政府在暗中监视我们了。亚马逊监视着我们的购物习惯、谷歌监视着我们的网页浏览习惯,Twitter窃听到了我们心中的'TA',Facebook似乎什么都知道,包括我们的社交关系网"。

要消除这种疑惑,恐怕不是学理分析就能胜任,更不是像很多学者所主张的颁布一部《个人信息保护法》就能一劳永逸。从历史的视角来看,每次技术进步都会遭到来自各方的反对意见,其责任边界也是通过众多的个案予以厘定。毫无疑问,平台责任也是如此,更不可能在事先预见。

法律管制“高利贷”并非社会之福

黄　韬*

从2017年起，我国民间资金借贷市场所受到的管制程度越发严格，继“校园贷”被监管部门于2017年5月发文叫停[1]之后，互联网金融风险专项整治工作领导小组办公室和P2P网贷风险专项整治工作领导小组办公室于2017年12月1日下发了《关于规范整顿“现金贷”业务的通知》，这份通知文件诟病现金贷产品的理由之一，就是其交易过程中产生的“畸高利率”。因此，文件明确要求“各类机构以利率和各种费用形式对借款人收取的综合资金成本应符合最高人民法院关于民间借贷利率的规定，禁止发放或撮合违反法律有关利率规定的贷款。各类机构向借款人收取的综合资金成本应统一折算为年化形式，各项贷款条件以及逾期处理等信息应在事前全面、公开披露，向借款人提示相关风险”。显然，在“现金贷”产品的金融风险治理工作中，我国监管部门所设定的重点方向之一就是打击“高利贷”行为。

“高利贷”问题的情感与理性

人们对“高利贷”往往没有好感，甚至带着道义批判，把高利贷和暴力、剥削、经济压制联系在一起。在历史上，限制“高利贷”的立法可以追溯到古巴比伦的《汉穆拉比法典》、古印度的《摩奴法典》和古罗马的《十二铜表法》。基督教、伊斯兰教、犹太教、印度教等世界主要宗教的教义中均有明确反对高利贷的内容。例如，《旧约·出埃及记》中所记载的“我民中有贫穷人与你同住，你若借钱给他，不可如放债的向他取利”，以及《利未记》所述的“你的弟兄在你那里若渐渐贫穷，手中缺乏，你就要帮补他，使他与你同住，像外人和寄居的一样。不可向他取利，也不可向他多要，只要敬畏你的神，使你的弟兄与你同住。你借钱给他，不可向他取利；借粮给他，也不可向他多要”。

当然，人们反感“高利贷”并非没有道理，因为“高利贷”意味着社会融资成本的

---

* 上海交通大学凯原法学院副教授、博士研究生导师。

[1] 银监会、教育部、人力资源社会保障部于2017年5月27日下发了《关于进一步加强校园贷规范管理工作的通知》，要求未经银行业监管部门批准设立的机构禁止提供校园贷服务，且现阶段一律暂停网贷机构开展校园贷业务，对于存量业务要制定整改计划，明确退出时间表。

增高,为此人们的投资、消费需要付出更高的代价,这显然会不利于经济的长期平稳发展。但话说回来,那到底什么是"高利贷"呢?多高的利率才算是"高利贷"呢?其实,这个世界上本来就没有所谓的"高利贷",所有的"高利贷"都是法律"发明"出来的。观其实质,给民间资金借贷关系冠上带有贬义的"高利贷"名头,其实就是把彼此之间自愿形成的合作关系看作一种零和博弈关系。出于本能,人们希望借用国家强制性法律来管制"高利贷"交易,以期达到保护作为"弱势群体"的借款方的目的。尤其是当媒体把诸多社会乱象的出现归结于"高利贷"交易的发生之后,那似乎通过法律手段来限制"高利贷"交易的发生看起来是理所当然了。

然而,社会科学研究可以告诉我们,这些乱象和问题其实并不是"高利贷"本身所引发的,反而恰恰是国家法律管制"高利贷"的后果。我们也可以发现,当法律越多地通过干预某些交易关系,来"保护"特定的交易主体,反而会对法律和政策制定者所要保护的"弱势群体"形成伤害。[1] 具体到"高利贷"交易,法律越是管制利率上限,借贷交易对于放贷方来说风险也就越大,进而民间借贷市场上的资金供给就越是紧张,由此总体的社会融资成本就会越高。换句话说,这意味着资金需求方为了借入资金所要付出的代价就越大。

古往今来,各类中外艺术作品中都不乏"高利贷"交易而引发悲剧的描写。比如,《白毛女》就讲述了资金出借方黄世仁对借入方喜儿一家的剥削和压迫,导致了喜儿父亲杨白劳的死亡以及喜儿后续的悲惨境遇,令人唏嘘不已。法国作家巴尔扎克在其作品《高利贷者》中描绘了"高利贷"放贷者高布赛克贪婪狡诈的品性。英国戏剧家莎士比亚在早期作品《威尼斯商人》中塑造了夏洛克这一唯利是图、冷酷无情、受人唾弃的"高利贷者"经典人物形象。然而,这类故事虽然契合了人民群众朴素的"阶级情感",却未必真实反映了现实社会中的资金借贷关系(事实上,就连莎士比亚本人都曾经一度把放"高利贷"当作了副业[2])。

根据陈志武等人对清朝1732~1895年各地记录在案的约1000个债务命案的研究,在"高利贷"交易引发的命案纠纷中,放贷方(资金出借方)死亡的比率比借方(资金借入方)更高,并且利率越高,放贷方死亡的可能性越大;灾歉年份对"高利贷"更加严厉的管制则会进一步增加放贷方的死亡比例。[3] 和许多时代的法律一样,清朝的法律同样限制高利贷,即法律不保护超过一定利率标准的部分,那么在法律不给予保护的情形下,放贷方只能以私力救济的途径解决纠纷,最初的金钱交易

---

〔1〕 参见黄韬:《限制交易自由是对产权保护的削弱》,载《第一财经日报》2017年3月13日。

〔2〕 参见《莎士比亚的另一面:偷税漏税,放高利贷》,载人民网:http://history.people.com.cn/n/2013/0415/c198307-21137610.html,最后访问日期:2018年8月16日。

〔3〕 陈志武、林展、彭凯翔:《民间借贷中的暴力冲突:清代债务命案研究》,载《经济研究》2014年第9期。

却以人身伤害来收场。从经济学的角度来看,这就在一定程度上解释了高利率的来源:因为资金出借方很大一部分的权利无法通过公权力部门的渠道来合法地主张,而在以不受国家保护的私力救济的方式来主张权利的过程中就存在相当高的人身伤害风险。所以在出借资金时,资金出借方所"索取"的高利率可以看作对其未来生命风险的补偿。例如,在 2017 年山东聊城辱母杀人案中,最终的结局也是资金出借方私力救济未果而付出了生命的代价。此案中,出借方开出的 10% 月息被媒体和公众视为"高利",但从事后来看,个案中这个所谓的"高利"是并不能补偿出借方风险的(需要强调的是,笔者在这里并不是肯定暴力催收行为的正当性,只是描述案件的客观结果;并且在笔者看来,之所以出现大量的暴力催收行为,这在一定程度上也是和国家法律对"高利"不予保护有关联的[1])。所以说,艺术作品的描述以及人们基于朴素观念而对"高利贷"交易关系的想象未必和真实民间借贷交易中借贷双方所各自负担的风险状况相吻合。

"高利贷"管制能否真正地保护"弱势群体"?

通常认为,保护弱势群体是公共政策的应有之义,但是通过强制性法律来限定特定合同条款(如借贷合同中的利率条款)以干预合同法律关系,是否真的能够实现立法者对保护弱势群体的期待呢?

研究表明,事实情况可能恰恰跟这样的美好愿望相反。2014 年两位经济学家库兰(Kuran)和鲁宾(Rubin)通过对 1601 ~ 1750 年奥斯曼帝国伊斯坦布尔民间借贷交易市场的研究发现,受到伊斯兰法庭特别保护的穆斯林在借钱时要比其他人多支付 1/5 到 1/4 的利息。[2] 在当时的土耳其社会,存在多种宗教信仰,法律在不同人群间的适用情况也有所区别。在伊斯兰世界中,《古兰经》要求借贷不允许收取利息,它几乎是历史上最严格的高利贷管制规则,这意味着如果资金出借方在市场上借钱给穆斯林,是无法合法地获取利息的,但是将资金出借给其他信仰族群仍然可以合法地收取利息。这看似为穆斯林创造了一个"完美"的融资环境,然而研究者发现,在土耳其的民间借贷市场中,恰恰是受法律保护程度最高的穆斯林不得不负担最重的借款成本,原因就在于,所有借钱给穆斯林的放贷人,除非心甘情愿不收取利息,否则其收取利息的权利不受法律保护,双方一旦发生纠纷,放贷方只能通过私力救

---

〔1〕 关于"高利贷"的法律管制与该悲剧案件发生的关联性分析,可以参见黄韬:《私力救济、高利贷管制与辱母杀人案》,载财新网:http://opinion.caixin.com/2017-03-27/101070947.html,最后访问日期:2018 年 8 月 16 日。

〔2〕 Timur Kuran and Jared Rubin, "The Financial Power of the Powerless: Socio-Economic Status and Interest Rates under Partial Rule of Law (March 23, 2016)", Economic Research Initiatives at Duke (ERID) Working Paper No. 175, Available at SSRN: https://ssrn.com/abstract=2512930 or http://dx.doi.org/10.2139/ssrn.2512930.

济的渠道主张自己的权利。因此,受到国家法律特别保护的穆斯林在借贷市场上要获得资金,反而要多支付 20% ~25% 的利息,以此作为对放贷方承担额外风险的补偿。

类似地,经济学家陈志武根据 1934 年民国政府中央农业试验所对当时全国 22 个省的乡村家庭的各方面经济状况所做的调查数据(其中包括了这些家庭所借资金的利率情况),发现全国范围内宁夏和浙江是两个不同的极端:浙江只有 1.1% 的借贷利率超过 30%,而宁夏所有的借贷利率都超过了 30%。[1] 浙江之所以借贷利率水平低,这与其较为发达的民间金融市场(最为丰富的资金供给)有关。而在宁夏,由于回民占多数,而古兰经又明确禁止有利息的借贷,因此有偿放贷行为会受到当地教义和道义的谴责,这自然增加了债务借贷的契约执行风险,使放贷者的权益容易被牺牲。因此,借贷风险溢价必须升高,否则放贷人是不会愿意把资金放贷出去的,结果就是需要资金的一方为此付出了更高的代价。

在中国共产党的革命史上也能找到类似的事例。20 世纪 40 年代,中国共产党宣布在解放区内禁止“高利贷”交易,因为其认为“高利贷”是地主阶级剥削农民的手段,所以是阶级斗争需要消灭的现象。但是,这样的政策导致原来能够从地主手中获得周转资金的普通农民和贫农都无法借到钱。原因在于当法律禁止“高利贷”之后,对于拥有资金的人来说,相比于降低利息之后放贷,他们更乐于将资金用于其他回报更高的投资。因而,当时解放区的农民们普遍要求解禁高利贷,地方基层组织也向中共中央提出要放松、减少对“高利贷”的管制。例如,在 1948 年中国共产党邯郸局在给中共中央的报告中甚至明确指出:“我区封建性高利贷债务实际上早已废除,一般农民不是苦于高利贷,而是苦于借不到钱。”[2]

上述的中外事例其实也折射出很多时候人们(包括立法者和公共政策制定者)对法律功能的误解,以为通过设计出了形式“美观”、内容严格的法律条文就能够很好地保护弱势群体。例如,在劳动力市场的法律规则中,大量的规则出台目标被定位于保护劳动者,尤其是保护女性劳动者,如规定用人单位不能解雇怀孕、哺乳的妇女,必须给予孕期、哺乳期的妇女以最低标准的福利待遇等。但是,这样一来的结果却使这部分法律所界定的弱势群体在劳动力市场上获得工作机会的减少,或者使这部分弱势群体在就业时只能接受相对较低的薪酬待遇。其实,法律规则并不等于社会秩序本身,而是一套激励机制,激励着合同缔约双方各自进行某种行为选择。法律尽管限定了合同中特定条款的内容,但法律是没有办法限定合同中所有条款(理

---

[1] 参见陈志武:《反思高利贷与民间金融》,载爱思想:http://www.aisixiang.com/data/8164.html,最后访问日期:2018 年 8 月 16 日。

[2] 苏少之、常明明:《建国前后人民政府对农村私人借贷政策演变的考察》,载《中国经济史研究》2005 年第 3 期。

论上合同条款的数量是无穷大的)内容的,[1]当事一方也完全可以选择在这样的法律制度条件下不缔结合同。劳动力市场如此,民间资金借贷市场也是这个道理。

进一步说,就利率管制本身而言,相关法律、法规自古就有,在一些特定的历史阶段更是十分严格。小罗斯福在大萧条之后出任美国总统,他所实施的新政政策之一就是《1933年银行法》(Banking Act of 1933)。其中,就设定了严格的利率管制规则,即所谓的Q条例。[2] 然而,Q条例的实施反而催生了大量规避法律的金融市场"创新",包括货币市场基金、大额可转让存单等(在我国类似的情况就是2013年上线的余额宝产品,它实际上成为我国最终实现利率市场化目标的"临门一脚")。甚至在前文所述"史上最严格"的土耳其金融市场中,虽然法律不允许放贷方向穆斯林收取利息,但是这并不妨碍银行事实上获得盈利。很简单的道理,当法律禁止收取贷款利息时,银行虽然名义上提供的是无息贷款,但它依然可以设置各类费用或者其他的名目,以行收取利息之实。试想一下,如果法定利率管制真的有效,那世界上就没有"伊斯兰金融"这个名词了。

综上,我们可以说,政策、法律、道义、舆论越想保护交易中的某一方,越会增加另一方的缔结契约和履行契约的成本,因此也就抬高了交易价格(借贷合同中就表现为利率)或者导致契约无法缔结,最终损害的是潜在交易双方的利益。因此,当法律基于善意的保护弱势群体的考量,制定干预市场交易的政策时,这些规则是否能够产生立法者追求的结果是值得认真思考的。还是之前的那句话:法律规则本身和社会秩序是不能画等号的。

与之相关的一个问题是,在舆论对于"校园贷""现金贷""裸贷"等现象不遗余力的鞭笞和抨击的背景下,我国的监管部门也出台了一系列"强监管"措施。例如,银保监会2018年4月下发的《关于规范民间借贷行为 维护经济金融秩序有关事项的通知》(银保监发〔2018〕10号)明确要求"严厉打击面向在校学生非法发放贷款,发放无指定用途贷款,或以提供服务、销售商品为名,实际收取高额利息(费用)变相发放贷款行为"。实际上,除了"高利贷"管制之外,不少域外国家都专门要求民间借贷交易中的出借方履行负责任放贷(responsible lending)的义务。这样一种法律规则的背后逻辑在于某些借款人可能出于非理性的因素(如在校学生的炫耀式消费)而举债,这是一种对自己不负责任的行为,因此,资金的出借方应当负担额外的审查义务,避免这样的借贷交易发生。然而,上述的中外管制措施仍然是一种出于善意,但最终无法取得积极效果的法律"乌托邦"。在民间借贷市场上,固然有一定

---

〔1〕 可以参加张五常对香港历史上曾经出现的房屋租金管制法律制度的分析,参见 Steven N. S. Cheung,"A Theory of Price Control",*The Journal of Law & Economics*,Vol. 17,No. 1,1974,pp. 53 -71。

〔2〕 Alton Gilbert,"Requiem for Regulation Q:What It Did and Why It Passed Away",Federal Reserve Bank of St. Louis,1986.

数量的借款人的行为可视为"非理性",然而法律对"校园贷"或类似产品的禁止或者限制难道就可以使这部分"非理性人"变得理性起来,不再拜金,不再追求过度的消费?相反的是,当法律掐断了民间借贷市场上部分的资金供给来源之后,这些"非理性人"可能需要以更高的利率水平去市场上借入资金,这无异于进一步催生了"高利贷"的产生,让这部分"非理性人"的状况更加恶化。类似的道理,要求资金出借方承担额外的"负责任放贷"义务,这意味着借贷市场上资金出借者的成本和风险上升(出借方可能因为被认为未履行该项义务而无法通过司法救济的渠道追讨其所出借的资金),而这样一来的后果就是民间资金借贷市场的整体融资成本(具体表现为利率水平)的进一步上升。

法律应当如何为?

民间借贷交易的利率约定反映了市场中资金的稀缺性,与通货膨胀率、投资收益水平、贷款期限、借款方的信用程度、担保品的状况等多种因素相关。例如,在 20 世纪 90 年代,按照我国当时的国债利率或银行存款利率,若加上额外的保值贴补,事实上法定的利息率都已达到了 20% 乃至 30% 以上,按照现如今的司法解释,这岂不是都属于"高利贷"的范畴?可视为"现金贷"产品之一的发薪日贷款(payday loan)产品,在各国的金融市场上,这类贷款的年化利率往往能够超过 300% 以上的水平。例如,美国消费者协会在 1999 年对 20 个州的 230 个发薪日贷款人进行的调查发现,贷款人发放 100 ~ 400 美元发薪日贷款的利率达到了 390% ~ 871% 之高;而在 2001 年的调查中,美国消费者协会发现 235 个借款人中间,有 1/3 对期限为 14 天的 100 美元贷款支付的年利率超过 500%;该协会调查的所有州对相同贷款收取的年利率平均水平达到了 470%。[1] 但这种表面上高利率的背后并非不具有合理性,因为发薪日贷款为资金需求者提供了金额所不高,但却是极为重要的短期流动性,并且对于资金出借方来说,其承担的风险较大,且管理成本是无法通过较长的贷款期限和较高的贷款金额来摊薄的,因此简单地用年化利率数值去衡量这类贷款是不是"高利贷",其实是没有什么意义的。美国学者阿黛尔 · 莫尔斯(Adair Morse)以计量研究的方法发现了,在发生自然灾害的情形下,得到发薪日贷款支持的社区的住房按揭贷款赎回权丧失(foreclosure)和普通偷盗犯罪案件(larceny)发生的比率都显著地降低,也就是说所谓的"高利贷"起到了稳定社会的积极作用。[2] 再有一个例子是,碧桂园集团创始人杨国强在公司内部经常会举他借"高利贷"的例子:

---

〔1〕 参见姬莹莹:《论发薪日贷款的运作机理》,载 www. finlaw. pku. edu. cn/zhongxinzixun/zuixinwenzhang/4766,最后访问日期:2018 年 7 月 18 日。

〔2〕 Adair Morse,"Payday lenders: Heroes or villains?",*Journal of Financial Economics*, Volume 102, Issue 1, October 2011, pp. 28 – 44.

我曾经借过高利贷。早年,在北京某银行借了5000万元,利息高达30%。在借款的那一刻,银行实际只给了3500万元,预付利息1500万元银行提前扣了。即便这样,我需要钱也得借。那一年我赚了6000万元,把银行借款的5000万元全还了,还净赚1000万元。[1]

在这个例子中,我们既看到了超过24%的利率水平,不受司法保护的“高利”借款,还有在舆论引导下被千夫所指的“砍头息”。然而在一位企业家眼中,这恰恰是造就其最终事业成功的有力外部支持。

此外,利率水平的高低还在很大程度上反映了借贷者的信用条件。根据2001年获得诺贝尔经济学奖的信息不对称理论,借贷市场实际上与二手车市场相似,也是一个柠檬市场,由于信息不对称,存在大量因逆向选择产生的道德风险。这意味着信用水平越低、风险越高的人其实越愿意接受高利率。为了解决信息不对称问题,放贷人会采用信贷配给(Credit Rationing)的方式,即通过主动地设定一个利率上限来甄别出“好”的借款人和“坏”的借款人。[2] 所以我们可以发现,银行在正常情况下是不会发放“高利贷”的,因为银行清楚这些愿意接受“高利贷”的人,他们的信用水平都相对较低。以银行的经营模式及其风控要求,它不会采用民间借贷的经营模式。

既然设置利率上限可以在一定程度上解决信息不对称的问题,从而保护债权人的利益,那么“高利贷”的法律管制是否就具有了理论正当性呢?[3] 答案是否定的。要知道,这里所讲的信贷配给策略是放贷人(主要是银行)自我选择的一种经营策略,这是由商业银行天然的财务结构(高杠杆比率)所决定的,将其延伸至民间借贷市场并以国家强制性法律的形式推行则是不具有合理性的,毕竟银行的借贷市场和民间借贷市场的属性和功能是有很大差别的,后者的资金借入方往往不可能达到银行客户的信用水平,他们实质上是被银行体系排除在外的。正如前文所分析的,管制“高利贷”的法律规则反而会提升“弱势群体”的融资成本,给其带来更加不利的后果;而且,我们所厌恶的如暴力催收这样的社会问题其实并不是“高利贷”本身导致的,而恰恰是因为存在管制“高利贷”的法律而产生的(辱母杀人案就是典型的例

[1] 参见吴建斌:《我在碧桂园的1000天:以财务之眼看杨国强和他的地产王国》,中信出版社2017年版,第174页。

[2] Joseph E. Stiglitz and Andrew Weiss, “Credit Rationing in Markets with Imperfect Information”, *The American Economic Review*, Vol. 71, No. 3, 1981, pp. 393 - 410.

[3] 支持管制的观点可以参见钟鸿钧:《民间借贷和信贷配给》,载财新网:http://opinion.caixin.com/2017-12-11/101183576.html,最后访问日期:2018年8月29日。

子)。另外,试图通过限制高利率保护借款人的法规和政策往往还起到扩大社会贫富差距的消极作用,因为按照低于市场利率条件发放的信贷往往被“有钱有势”的人截获(可以想象一下现实中银行信贷资金的主要流向),结果是需要资金的没有得到资金,不需要资金的反而廉价地获得了资金。[1]

没有人会喜欢“高利贷”,笔者也当然希望社会融资成本能够尽可能降低。但是,要减少“高利贷”,需要靠什么呢?显然,根据上文的分析,管制“高利贷”的法律规则是不可取的,但法律仍然可以在以下三个方面有所作为:

首先,应当增加民间借贷市场中借款人可用于担保的资产。“高利贷”之所以存在并发展至今的一个原因正是在于有许多人缺乏资金,但苦于没有可担保的资产,而迫不得已求助于“高利贷”。倘若让他们拥有法律所允许的可担保资产,那么他们的风险水平便会下降,从而增加了获得“正常”贷款的机会。例如,可以考虑扩大农村土地权利作为担保品的范围,当然这涉及我国土地制度的进一步改革,但可以肯定的是,这样的改革会优化现有资金借贷市场的风险结构,实质性地减少“高利贷”产生的土壤。正如秘鲁经济学家索托所分析的,多数发展中国家之所以缺乏发展所必需的资本,是因为没有建立起把资产转换成为资本的制度体系。[2] 在笔者看来,这一判断也可以解释我国借贷市场上“高利贷”较为普遍的原因。

其次,要健全借贷市场中债权人的保护机制,即通过保护债权人来提升作为债务人“弱势群体”的福利。尽管债权人看起来是交易中更为强势的一方,但如果能够让债权人更为放心地出借资金时,利率水平才能下降,这样也就让资金的借入方获益了。所以我们应当建立更多鼓励交易而不是限制交易的法律机制,鼓励债权人通过公力救济而不是私力救济主张自己的权利。如今民间借贷市场上存在一些极有争议的催收手段,如当借款方违约难以清偿欠款的情形下,放贷方向其亲属、同事、朋友或者手机通信录上的“联系人”发送借款方违约信息的短信。甚至在农村,发生过放贷方委托的催收人员在村口放置大喇叭“宣传”借款方违约的情况。表面上看起来,这似乎是对借款方隐私权利的侵犯,但如果法律规则允许借款方在事前通过契约自主放弃一定的隐私权利,那其实是可以为借款方换得一个相对较低的借款利率水平的。甚至于说,“裸条”也可以看作一种声誉担保机制,如果不考虑社会观感,这也是减少“高利贷”的一种有效途径(当然,立法者是不会不考虑社会观感的)。

最后,鼓励放贷机构数量和资金供给的增加。其中的道理很简单,即经济学上的供求关系:增加资金供给是降低民间借贷市场利率的直接有效方式。换句话说,我们应当允许更多的放贷人进入民间借贷市场,从而强化放贷人与放贷人彼此之间

---

〔1〕 王君:《高利贷:从国际到国内的思考》,载《银行家》2005年第12期。

〔2〕 [秘]赫尔南多·索托:《资本的秘密》,于海生译,华夏出版社2017年版,第18~25页。

的竞争，由此利率水平自然会下降。然而，现实中我们看到的监管政策常常是本末倒置的：从2017年到2018年的控制互联网小额贷款公司牌照的发放，限制乃至禁止“校园贷”和“现金贷”业务的开展。而真正有利于减少“高利贷”的监管思路应当是考虑如何发展壮大民间资金市场，通过引导资金的流入来降低融资成本，而不是一旦出现一些“乱象”，就马上祭起牌照管制的措施，[1]而不问“乱象”出现的真正源头。要知道，这样做恰恰是急剧减少了市场的资金供给，会进一步推升借贷市场的利率水平。以“现金贷”产品为例，我国现在民间借贷市场的“乱象”根源其实根本不在于资产端，而在于资金端，即大量的放贷人通过各种方式（如P2P平台、资产证券化产品等）在向社会公众募集资金，事实上成为“影子银行”。这是监管者应当关注的最大的金融风险，但遗憾的是，综观目前的监管政策，无论是2017年的《关于规范整顿“现金贷”业务的通知》，还是2018年的《关于规范民间借贷行为 维护经济金融秩序有关事项的通知》，总体上都是在指向资金端的问题（前者强调的是“过度借贷、重复授信、不当催收、畸高利率、侵犯个人隐私”，后者则认为“以暴力催收为主要表现特征的非法活动愈演愈烈”），这在很大程度上可谓是南辕北辙了。至于说把板子打在“校园贷”身上，更是莫名其妙。“校园贷”在美国的规模已经超过了信用卡贷款，成为该国第一大的消费信贷产品，为高等教育提供了十分必要的资金支持。[2] 而在我国，仅仅因为表面化地、直觉化地把各种所谓“乱象”与“校园贷”产品联系在一起，把贷款资金驱逐出校园，那恰恰是最不利于减少“高利贷”的。正如前文所分析的，其实只有更多地鼓励放贷机构和资金进入校园，这才是降低校园信贷利率水平的有效之策。

2017年笔者在某财新网上发表《私力救济、高利贷管制与辱母杀人案》一文后，评论区有不少批评的意见，以下是比较有代表性的一条：

> 畸高利率的高利贷势必要涉黑，古今中外莫不如是。法律不能保护明显不当的高利贷，否则，任何一个急需资金周转的当事人都会掉入畸高利率的高利贷陷阱中，永世不能翻身。如果这位副教授突然缺钱，而银行紧缩，现在只有从民间高利贷借钱周转，按此文逻辑，我定月息20%你也得接受，且受法律保护。

对于上述批评，笔者其实已经用本文做了全面回应，简单说来就是，“高利贷”之

[1] 《关于规范民间借贷行为 维护经济金融秩序有关事项的通知》明确规定，“未经有权机关依法批准，任何单位和个人不得设立从事或者主要从事发放贷款业务的机构或以发放贷款为日常业务活动”，这等于从彻底地将放贷机构全部纳入了牌照管理的范畴。

[2] 参见《学生贷款超过信用卡！美国“校园贷”成第一大消费贷》，载《北京商报》2017年5月8日。

所以涉黑,不是因为“高利贷”本身,而是因为有针对“高利贷”的法律管制措施的存在,这催生了游离于国家法律体系之外的私力救济行为,导致了黑恶势力的介入(可以想想美国 1920 年《禁酒令》颁行之后黑帮的兴起)。

至于说要防止出现“任何一个急需资金周转的当事人都会掉入畸高利率的高利贷陷阱中,永世不能翻身”的悲惨情况出现,我们恰恰不应该去管制所谓的“高利贷”,或者把各种信贷产品关掉,而应当是健全、发展资金借贷市场,而是放开牌照管制,不再保护持牌机构的“放贷特权”,让更多的资金供给方在这个市场上竞争,这才是保护借款人的有效应对。

数据共享背景下的金融隐私保护[1]

何　颖*

一、引言

2016年中国互联网金融行业市场规模约为17.8万亿元,未来5年行业年均复合增长率约为24.67%,到2020年预计将达43万亿元。而我国目前拥有超过1000万家传统金融机构覆盖不到的实体企业,互联网金融市场发展潜力巨大。[2] 互联网技术的快速发展不断凸显"个人信息"的商业价值。对于互联网金融企业来说,个人信息具有更直接的经济意义,一方面,互联网金融企业需要获取潜在客户资料开拓、发展业务;另一方面,这些企业在提供金融服务同时取得的客户数据本身就是一笔关键财富。从而产生了一个十分重要的研究议题,即在基于大数据技术的互联网金融新业态迅速发展的背景下,法律应当如何保护个人隐私。

二、从金融业经营者的保密义务到金融隐私保护

2015年11月国务院办公厅印发《关于加强金融消费者权益保护工作的指导意见》(以下简称《意见》),首次在法律文本中规定金融机构应当保护金融消费者的基本权利,其中包括"信息安全权"。为了保护金融消费者的信息安全权,《意见》进一步规定,金融机构应当采取有效措施加强对第三方合作机构的管理,明确双方权利义务关系,严格防控金融消费者信息泄露风险,保障金融消费者信息安全。此前,我国《消费者权益保护法》亦通过修订增加了第29条关于经营者对消费者个人信息的保护规则,其中规定经营者应采取措施保护消费者个人信息安全的规定,却并未明确任何权利。应当肯定的是,《意见》首次将对消费者个人信息的法律保护上升到了

---

[1] 本文为国家社科基金青年项目(13CFX079)的阶段性研究成果。原载于《东南大学学报》(哲学社会科学版)2017年第1期。

* 法学博士,华东政法大学经济法学院副教授。研究方向:金融消费者保护法、互联网金融创新与法律规制。

[2] 参见互联网金融CEO:《2016年中国互联网金融行业市场规模将达17.8万亿》,载搜狐网:http://mt.sohu.com/20160319/n441088124.shtml,最后访问日期:2018年8月16日。

权利高度,为消费者维权提供了更明确的权利依据。《意见》的初衷是界定金融消费者的基本权利,用“信息安全权”等8项权利为金融消费者法律保护框架定下基调。[1]

对此,本文认为,信息安全权这一概念具有明显的局限性,其在实质上并未突破现行金融立法对个人信息的保护水平,并且也不足以涵盖对金融消费者个人信息法律保护的方方面面。

首先,《意见》中有关消费者“信息安全权”的规定尽管使用了新概念,在实质上并未超越现行金融立法有关金融机构保密义务的规则要求,即银行等金融业经营者对于经营活动中获得的客户个人信息承担着保密义务,除非有法律强制性规定,不得向任何第三人披露该个人信息。我国《商业银行法》第29条规定,商业银行办理个人储蓄存款业务,应当遵循存款自愿、取款自由、存款有息、为存款人保密的原则。对于个人储蓄存款,商业银行有权拒绝任何单位或者个人的查询、冻结、扣划,但法律另有规定的除外。同样,我国《证券法》第38条规定,证券交易所、证券公司、证券登记结算机构必须依法为客户所开立的账户保密;《信托投资公司管理办法》第34条规定,信托投资公司应当为委托人、受益人以及处理信托事务的情况和资料保密。

其次,固然要看到当前金融领域个人信息被害问题比较突出,金融业经营者安全保障机制不到位,致使消费者个人信息频遭泄露和黑客窃取,加之经营者内部工作人员监守自盗屡屡见诸报端,使如何保障金融消费者个人信息安全成为法律规制的重要议题。然而,金融消费者除了因为经营者对个人信息的保护不力致使信息泄露而遭受财务损失以外,更可能因为经营者对个人信息的不当收集、不当利用、不当共享而受损。譬如当前,银行等金融机构工作人员利用职务便利收集个人金融信息并出售给第三人获利的相关案件报道层出不穷。个人征信报告、银行卡信息等本属该被严格保密的金融隐私,在这些银行工作人员手中,却被以一份10元到几十元的低廉价格,大肆兜售。并且,经营者持有的个人信息内容有误或滞后等导致消费者信用或财务受损等事件,也日益增多。例如,市民胡某于2014年在汤阴县任固镇订购了一辆面包车,首付4.2万元,剩余的5万元由汽车4S店帮忙办理分期贷款手续。然而,贷款申请遭到银行拒绝,原因是胡某在16年前有一笔1.6万元的贷款尚未还清,已经进入银行征信系统的“黑名单”。而16年前当事人才只有8岁,显然信息有误。经银行工作人员核查发现,胡某与银行另一客户重名,工作人员在输入信息时出现了“关联错误”。

可见,无论是《意见》提出的消费者“信息安全权”还是现行金融法律中的“保密义务”规则,都只关注到了信息泄露导致对消费者权益造成侵害这一种情形。仅以

---

〔1〕 例如,《金融消费者享财产安全权等八项权利研究建金融消费者权益保护特别法》,载人民网:http://legal.people.com.cn/n/2015/1113/c188502-27814142.html,最后访问日期:2018年8月16日。

"信息安全权"来概括对于消费者个人信息的权益保护可能会误导立法舆论,致使消费者大量应得到保护的个人信息权益领域处于空白之地。

金融业经营者为什么要向客户承担保密义务?理论依据何在?概括出来至少有三个来源:其一,基于隐私权保护及侵权责任理论。金融业作为典型的数据驱动行业,客户个人信息是金融企业赖以管理和控制风险、设计和营销相关金融商品与服务的重要依据。隐私的信息化在金融领域已相当普遍。个人因金融交易形成的个人信息属于隐私范畴,个人对此享有金融隐私权,金融业经营者则负有保密义务。金融业经营者未采取必要保护措施致其隐私遭到泄露或未经消费者同意披露其隐私即构成侵权。其二,源自合同法上的默示义务。金融业经营者与个人建立交易关系实质为合同关系。除了基于合同明确约定而产生的权利义务以外,英美法的司法实践中通过默示条款来补充合同约定之不足,其中就包括对客户信息保密等默示义务。[1] 其三,金融业经营者的保密义务还有部分源于信义义务理论。"信义"在英国早期衡平法上被用于泛指所有的衡平关系,其具体含义视特定法律关系而定,信义义务基于信义关系而产生。以银行业为例,当客户向银行寻求咨询服务时,或者银行向某交易双方分别提供金融服务时,银行与客户之间便存在信义关系。银行在此类交易中应当为客户利益而行事,不得使自己利益与客户利益相冲突,其中包括应当向客户披露业务中存在或可能存在的利益冲突信息。可见,信义义务理论仅对于存在利益冲突情形下的金融业经营者形成保密义务要求及例外规则,并不能涵盖如泄露或不当利用披露个人信息等常见情况,因此暂不作为本文讨论对象。

隐私侵权理论较之合同默示义务理论而言,优势显而易见:(1)基于隐私权理论的保密义务属于法定义务,金融业经营者的行为违反该法定义务造成损害后果即构成侵权,责任认定比较明确且有利于隐私权人;基于合同默示义务理论的保密义务则缺乏明确的法律依据,司法审判主观性较强,权利诉求和赔偿结果不确定。例如,美国法院虽然通过"彼特森案"确立了银行基于合同默示条款对客户的隐私权保护义务,但是在随后的"史蒂汶斯案"中,银行职员利用工作之便窃取了客户个人信息,法院却认为银行并非主动透露客户信息,因而没有违反默示的保密义务,进而驳回了被害人的诉讼请求。[2] (2)隐私权理论及规范关注个人在侵权事件中的弱势地位,在立法中通过加重侵权人义务和责任给予个人倾斜保护。(3)侵权损害赔偿较之合同违约赔偿责任更为广泛,物质赔偿可能会适用惩罚性赔偿措施,并且还可能得到金钱以外的损失赔偿。

事实上,当前世界主要组织和国家的隐私法律文本,都已把对个人信息的保护作为隐私权保护的核心内容。亚太经合组织《隐私保护框架》(APEC Privacy

[1] 参见谈李荣:《金融隐私权与信用开放的博弈》,法律出版社2008年版,第4~8页。

[2] 同上书,第10~12页。

Framework)、经济合作与发展组织《关于隐私保护与个人资料跨国流通的指针的建议》、美加会计师协会的《公认隐私保护准则》以及欧盟 2016 年《关于在个人数据处理方面对自然人保护和此类数据自由流动的第 2016/679 号条例》(以下简称《一般数据保护条例》),都在文本中明确将隐私保护规范的保护对象界定为"个人信息"(personal information)或"个人数据"(personal data),即指所有与可识别的个人有关的信息,包括任何能够连接到个人或者是能够直接或间接识别出个人的信息。

人类社会在近 100 年里已从电气时代进入了信息时代,信息取代了物质和能源成为主要社会资源。信息不仅成为具有经济价值的企业财富,也成为政府努力收集和占有的公共资源。个人的隐私权作为法律概念,其内涵和外延也在随之扩张。个人信息开始纳入隐私保护范围,隐私权的内涵除了强调私人的生活秘密,还包含私人相关信息的私密性,以及由此发展出的"自己支配自己资讯资料之作成、贮存与利用"的权利。[1] 对此,英国内阁信息委员会办公室的《隐私影响评估手册》解释得十分清楚:从广义上讲,隐私是关于个人独处(let alone)的权利。隐私的表现形式主要有两类:一是物理隐私;二是信息隐私。物理隐私是指个人保持物理空间或独处的能力。对物理隐私的侵犯表现为对个人家庭或财产不受欢迎的搜索,搜身或其他侵犯,以及监控或提取生物信息行为。信息隐私是指个人控制、编辑、管理和删除个人信息,以及决定个人信息披露方式和披露程度的能力。对信息隐私的侵犯表现为,对个人信息的过度收集,未经同意披露或滥用个人信息。通过在公开场合或私人空间对个人进行监控而收集信息,或者监控邮寄、电话、在线等方式下发送方或接收方记录、信息内容。[2]

具体到金融领域,金融隐私权实质即隐私权理论在金融领域的延伸。在信息时代,信息隐私较之物理隐私而言已经成为隐私权保护的主要对象,隐私权的内容也由围绕个人信息相关利益的一组权利组成。金融隐私权包括参与金融活动的消费者控制、编辑、管理和删除个人信息,以及决定个人信息披露方式和披露程度的各类能力,具体包括个人对个人信息的收益权、知情权、变更权、删除权、求偿权等权利。又由于金融交易活动的特殊性,金融隐私的具体内容"是具有财产利益的信息,以信用信息为核心,包括信息所有人经济与财产交易状况方面的信息,如信息持有者财产状况及其财产流向的信息"。[3] 例如,中国人民银行在 2011 年发出的《关于银行

---

[1] 林欣苑:《网络上隐私权保护途径之分析》,东吴大学法学院 2003 年硕士学位论文,第 36 页。转引自王利明:《隐私权的新发展》,载中国人民大学法学院《人大法律评论》编辑委员会组编:《人大法律评论》(2009 年卷 · 总第 7 辑),法律出版社 2009 年版,第 7 页。

[2] 英国内阁强制要求所有政府部门在处理涉及个人信息的数据时都要根据《隐私影响评估手册》执行个人隐私影响评估工作。

[3] 参见谈李荣:《金融隐私权与信用开放的博弈》,法律出版社 2008 年版,第 63 页。

业金融机构做好个人金融信息保护工作的通知》(银发〔2011〕17号)中首次使用了“个人金融信息”的概念,即“个人金融信息是指银行业金融机构在开展业务时,或通过接入中国人民银行征信系统、支付系统以及其他系统获取、加工和保存的以下个人信息:个人身份信息、个人财产信息、个人账户信息、个人信用信息、个人金融交易信息、衍生信息以及在于个人简历业务关系过程中获取、保存的其他个人信息”。

当代世界上其他主要金融市场所在国家和地区,皆将对个人隐私的保护扩大至金融领域,隐私权理论和制度开始延伸适用至金融领域,保护金融消费者隐私权已成为世界主要国家和地区的共识。例如,经济合作与发展组织(OECD)2011年发布的《金融消费者保护的高级原则》,其中一项原则即“消费者数据和隐私的保护”。根据该原则,成员国应建立合适的控制和保护机制来确保消费者的财务和个人信息的安全。这些机制应明确消费者相关数据的收集、处理、保持、使用和披露的目的,并赋予消费者拥有数据的共享、获取、及时纠正、删除不正确数据、不合法收集或处理数据的知情权。2016年4月欧盟正式通过了《一般数据保护条例》(General Data Protection Regulation,GDPR),并将从2018年5月25日起正式实施。该条例由11章共99条组成,这部具有里程碑意义的法规旨在加强对自然人的数据保护,并一统此前欧盟内零散的个人数据保护规则,同时降低企业的合规成本。该条例规定了个人信息保护的7条原则,并统一适用于金融领域。[1] 而美国1999年《金融服务现代化法案》则用第五章专门规定有关金融隐私(Financial Privacy)保护的问题,该隐私条款适用于所有金融机构。

三、金融隐私保护与信息共享的冲突

近年来,随着人类技术创新和数字设备的普及,大量的数据从各种各样的数据源头通过不同渠道快速产生,海量数据增长逐步衍生出一个新概念——大数据(big data)。大数据不仅强调数据巨量,更强调从海量数据中快速获得有价值信息和知识的能力。个人信息经过转化成为电子数据,海量个人信息的收集和利用变得易如反掌,信息共享和开放成为常态。企业尤其是金融等服务型企业,通过分析个人信息的大数据资源可以为人们提供更贴心、更个性化的服务。金融企业对数据资源的迫切需求,加之各种大数据共享网络以及数据挖掘技术的发展,使数据共享、数据开放成为趋势,个人信息的第三方共享、交易和传递在金融领域成为普遍现象。与此同时,信息共享与金融隐私保护之间的确存在利益冲突也日益凸显出来,个人隐私

---

〔1〕 根据欧盟《一般数据保护条例》的规定,“该条例适用于有关个人数据的基本权利和自由的所有领域”。据此,除了远程金融服务仍适用欧盟2002年《远程金融服务指令》关于个人信息保护的规则以外,其他所有金融活动皆应适用该新条例的保护规则。

的泄露和信息滥用问题渐受重视,金融业经营者的保密义务是否足以保护消费者隐私权益开始受到质疑。

此处且举一例来说明。蚂蚁花呗是由浙江蚂蚁小微金融服务集团有限公司(以下简称蚂蚁金服)下属的两家全资子公司推出的一款消费贷款业务,蚂蚁金服同时又与淘宝网、天猫商城皆隶属于阿里巴巴集团。蚂蚁花呗向用户提供一定信用额度内的透支消费服务,对于到期未清偿欠款的用户也有类似信用卡的逾期罚息规则,其实质相当于信用卡业务,并且淘宝网、天猫商城的用户可以在购物时选择使用花呗付款。2015 年 9 月有用户使用蚂蚁花呗的赊账消费功能后逾期未还款,花呗的催收人员在该欠款人支付宝的记录上发现,欠款人给第三方送过粽子,收货人信息留有该第三方的联系电话。由于通过用户的绑定手机一直无法联系到用户本人,花呗工作人员就电话联系到了这个第三方,要求其协助联系欠款人。后者进而在知乎上发帖质疑蚂蚁花呗此举“侵犯了个人隐私”。[1] 本案中,蚂蚁金服下属蚂蚁花呗利用同属集团内企业的淘宝网个人用户大数据信息以追讨债务,被用户质疑涉嫌侵犯隐私。

在上述事件中,蚂蚁花呗的用户交易记录信息来自于阿里巴巴的大数据生态链条。也就是说,只要使用过阿里巴巴的服务,如淘宝、支付宝、天猫等,个人数据就会被阿里巴巴收集并整理。对此,蚂蚁金服在其《蚂蚁金融隐私权政策》明确规定,“为了向您提供或推荐服务、产品,或为了向您提供更完善的服务,或者为了让您拥有更广泛的社交体验,我们会在蚂蚁金服内部以及与包括阿里巴巴集团旗下公司在内的第三方共享您的相关信息”。并且还规定,“为维护蚂蚁金服及阿里巴巴集团旗下公司和其他蚂蚁金服用户的合法权益”,蚂蚁金服有权共享用户信息。

考察金融业务实践可知,金融业经营者对客户信息的内部共享甚至与外部第三方共享的确有其合理诉求:

(1)金融综合经营和集团化经营趋势使客户的个人信息资源共享成为必然。随着我国《商业银行法》《证券法》等金融立法陆续修订正式结束了金融分业经营时代,各金融控股公司利用集团化优势开展综合经营成为常态。[2] 个人信息已成为金融企业的财富和重要资源,集团内部共享可以降低经营成本和风险管理成本。实践中,金融集团出于降低交易成本、防范风险、业务发展等的经营需要,往往在集团内部甚至与外部第三方共享用户个人信息资料,通过统一制定的隐私政策尽可能扩张己方权限,并取得用户授权。实践中,金融集团内部各企业之间共享用户个人信息的现象十分普遍。金融集团往往在控股公司层面制定统一适用于整个集团的隐

---

〔1〕 吴彬彬:《蚂蚁花呗催账侵犯用户隐私?》,载《北京青年报》2015 年 9 月 20 日,第 A10 版。

〔2〕 参见郭家轩:《众安保险双 11 保单破 2 亿保费达 1.28 亿》,载亿邦动力网:http://www.ebrun.com/20151116/155722.shtml,最后访问日期:2018 年 8 月 29 日。

私政策，并在其中规定用户将个人信息授权给集团内部所有企业甚至面向外部第三方进行共享。例如，《蚂蚁金融隐私权政策》规定："我们（蚂蚁金服）对您的信息承担保密义务，但我们有权在下列情况下将您的信息与第三方共享……"

（2）新兴的各类互联网金融产业通过用户信息的外部共享，可以有效地防范经营风险。例如，我国目前 P2P 平台数量已超过 1400 家，但是"信息孤岛"现象一直是困扰 P2P 网贷行业发展的"瓶颈"：一方面，由于缺乏权威的信用查询平台，使各家 P2P 企业的信贷审查成本居高不下；另一方面，由于缺乏有效的信用信息共享机制，P2P 平台对于借款人是否在其他平台发布同样用途的借款项目根本无法查证，因此产生的"一人多贷"问题致使积累大量信贷风险。2015 年 9 月中国支付清算协会互联网金融风险信息共享系统正式上线。该系统可将多个互联网金融平台分散的数据有机整合起来，形成借款人用户信息共享机制，有效避免"一人多贷"等不良现象发生。[1] 金融创新对于用户信用信息的数据共享的迫切需求，进而催生了互联网征信产业的迅速发展。互联网征信使用户信用信息在金融市场上得以共享，授信人在从事赊销、信贷等活动中能够较为充分地获知被授信人的资信状况，进而做出理性的金融决策。[2] 并且，征信系统可以披露、记录相关人的不良征信信息，进而可以巩固交易双方的交易关系，增加交易安全。

（3）互联网大数据和传统金融机构的数据分享融合后，能产生全新的投资价值，创造新的金融业态和市场。例如，众安保险是由阿里、腾讯和平安集团联合出资成立的互联网保险公司，其基本业务模式就是通过与电子商务公司合作，基于用户在网络交易场景下产生的各种数据资源开发出相应的保险新品种。在 2015 年"双 11"期间，众安保险销售的"退货运费险""物流破损险""信用保证险""手机意外险"等新险种近 2 亿元保单，保费收入超过 1.28 亿元。

但是，金融业经营者在实现信息共享诉求的同时仍然承担着对消费者隐私的保护义务。如果处理不好，金融业经营者出于自己利益需求极易可能滥用信息共享机会，进而侵害隐私权益。实践中，经营者往往会利用格式条款的"要么同意，要么走人"的缔约特点扩张自己利益，减损对方权益。在互联网金融业务中，经营者为了在个人信息的收集和共享上获得尽可能的自由和利益，往往在格式条款中要求消费者

---

〔1〕 参见刘丽：《防范"一人多贷"互金风险信息共享系统受追捧》，载经济参考网：http://jjckb.xinhuanet.com/2016-01/04/c_134977171.htm，最后访问日期：2018 年 8 月 29 日。

〔2〕 参见李真：《互联金融网征信模式：经济分析、应用研判与完善框架》，载《宁夏社会科学》2015 年第 1 期。

给予最大限度的授权。[1]

在前述案件中,消费者在网上如果点击了"开通蚂蚁花呗"的确认键,即被认为是"同意《蚂蚁花呗用户服务合同》《芝麻信用服务协议及授权》"。这些合同中包含有这样 1 条合同条款——"当您违反本协议约定时,为维护服务商的合法权益,向与服务商合作的律师事务所、催收公司,及服务商认为可向您传达信息的亲戚朋友、联系人等披露您的违约信息",[2] 这也正是蚂蚁花呗据此向第三人进行催债的依据。应当承认,本案中该用户的确有欠款逾期未还的违约行为在先,蚂蚁花呗据此主张,"提醒还款的目的除了避免坏账,保障蚂蚁花呗服务的长期运营之外,更是为了避免客户因为非主观原因忘记还款导致的逾期利息和信用记录受损,这是信贷行业的常规做法"。关系人催收的确是银行等信贷服务业者的一种通用做法。以银行卡为例,欠款人逾期不还超过规定期限的,银行一般会以短信、语音、人工电话等方式提醒用户。如果用户仍不还账,或者遇到欠款人失联等情况,银行会开始施压性催收,方式包括联系关系人等催收方式,严重的甚至会采取法律手段。但是对于关系人的指定和联系的可能性等信息,银行会在与个人签订贷款合同时即予以告知并由借款人指定,即向提供关系人信息用于银行的贷款管理是借款人明知并明示同意的。并且,关系人的数量也是确定且有限的,一般为 1 ~2 名。

通过对比可知,蚂蚁花呗是将用户的欠款违约信息披露给后者社交圈中的第三人,想借第三人的言行实现债务的催收,这较之行业通常的关系人催收做法存在本质区别。首先,这一做法是对个人信息的过度利用,已经对用户以及其亲朋等的个人私生活造成了侵入和损害。根据格式条款,蚂蚁花呗可以在用户违约时"向您(用户)传达信息的亲戚朋友、联系人等披露您(用户)的违约信息"。使用"传达信息"来界定违约信息的披露对象令蚂蚁花呗的催债范围急剧扩大,其实质效果相当于将用户的整个社交圈都变成了这笔信用贷款业务的关系人。不仅用户的社交网络完全暴露在经营者面前,并且这些亲朋或联系人因为偶然地接受了用户发出的信息,也要因此受到经营者的审查,以及承担督促用户还款的义务。其次,蚂蚁花呗的做法使得消费者的权利与义务之间差距过于悬殊,从根本上并不利于相关业务的良性发展。这种做法将债务关系人或联系人的范围无限扩大,用户所能获得的信贷服务质量与可能承担的违约风险明显不均衡,用户一旦违约将可能导致在其整个社交圈

---

〔1〕 例如,平安集团在其《隐私保密声明》中这样规定:"平安集团会对通过本网站收集的个人信息保密,但平安集团可能会把该等数据提供给下述各方作第(b)段列出的用途:i. 任何代理人、承包人、或向平安集团提供行政、电讯、计算机、付款或证券结算或其它与平安集团业务运作有关服务的第三方供应者;ii. 任何对平安集团有保密责任的人士,包括已承诺为该资料保密的平安集团的关联企业及其分支机构;iii. 平安集团包括所有分支机构有法律义务对之披露的任何人士;iv. 平安集团的任何实际或建议承让人或平安集团对客户的权利的参与人或附属参与人或受让人。"

〔2〕 参见蚂蚁花呗页面。

的声誉减损。试想,消费者如果事先知晓蚂蚁花呗的这个规定,那极可能会放弃使用该项金融服务,这样看来最终受害的还是经营者自身。

综上可知,个人信息的披露与共享对于金融业而言已是必然的趋势不可逆转,但是如果对此不加以必要的规则约束,信息共享将对个人隐私的保护造成极大威胁。

四、平衡金融隐私保护与信息共享的法律逻辑

信息共享与隐私保护也并非不可调和,通过一定的技术手段和必要的法律规制,数据公开与隐私保护应该能够实现相容,从而构建一个支持隐私保护的数据开放与挖掘的金融市场,实现金融业的良性发展。

技术手段保护个人隐私,最主要的做法是对涉及个人隐私的大数据进行"匿名化"处理。最早被广泛认同的此类技术是萨马拉蒂(Samarati)和斯维尼(Sweeney)提出的"K-匿名模型"。"k-匿名模型"要求发布的数据中每一条记录都要与其他至少 k-1 条记录不可区分(称为一个等价类)。当攻击者获得 k-匿名处理后的数据时,将至少得到 k 个不同人的记录,进而无法做出准确的判断。参数 k 表示隐私保护的强度,k 值越大,隐私保护的强度越强,但丢失的信息更多,数据的可用性越低。此后,随着外部攻击方法的变化,如差分隐私(Differential Privacy)模型等新的隐私保护手段也不断推陈出新。[1] 这些数据共享中的隐私保护技术,通过对原始数据进行加工处理,就可以得到能够隐私保护效果的新数据并提供给访问者进行无限制的自由访问和共享使用。

当然,通过技术手段保护隐私还得靠人来操作和实现,如果行为人执行不力甚至监守自盗,那么再好的技术也不能保护好隐私。退一步讲,即使技术手段能够发挥作用,也需要依赖法律规范的约束和监督,毕竟实施对隐私的技术保护措施是有经济成本的。概言之,金融业经营者与信息主体的消费者之间严重的信息不对称,加之交易力量悬殊。消费者只有依赖法律规范给予其倾斜保护,才能够与占据技术和信息优势金融业经营者平等对话,使后者尽到应有的隐私保护义务,并承担可能产生的损害赔偿责任。

通过法律手段协调金融业经营者的信息共享与用户的个人隐私保护之间的冲突,正确处理二者的关系应当遵循以下原则:在坚持保护个人隐私基本权利的前提下促进数据开放与信息共享。即保护个人隐私,坚守人格尊严、生活安全、公平待遇等基本法律底线不动摇。同时,避免隐私保护的泛化,顺应信息时代大数据运用的

---

〔1〕 参见丁丽萍:《大数据环境下的隐私保护技术》,载中国网信网:http://www.xjbs.com.cn/news/2015-06/03/cms1774159article.shtml? nodes=_3793_,最后访问日期:2018年8月16日。

必然趋势,为增进人类社会共同福祉进行数据开放与信息共享。正如美国总统执行办公室在2014年发布的大数据白皮书《大数据:把握机遇,守护价值》中所强调的,“大数据正在改变世界。但是它并没有改变美国人对于保护个人隐私、确保公平或是防止歧视的坚定信仰”。[1] 无独有偶,欧盟在2015年发布的《金融服务监管中的数据保护指南》(Guidelines on Data Protection in EU Financial Services Regulation)将保护宗旨表述为,数据保护规则和原则旨在实现信息(在欧盟内部)的自由流动,与此同时给予个人权利和权益应有的保护。[2] 在立法层面,美国与欧盟关于金融隐私在内的个人信息保护制度始终是各国借鉴的典范。美国除了有《隐私权法》等隐私权一般规范以外,还颁布了《银行保密法》《公平信用报告法》《金融服务现代化法》等一系列行业立法就金融隐私保护进行了专门规定。欧盟如前文所及,其刚刚通过的《一般数据保护条例》全面适用于金融领域,而该条例被称作当今全球“个人信息保护”领域最为严格、管辖范围最宽、处罚最严厉以及立法水平最高的一部法律。

具体到金融领域个人信息的共享问题,美国1999年《金融服务现代化法》以及欧盟2016年《一般数据保护条例》也有基本共识,即企业应当向个人明确告知信息共享的具体情形,取得个人同意或基于其他法定依据才能处理个人信息,否则构成侵权。但是,美国《金融服务现代化法》相对于后者而言规则略显宽松,更有利于企业经营者一方的信息流通与共享,而在个人金融隐私的保护方面反映出一定的限制妥协和限制。具体表现为:

其一,对于个人在信息共享问题上的选择权限采取了不同的规制态度。[3] 根据美国《金融服务现代化法案》第508条的规定,消费者有选择拒绝金融机构将其非公开个人信息与非关联第三方分享的权力,或拒绝部分非公开个人信息与关联机构分享。也就是说,消费者对于向无关联关系的第三方的信息共享可以行使选退的权利(opt-out),即所谓“未明确反对即视为同意”。并且,该法并不限制个人信息在集团内部关联企业之间的信息共享。还通过“共同营销行为例外原则”允许一家金融机构为了从事共同营销而与无关联关系的非分支金融机构共享信息。而欧盟《一般数据保护条例》明确规定了保护个人数据的7项基本原则,其中的“正当合法透明原

---

[1] Executive Office of the President, Big Data: Seizing Opportunities, May 2014.

[2] 为了确保将欧盟统一数据保护规则整合到欧盟金融政策与规范制定进程中,2015年欧盟发布了《金融服务监管中的数据保护指南》。

[3] 《金融服务现代化法》规定:关联关系是指一家公司受一家公司的直接控制或一般控制关系。根据欧盟《一般数据条例》的定义,第三方不包括信息控制者直接控制的法人或自然人。可见,美国《金融现代化法》所指“关联关系”相当于《一般数据条例》规定的“企业集团”关系。向有关联关系的第三方披露个人信息即指企业集团内部对个人信息的共享情形,而向无关联关系的第三方披露个人信息即为欧盟GDPR所指的“第三方”。

则”要求“包括第三方在内的数据控制者处理个人数据应当有合法依据,并考虑数据主体基于与数据控制者的关系而产生的合理期待,以确保数据主体的基本权利与自由未受侵犯”。并且,该条例对企业集团内部信息共享同样规定了合法性要求:“作为核心企业的附属企业的信息控制人,为了内部管理需要在企业集团内部处理客户或雇员个人数据时,也应当有合法依据。”因此,无论企业之间是否有关联关系,皆应当取得个人的明确同意才能共享个人信息,否则“未明确同意即视为反对”(opt-in)。

其二,金融机构就个人信息共享的政策进行告知的方式不同。美国《金融现代化法》规定,金融机构必须将隐私政策和操作注意事项告知消费者,其中包括将个人信息披露给无关联关系第三人以及关联企业的情形。并且,金融机构应当每年向消费者进行告知。然而,这些规则并不能够阻止金融机构利用隐私政策说明书和合同格式条款滥用信息共享权限的问题。而欧盟《一般数据保护条例》明确规定:如果允许使用个人信息的“同意”是和对其他事项的认可一并作出的,那么要求收集和使用信息的一方在申请这种“同意”时,要将其明确、清晰的与其他事项区别开来。条例不认可任何形式的“缺省同意”。

既然在大数据技术等推动之下,互联网金融业经营者对消费者个人信息的广泛利用已成为必然趋势不可逆转。那就需要法律加以必要的约束,确保消费者对个人信息“同意”的过程合理且公平。从比较中可知,欧盟《一般数据保护条例》对于保护金融隐私在内的个人信息隐私应当是更为全面和严格的。

五、结论

个人信息的财产性质,极有可能令经营者滥用所获得的个人信息。即便是关联企业之间的信息共享,如果不加约束也可能对个人基本的隐私权益造成侵害。在蚂蚁花呗催债事件中,经营者通过合同约定的确取得了信息主体的“同意”,从而向第三方共享个人信息数据。花呗通过格式条款轻易取得了消费者的全面授权即一个生动的脚注。这样看来,对信息共享采取比较谨慎和严格一些的态度并不为过。对此,欧盟《一般数据保护条例》有关信息共享的基本原则和规定值得借鉴。

高利贷行为的刑法规制

张　勇*

在我国,借贷市场主要由金融机构借贷和民间借贷两部分组成。当下实体经济发展增速趋缓,中小企业贷款难问题突出,社会资本闲置出路难寻,导致民间借贷增长迅速,在缓解企业融资难、满足个体资金需求的同时,也不断催生了高利贷活动。一直以来,民间借贷活动游离于国家金融管理体系的边缘,因高利贷而产生的融资风险增升,企业资金链断裂,负面效应叠加凸显,涉及高利贷民事纠纷案件数量大幅上升。同时,以互联网为交易平台的网络借贷方兴未艾,却呈现低门槛、高风险、信用缺失问题,以e租宝为代表的P2P网络借贷事件频发,突破了传统上固有的地域限制,涉案金额和人数大幅攀升;小额贷款公司、融资担保公司、典当行等"影子银行"通过"银信合作"和"地下钱庄",也在经历着野蛮式生长;"套路贷""现金贷""校园贷""裸贷"乱象丛生,由民间高利贷引发的违法犯罪引起了社会广泛关注,将高利贷行为入罪的舆论呼声不断高涨。那么,如何对高利贷行为进行刑法评价?实践中有的司法机关将高利贷行为认定为非法经营罪,是否因扩张适用"口袋罪"而涉嫌违反罪刑法定原则?我国刑法有无必要单独设立类似于域外立法中暴利贷罪名?本文拟从刑法教义学的角度,就以上问题加以探讨。

一、高利贷行为入罪的理论之争

目前,我国涉及民间借贷的法律法规及规范性文件主要包括:2017年颁布的《民法总则》、1999年《合同法》、1991年最高人民法院《关于人民法院审理借贷案件的若干意见》(以下简称《意见》,已废止)、1998年国务院《非法金融机构和非法金融业务活动取缔办法》(以下简称《办法》)、1999年最高人民法院《关于如何确认公民与企业之间借贷行为效力问题的批复》(以下简称《批复》)、2002年中国人民银行《关于取缔地下钱庄及打击高利贷行为的通知》(以下简称《通知》)、2015年最高人民法院《关于审理民间借贷案件适用法律若干问题的规定》(以下简称《规定》)等。其中,《规定》第1条将民间借贷界定为"自然人、法人、其他组织之间及其相互之间

* 华东政法大学教授、博士研究生导师。

进行资金融通的行为”,明确了民间借贷的主体范围和行为性质。除了自然人之外,法人或其他组织之间为了生产经营需要签订的民间借贷合同,只要不违反我国《合同法》第52条和《规定》第14条规定,或者是企业因生产、经营需要在单位内部通过借款形式向职工筹集资金签订的,均具有法律效力。然而,经金融监管部门批准设立的从事贷款业务的金融机构及其分支机构,因发放贷款等相关金融业务引发的纠纷,不属于民间借贷活动,不适用《规定》。根据上述法律和司法解释的规定,可将高利贷界定为自然人、法人、其他组织之间及其相互之间进行资金融通,当事人约定的利率超过法定上限的借贷行为。对于高利贷行为应否入罪,以及如何入罪的问题,学界存在以下分歧。

(一)否定说

目前,我国刑法学界多数学者认为,高利贷行为不具有实质的社会危害性,也缺乏合法性根据,不应单独评价为犯罪。其主要理由:

(1)将高利贷行为入罪缺少实质性根据。首先,高利贷是借贷双方当事人的自愿行为,符合意思自治原则和契约自由精神,不损害社会公共利益,属于民事法律调整范畴。如果将这种民事借贷行为纳入刑法规制范围,就会造成对社会经济生活的过度干预,同时违背刑法的谦抑性精神。有的学者认为:“过于依赖刑法对社会关系的调整,其必然的后果就是对刑法功能定位的错位,从而导致刑法干预社会生活的过度和泛化”。[1] 其次,出借人将自有资金放贷给他人,适用市场经济风险自负原则,虽然行为人过度追求高额利润具有道德上的可谴责性,但这并未达到构成犯罪所要求的罪过程度。最后,高利贷虽然可能会侵害国家正规金融机构的利益,但这并不意味着其一定具有严重的社会危害性。有学者就认为:“高利贷不涉及对存款秩序的侵犯。同时高利贷的利率都高于银行,不会对银行放贷产生竞争压力,因而也没有对银行贷款秩序产生侵犯。”[2]

(2)将高利贷行为入罪缺乏合法性根据。有的学者认为,《办法》中“非法发放贷款”的主体仅是非法金融机构,而自然人和单位之间的有息借贷并不需要金融监管机构的批准,所以也不违法。《批复》将“非法发放贷款”界定为“非法金融业务活动”的规定属于无权解释,因而民间高利贷不具有构成非法经营罪的前置法条件,“在现有刑法语境下,司法实践中将高利贷定性为非法经营有违反罪刑法定原则和罪行相适应原则之嫌疑”。[3]

(二)肯定说

肯定高利贷行为入罪者认为,高利贷不但会损害贷款消费者的财产利益,而且

---

[1] 刘伟:《论民间高利贷的司法犯罪化的不合理性》,载《法学》2011年第9期。
[2] 邱兴隆:《民间高利贷的泛刑法分析》,载《现代法学》2012年第1期。
[3] 龚振军:《民间高利贷入罪的合理性及路径探讨》,载《政治与法律》2012年第5期。

还会伤害实体经济与中小企业利益,破坏社会信用机制,扰乱金融秩序与社会稳定。同时,催讨强索高利贷的衍生行为还容易引发诈骗、非法拘禁、敲诈勒索、故意伤害等违法犯罪活动,具有严重社会危害性,应予以刑事打击。在肯定高利贷入罪的基础上,关于如何入罪的问题,存在以下两种观点:

1. 主张"司法入罪"。认为在我国刑法现有罪名体系下,可以对我国《刑法》第225条第4项"其他严重扰乱市场秩序"进行扩大解释,将高利贷行为认定为非法经营罪。在被称为"高利贷第一案"湖北武汉涂某某非法经营案的审理过程中,当时一些学者出具的法律意见书认为,虽然涂某某发放高利贷的行为符合擅自设立金融机构罪的特征,但是将其认定为非法经营罪更适合一些。〔1〕 公安部、最高人民法院、中国人民银行就此案联合出具意见函认为,涂某某的行为属于非法金融业务活动,违反了《办法》中禁止的非法发放贷款行为,同时这种行为情节严重,属于"严重扰乱市场秩序"的非法经营行为,可以依据非法经营罪对涂某某等进行起诉并追究其刑事责任。〔2〕 但截至目前,国内以非法经营罪定罪处罚的高利贷案件并不多见,不少地方司法机关对于将高利贷认定为非法经营罪显得比较谨慎,大多倾向于以无罪处理。〔3〕 例如,在上海市首例高利贷刑事案件中,检察机关以应某涉嫌非法经营罪提起公诉,后撤回起诉。最高人民法院在《关于被告人何伟光、张勇泉等非法经营案的批复》(〔2012〕刑他字第136号)中认为,被告人发放高利贷的行为具有一定程度的社会危害性,但是否属于《刑法》第225条规定的"其他严重扰乱市场秩序"的非法经营行为,司法解释尚无明确规定,因而不宜以非法经营罪定罪处罚。

2. 主张"立法入罪"。早在20世纪90年代初,学界就有将高利贷行为独立设置罪名的构想。〔4〕 主张"立法入罪"的学者认为,"司法入罪"难免会出现同类案件不同判、影响法律统一适用等诸多争议,主张设置高利贷罪、非法放贷牟取暴利罪、非法发放高利贷罪等新罪名进行规制。有的学者主张,刑法应当区分一般民间借贷和职业放高利贷,对于前者通过民事法律进行调整,对于后者需要设置职业放高利贷罪进行刑事规制。〔5〕 还有学者主张,将高利贷划分为"个贷型"与"放贷型"两种类型:认为"放贷型高利贷"的对象是社会不特定对象,具有涉众性,其社会危害性更大;从行为性质上看,《办法》所禁止的非法发放贷款行为属于非法金融业务活动,具

---

〔1〕 参见徐恺:《民间借贷者涂汉江的非法经营罪》,载《21世纪经济报道》2004年7月19日。

〔2〕 参见2013年1月13日最高人民法院刑二庭《关于涂汉江非法从事金融业务行为性质认定问题的复函》;2002年12月20日中国人民银行办公厅《关于贺胜桥公司非法从事金融业务活动性质认定的复函》(银办函〔2002〕874号)。

〔3〕 参见陈庆安、罗开卷:《民间高利贷刑法规制的困境与路径选择》,载《广东社会科学》2015年第4期。

〔4〕 参见郑孟状、薛志才:《论放高利贷行为》,载《中外法学》1992年第3期。

〔5〕 参见徐德高、高志雄:《增设"职业放高利贷罪"确有必要》,载《人民检察》2005年第18期。

有行政违法性和非法经营性。因此,将“放贷型高利贷”认定为非法经营罪不存在合法性障碍。[1]

以上观点产生分歧的原因,首先在于对高利贷行为内涵的理解各不相同。肯定者将高利贷及其衍生行为都纳入刑法评价范围,从而认定其具有严重的社会危害性,应当入罪;否定者对民间借贷行为也不加以界分,将一般民间借贷有无社会危害性也作为对高利贷行为的评价根据。有的肯定者将高利贷行为分为“个贷型”与“放贷型”并予以区别对待,但这种区分并不能涵盖所有类型的高利贷行为。如果个人以营利为目的将合法的自有资金经常性地向特定主体高利放贷,既不符合“个贷型高利贷”的要求,也不能满足“放贷型高利贷”的条件,对这种行为是否违反了《办法》的规定难以做出判断。有学者也认为,高利贷的根本特征在于借贷利率是否超过了法定上限,而并不在于其行为是否具有经营性。上述观点实际上以主观上盈利目的作为区分“个贷型”高利贷与“放贷型”高利贷的标准,不具有司法上的可操作性。如果以有无经营性作为认定“放贷型”高利贷是否构成非法经营罪的根据,那么,对于同样具有经营性的低利率“放贷型”借贷行为,也应当认定为非法经营罪,这显然是不合理的。[2]

可以看出,上述争论观点的研究面向和立场也是不同的,肯定说中主张“立法入罪”和“司法入罪”分别是从立法论和司法论来看待高利贷行为入罪问题的,否定说则兼有立法论和司法论的研究视角,均有其合理性。但正如陈兴良教授所说:“刑法理论应当将服务于刑法适用的刑法释义作为研究的主要目标和职责。”[3]致力于理解和适用现行刑法的教义学研究,相较于为刑法完善的应然性分析更具有现实价值,对于高利贷入罪问题也是如此。

二、高利贷不同类型的双层刑法评价

从刑法教义学出发,应当立足于现行刑事立法以及相关民事、行政法律法规,对高利贷的内涵作出准确界定、区分不同的行为类型,分别从形式和实质两个层面,对其社会危害性和刑事违法性进行合理评判和价值选择,从中得出高利贷行为应否入罪的法理根据。

(一)形式层面:高利贷行为的违法性判断

高利贷作为一种民间借贷活动,当事人双方约定的利率标准是否超过法定上限是界定其违法性的关键。在我国古代,唐朝实行“息不过本”的利率政策,后朝将其

---

〔1〕 参见胡启忠、秦正发:《民间高利贷入罪的合法性论辩与司法边界厘定》,载《社会科学研究》2014年第1期。

〔2〕 参见李腾:《论民间高利贷不应司法犯罪化》,载《法学杂志》2017年第1期。

〔3〕 陈兴良:《回顾与展望:刑法学的研究现状和发展方向》,载《政治与法律》2017年第3期。

作为范本加以立法规定,即累计利息不超过本金。在许多国家和地区的法律中,都明确规定了高利贷的利率上限。如德国《民法典》列举了"违反公序良俗"各种类型,其中就包含了"暴利"行为,包括信用暴利、销售暴利及租赁暴利等;如果双方就消费借贷或其他信贷行为约定了超高的利息,就可从法律上认定为"信用暴利"。不少国家和地区法律明确将贷款利率不同的借贷行为加以区别对待。如日本《出资法》第5条规定,对于贷款业者和一般债权人规定了不同的处罚高额利息的上限。只要行为人签约或领受超过上限利息,就应受到刑事处罚。我国香港特别行政区《放债人条例》规定,对于实际利率超过年息4分8厘但没有超过6分的借贷的苛索行为,作为一般民事行为予以处理;反之,对于超过6厘的借贷行为,一律作为苛索行为对待,并依照高利贷罪处理。目前,我国《刑法》尚无相关罪名专门对高利贷行为予以规制,只有《刑法》第175条高利转贷罪规定了"高利",该罪名以转贷牟利为目的,套取金融机构信贷资金高利转贷他人的行为,这与本文讨论的以自有资金给他人放贷有着本质区别。

根据我国《合同法》第211条规定,自然人之间的借款合同约定支付利息的,借款的利率不得违反国家有关限制借款利率的规定。长期以来,我国司法机关都将中国人民银行公布的同期贷款基准利率作为"银行同类贷款利率",以此作为认定高利贷的依据。已经废止的《意见》规定,民间借贷的利率可以适当高于银行监管机构的利率,各地法院可根据本地区的实际情况具体掌握,但最高不得超过银行同类贷款利率的4倍(包含利率本数);超出此限度的,超出部分的利息不予保护。最高人民法院《批复》规定,借贷利率超过银行同期同类贷款利率4倍的,按照《意见》的规定办理。作为执行国务院《办法》所制定的部门规章,中国人民银行《通知》第2条规定,民间个人借贷双方协商的利率不得超过中国人民银行公布的金融机构同期、同档次贷款利率(不含浮动)的4倍;超过上述标准的,应界定为高利贷行为。

然而,我国利率市场化改革进程的不断推进,先由国家统一规定贷款利率、到依据国家基准利率进行上下限浮动,再到取消贷款利率浮动的上限、继而取消浮动利率的下限,中国人民银行于2013年不再公布同期贷款基准利率。为了应对利率政策变化和改革趋势,最高人民法院根据历年来中国人民银行颁布的贷款基准利率变化,采取了固定利率标准模式,将24%年利率确定为民间借贷行为有效的固定利率标准。《规定》第26条规定,借贷双方约定的利率未超过年利率24%,出借人请求借款人按照约定的利率支付利息的,人民法院应予支持;借贷双方约定的利率超过年利率36%,超过部分的利息约定无效,借款人请求出借人返还已支付的超过年利率36%部分的利息的,人民法院应予支持。《规定》实际划定了3个区域:借贷双方约定的利率在年利率24%以下的是"司法保护区";在年利率36%以上的是"无效区";在年利率24%~36%的是"自然债务区",即如果要提起诉讼,要求法院保护,法院不会保护，但是当事人愿意自动履行，法院也不反对。

根据上述规定，民间借贷可分为三种行为类型：处于“司法保护区”的，是一般民间借贷行为；处于“自然债务区”的，是普通高利贷；处于“无效区”的，可称为“暴利贷”。在一般民间借贷、普通高利贷与暴利贷之间，形成了介于合法与违法、违法与犯罪之间过渡的“灰色地带”。但任何合法与非法、一般违法与犯罪都是矛盾统一体，是非此即彼的对立关系。处于“灰色地带”的高利贷行为不可能既合法又非法、既不合法又不违法，对之不能进行模糊处理或一概而论，应当准确界定其是否具有社会危害性、刑事违法性以及应受刑罚处罚性，为司法机关追究其刑事责任提供认定标准。

第一，处于“司法保护区”的一般民间借贷行为，一般属于互助性质，借贷对象特定，大多局限于熟人亲友或特定单位之间；出借人虽然也是为了追求盈利，但与借款人约定的利息并不高，贷款数额较小，往往也是一次性的，纯粹属于民事法律行为。与其相对的高利贷（包括普通高利贷和暴利贷）则属于一种借贷市场的经营行为，出借人除了自然人以外还包括小额贷款公司、担保公司、典当行等企业或机构，借贷对象一般是不特定的多数人或者中小企业，以谋取高额利润甚至暴利为目的，借贷利率畸高，贷款数额大，涉及范围广，且反复经常发生。出借人催讨强索债务所采取的手段行为往往会诱发其他违法犯罪。

第二，处于“自然债务区”的普通高利贷，属于可撤销的民事行为。根据我国《民法总则》第 148 ~ 151 条规定，一方以欺诈、胁迫手段，使对方在违背真实意思的情况下实施的民事法律行为，或者乘人之危，利用对方处于危困状态、缺乏判断能力等情形，致使民事法律行为成立时显失公平的，另一方有权请求人民法院或者仲裁机构予以撤销。也就是说，民法“不保护但不禁止”，“不禁止”就意味着“允许”或者“可以做”。双方当事人完全可以基于自愿原则建立借贷关系，如果一方不申请撤销，仍是有效的，且不需要中国人民银行批准。既然是普通高利贷是法律允许实施并可予以保护的行为，行政法就没有必要对高利贷行为加以规制，刑法在一般情况下也没要介入，追究单纯的普通高利贷行为的刑事责任。在普通高利贷活动中，为了催讨贷款而采取欺诈或胁迫等不正当手段，其衍生行为可能触犯刑法中规定的合同诈骗、敲诈勒索或强迫交易等罪名，从而具有刑事违法性。但这是高利贷衍生行为的刑事责任问题，不属于高利贷行为本身违法性的判断。

第三，处于“无效区”的暴利贷行为，按照《规定》超过部分的利息约定无效，借款人可以请求出借人返还，法律非但不保护出借人的利益，而且反过来保护借款人的利益。从性质上看，高利贷行为可以被视为从事发放贷款谋取高额利润的经营行为。所谓“经营”是一种以营利为目的的经济活动。以获取高额利息为目的，向不特定单位、个人发放借款的行为，具有职业性、专业性等特点，显然属于从事金融业务的经营活动。国务院《制止牟取暴利的暂行规定》第5条规定,经营者经营某一商品或服务,其价格水平或差价率或利润率不得超过同一地区、同一时期、同一档次、同种商品或服务的市场平均价格或平均差价率或市场平均利润率的合理幅度。在此幅度之外的为"暴利"。与可撤销的普通高利贷行为不同,对于受到民法、合同法否定性评价而归于无效的暴利贷行为,行政法就有了介入的空间和规制的必要;从私法领域进入公法领域,被纳入行政法调整范围,其性质就发生了根本性变化。国务院《办法》和中国人民银行《通知》均要求依法取缔非法金融机构和非法金融业务活动,严格规范民间借贷行为,对高利贷行为予以限制和打击。根据国务院《办法》第4条、第6条的规定,任何单位和个人未经中国人民银行批准,擅自从事非法发放贷款的,属于"非法金融业务活动",由中国人民银行予以取缔。因此,暴利贷行为属于非法发放贷款金融业务的行政违法行为,如果其社会危害性达到严重程度,就有必要将其作为破坏金融管理秩序的犯罪予以刑事处罚。

(二)实质层面:高利贷行为的价值判断

对于高利贷行为应否入罪,除了进行形式层面的违法性判断之外,更重要的是对其行为的社会危害性及其程度进行实质判断,从而获得入罪的正当根据。高利贷作为民事合同或市场交易行为,自愿性和公平性是其本质特征,分别反映了契约自由与社会公平的价值,同时,高利贷行为本身也包含着缓解资金短缺、促进市场经济的效率价值,但过度追求市场效率,而忽视社会公平,也是不可取的。通过分析自由、公平与效率的价值关系,对高利贷行为进行实质评价和价值选择,可以得出其应否入罪的正确判断。

首先,从自由与公平的关系来看,在民间借贷活动中,按照契约自由原则,对借贷利率的约定无论高低,均是当事人意思自治的结果,法律本身不应对民间借贷利率规定限制,然而,须以当事人具有对等的讨价还价能力为前提条件,否则就不是真正的契约自由。实践中,民间借贷双方的地位差距很大,借贷双方之间缺乏对等的讨价还价能力和公平交易的现实基础。在没有法律限制的情况下,所达成的利率条款常常是强势一方意志的体现。若放贷人凭借强势地位假借契约自由获取高额利益,其结果是弱势一方得不到合理保护,事实上的契约自由及公平正义难以体现。其实,公平与自由并不矛盾,公平是应得的权利,所强调的合同交易的平等性是契约自由的基础,维系着整个社会道德准则和社会合作条件。[1] 而契约自由是当事人在法律范围内享有的权利,两者都是有限度的、相对的。正义的原则与制度具有"抑恶扬善"的双重功能。合理和适度的惩罚也是正义,是社会公平不可或缺的一面。在高借贷活动中,应当采用公序良俗或诚实信用原则,对当事人的自愿性加以必要

---

〔1〕 参见范广垠:《公平相对于效率与自由的优先性——一个行为学的视角》,载《观察与思考》2014年第12期。

限制,保障处于弱势地位的借款人的自由权利,防止处于优势地位的出借人滥用权利,从而体现借贷关系的公平性和契约正义。

无论是一般民间借贷还是高利贷,其共同点即在于平等主体之间形成的借贷合同关系所具有的自愿性和公平性,两者正是体现着自由与公平的法律价值。其中,自愿性相对于公平性显然更为重要,更为民事法律所重视和加以保护。“两者存在偏正的依附关系,非自愿性是遭到显失公平的必要条件,而显失公平的结果是非自愿交易的充分条件。”相对来说,民法更注重保护借贷主体的自由选择权即自愿性,在此基础上,兼顾借贷行为的公平性和等价性。正如有学者指出,在民间高利贷活动中,出借人拥有宽裕资金,待价而沽,借款人急于用钱又深陷融资困境,借款人的“愿挨”实际是表面的、不得已的,而非内心真正“自愿”的,这是典型的“乘人之危”。高利贷的绝对自由是不存在的。如果双方当事人自愿选择高利贷交易,即使贷款利率略显不公平,民法一般不会干涉;只有在显失公平的情况下才会予以介入,并在公平性与自愿性发生冲突时予以适当平衡。实际上,一般来说,当事人只有认为贷款利率公平合理才会自愿选择交易,如果显失公平是不会自愿选择交易的;如果当事人即使在交易明显不公平的情况下也自愿选择交易,也就不值得法律去干涉了。但如果高利贷行为严重违反了合同交易的自愿性或公平性原则,超出民事法律调整范围,则可能构成犯罪。

其次,从公平与效率的关系来看,公平是人类社会具有目的性的价值,而效率则是工具意义上的价值。公平本身也就是一种激励,只要有公平就会有效率,公平的合理差距带来效率;公平意味着平等和社会稳定,没有社会稳定就无从说起市场效率。只有顾及公平的效率才是真正体现正义的。理想的社会是让平等与自由保持在富于效率的最佳状态,实现公平与效率的动态平衡。[1] 在民间借贷领域,毋庸置疑,利率市场化代表了现代金融市场发展的基本方向,客观上需要进一步放松包括贷款利率在内的利率管制;以高利率补偿高风险的信贷会增加借贷人的利息及债务负担,从而加大了其过度负债的风险。高度的利率管制和完全的利率自由同样不符合市场经济的要求,利率市场化不是鼓励或放纵高利贷,对高利贷的限制不仅能够防止过度剥削,满足公平正义的价值追求,还防范金融风险的功能。可以说,一个国家越是要实行利率市场化,越是要运用法律规制高利贷。因此,许多实现利率市场化发达国家和地区仍然不同程度地禁止高利贷,甚至予以刑法规制。当然,如果一味采用刑罚手段予以打击,增加放贷者的刑事法律风险,其所期望的报酬率反而会大大增加。只要我国现有金融制度不变,对民间高利贷的市场需求将不会因为高利贷行为入罪而减少。既然高利贷利息居高不下甚至变本加厉,借款人更难以偿还本

[1] 参见陈建平:《公平与效率:平等与自由的博弈》,载《理论月刊》2015年第10期。

息,违约概率大幅提升,必然导致放贷者催讨逼债手段更加趋于极端暴力,高利贷衍生的违法犯罪现象将更加严重,同样要予以刑事打击,只不过是治标不治本而已,但在必要时,"治标"也只能作为刑事政策的现实选择。

(三)高利贷行为入罪与出罪的价值选择

与民法相同的是,刑法也应当注重通过惩治高利贷行为来保护借贷交易的自愿性。当事人若基于善意放高利贷,不违反契约自由精神,刑法应不予干涉。如果当事人选择高利贷交易是非强迫性或者说是自愿的,即使是不完全情愿但也愿意接受,可排除入罪的可能性。实践中,出借人往往乘借款方急需资金之机,采用种种隐蔽手段来掩盖其非法牟取暴利目的,这显然违背当事人意思。如果一方当事人一方以欺诈、胁迫等手段或者乘人之危,使另一方当事人违背真实意思"自愿"接受了高利贷交易,则可能入罪;如果交易不是自愿的,而是一方采取了暴力、胁迫手段,强迫另一方同意选择高利贷交易,即使借贷利率是公平合理的,也可能入罪。然而,与民法不同的是,刑法应当更多地考虑高利贷交易的公平性。也就是说,虽然借款人是自愿的,但如果贷款利率达到超高水平形成暴利,超出了民法上的"显失公平",甚至达到了"完全不公平"的地步,借款人根本没有偿还本息的可能,其有可能侵犯自愿、平等交易的借贷市场秩序,危及借贷市场秩序和社会经济稳定,则应考虑入罪。

否定高利贷入罪者强调,民间高利贷可提高资金使用率、满足市场对资金的需求、刺激经济发展、分摊金融机构的贷款风险,拓宽中小企业的融资渠道,符合自由和效率的价值要求,于社会无害。[1] 从现实角度来看,高利贷带来的社会负面影响不可小觑,它对于我国实体经济、产业结构调整、国家货币政策的宏观调控以及金融危机都会带来重要影响,一味强调市场效率的高利贷只能让经济发展走向畸形发展的局面。我国在利率市场化的过程中,应借鉴其他国家的经验教训,在推进利率市场化的进程中,注重运用法律手段对高利贷行为进行规制。在必要的情况下,应当将具有严重社会危害性的暴利贷予以犯罪化,以遏制高利贷的进一步恶性循环,从而达到降低和化解金融危机、风险的目的。

在肯定暴利贷行为入罪的同时,也有必要从出罪的角度,对高利贷的刑法规制问题加以反思,避免形成民间借贷的制度性压制。对于高利贷行为来说,需要经过由民法或行政法调整再到刑法规制的过程。根据法秩序的一体性与刑法谦抑性理念,刑事违法性与行政或民事违法性具有一致性。不存在具有刑事违法性,而没有行政或民事违法性的行为;缺少行政或民事违法性的行为,不可能具有刑事违法性。同时,所有犯罪行为都是具有严重社会危害性和刑事违法性的行为,是非刑事法律无法有效规制和调整的。作为保障法、事后法和制裁法,刑法只有在非刑事的前置

---

〔1〕 参见姚万勤:《用刑法规制高利贷行为的合理性质疑》,载《内蒙古社会科学》(汉文版)2016年第4期。

法对高利贷行为管控无效、超出其调整范围的情况下才可以介入。然而,刑法规制并不以民法、行政法的实际调整为必要前提。在涉及高利贷的民事合同纠纷或行政处罚案件中,如果发现高利贷行为触犯了刑法中的相关罪名,应由民事或行政案件转为刑事案件处理,对其定罪量刑也不一定以判定合同无效或以行政处罚为前提条件。同时,高利贷民事违法行为也可以直接纳入刑法规制范围,不需要以其具有行政违法性或实际行政处罚为前提。

三、高利贷及其衍生行为的刑事责任

在肯定高利贷行为应当入罪的基础上,需要着重讨论高利贷行为入罪的路径选择问题。如前所述,有主张"司法入罪"的学者认为,应对我国《刑法》第225条第4项规定的"其他严重扰乱市场秩序的非法经营行为"作扩大解释,从而将高利贷行为认定为非法经营罪。而主张"立法入罪"的学者认为,高利贷行为不构成非法经营罪,应另设新罪名予以刑法规制。本文主张应立足于我国现行刑法及司法解释,对高利贷及其衍生行为的刑事责任予以追究。以下予以具体分析。

(一)高利贷行为不宜认定为非法经营罪

关于高利贷行为能否认定为非法经营罪,学界存在如下认识分歧:

(1)肯定说。其主要理由是,成立非法经营罪的前提条件是"违反国家规定",即违反全国人民代表大会及其常委会制定的法律和决定,国务院制定的行政法规、规定的行政措施、发布的决定和命令。对于没有违反国家规定,即使在某种意义上属于非法经营的行为,也不得认定为本罪。向不特定的社会公众发放高利贷且情节严重的行为,符合"违反国家规定"的前提性条件。[1] 国务院《办法》第3条规定,非法金融机构是指未经中国人民银行批准,擅自设立从事或者主要从事吸收存款、发放贷款等金融业务活动的机构;第4条规定,非法金融业务活动是指未经中国人民银行批准,擅自从事非法发放贷款等活动。有的学者认为,高利贷行为属于非法金融业务活动,具有非法经营性。也有的学者认为,"个贷型"高利贷不具有经营性质,应将其纳入民事法律管辖范围;而"放贷型"高利贷以获取高额利息为目的,向不特定单位、个人发放借款的行为,具有职业性、专业性等特点,具有经营性质,属于从事金融业务的经营活动,应将其纳入行政法调整范围。[2]

(2)否定说。其主要理由是,《办法》第3条、第4条规制的对象都是金融机构,从法条之间的逻辑关系来看,第3条所规制的应是未经批准的非金融机构(无论是否合法成立)在没有从事金融业务活动资格的情况下擅自从事金融业务活动的行

---

[1] 参见龚振军:《民间高利贷入罪的合理性及路径探讨》,载《政治与法律》2012年第5期。

[2] 参见胡启忠、秦正发:《民间高利贷入罪的合法性辩论与司法边界厘定》,载《社会科学研究》2014年第1期。

为;第4条所规制的是合法成立的金融机构在未经批准的前提下擅自从事金融业务活动的行为。发放高利贷属于民间借贷行为,不需要中国人民银行批准,并不属于《办法》第3条中"非法金融机构"的发放贷款行为。因此,对于高利贷行为目前没有前置性法律法规予以规定,司法机关不应援引《办法》来论证高利贷行为具有非法经营罪的非法性。[1]

本文支持否定说的观点,但并不同意其所持的上述理由。《办法》第5条规定,未经中国人民银行依法批准,任何单位和个人不得擅自设立金融机构或者擅自从事金融业务活动。也就是说,擅自从事金融业务活动不限于合法的金融机构,其他单位和个人只要未经中国人民银行批准从事金融业务活动,也都适用《办法》。上述否定说将《办法》第4条的"非法金融业务活动"限定为合法成立的金融机构擅自从事金融业务活动的行为。然而,这种认识过于限制了从事非法金融业务活动的主体范围。其实,未经批准设立的金融机构所从事的发放贷款业务一定是非法的,而"非法金融业务"却不一定是非法金融机构所为。正规合法金融机构之外的企业法人或其他组织未经中国人民银行批准擅自发放贷款的行为,同样违反了《办法》和《通知》的规定。当然,其所违反的属于行政规章,从法律效力层次上并不属于"违反国家规定",但这并不影响其行政非法性,即非法从事金融业务的性质。

如前所述,普通高利贷行为属于民事法律调整范围,并不具有行政违法性质;暴利贷虽然属于非法发放贷款金融业务的行政违法行为,但能否认定为非法经营罪,还需要运用同类解释规则对我国《刑法》第225条第4项兜底条款加以理解。根据该条前3项所列举的非法经营行为的情形,作为构成该罪的前置性条件"违反国家规定"应当理解为违反了国家特别经营许可的管理制度。根据《办法》的规定,包括发放贷款在内的所有金融业务活动都需要经过银行监管的批准;放贷机构须严格依照《贷款通则》和法定贷款程序,经过资格审查和审批后才能发放贷款。这种严格复杂、低风险的贷款程序与民间高利贷简便快捷、高风险的特点有根本不同,后者不需要任何主管部门专门批准或特别许可,也不受任何机构监管,所造成的风险和损失也是由自己承担,因此,也不可能侵犯国家对金融信贷市场准入的管理制度。

综上所述,暴利贷行为虽然具有非法发放贷款金融业务的性质,但只是违反了中国人民银行有关限制和打击高利贷的行政规章,并不违反国家有关从事发放贷款金融业务的特别许可制度,不具有构成非法经营罪所要求的"违反国家规定"前置性条件。另须指出,实践中有的所谓"高利贷"已非纯粹的民间高利贷,如"地下钱庄"非法从事高利贷的资金支付结算业务的,就可以直接适用我国《刑法》第225条第3项的规定以非法经营罪处罚,而不需要适用该条第4项兜底条款的规定。

---

〔1〕 参见李腾:《论民间高利贷不应司法犯罪化》,载《法学杂志》2017年第1期。

（二）高利贷衍生行为的刑事责任认定

既然对于普通高利贷和暴利贷均不能认定为非法经营罪，那么，依靠刑法中现有罪名对于由高利贷衍生的危害行为予以惩治，能否成为高利贷行为"司法犯罪化"的路径选择？本文持肯定观点。由于高利贷高出法定上限部分的利息不受法律保护，实践中出借人往往通过暴力、威胁、欺诈等手段催讨利息或本金，甚至强迫借款人低价以房抵债；有的采用暴力故意伤害借款人及其亲属，或非法剥夺或限制其人身自由；有的高利贷活动中非法从事资金支付结算业务；有的利用黑社会性质组织实施催讨强索高利贷等。

从现行刑法规定及司法解释来看，上述高利贷的手段行为衍生的犯罪会涉及刑法中的强迫交易罪、抢劫罪、合同诈骗罪、敲诈勒索罪、故意伤害罪、非法拘禁罪等罪名。从相关司法解释规定来看，2000 年最高人民法院《关于对为索取法律不予保护的债务非法拘禁他人行为如何定罪问题的解释》规定，行为人为索取高利贷、赌债等法律不予保护的债务，非法扣押、拘禁他人的，以非法拘禁罪定罪。2005 年最高人民法院《关于审理抢劫、抢夺刑事案件适用法律问题的意见》规定，以非法占有为目的，以买卖、交易、服务为幌子采取暴力、胁迫手段迫使他人交出合理价钱、费用相差悬殊的财物的，以抢劫罪定罪处罚。2014 年最高人民检察院《关于强迫借贷行为适用法律问题的批复》规定，以暴力、胁迫手段强迫他人借贷，属于我国《刑法》第 226 条第 2 项规定的"强迫他人提供或者接受服务"，情节严重的，以强迫交易罪追究刑事责任；同时构成故意伤害罪等其他犯罪的，依照处罚较重的规定定罪处罚。以非法占有为目的，以借贷为名采用暴力、胁迫手段获取他人财物，符合我国《刑法》第 263 条或者第 274 条规定的，以抢劫罪或者敲诈勒索罪追究刑事责任。

除上述司法解释规定之外，高利贷的其他手段或目的行为也可能触犯刑法中现有罪名。例如，在签订、履行借贷合同过程中，采取虚构事实或者隐瞒真相等欺骗手段，可构成合同诈骗罪；以开设赌场或以赌博形式从事高利贷，可构成赌博罪或开设赌场罪；在高利贷活动中非法从事资金支付结算业务，可构成非法经营罪；利用黑社会性质组织实施催讨强索高利贷，可构成组织、领导、参加黑社会性质组织罪；为拓展借贷业务未经银行监管机构批准设立金融机构从事放贷业务，可构成擅自设立金融机构罪。如果高利贷的资金来源是银行贷款，可构成高利转贷罪或骗取贷款罪；如果高利贷的资金来源是社会资金，可构成非法吸收公众存款罪或集资诈骗罪等。

实践中，高利贷衍生犯罪行为的社会危害性及程度一般比较严重，往往超过了高利贷行为本身，且更为社会公众所关注，但其与高利贷行为本身之间并不存在等同性；或者说，这些行为手段属于高利贷行为的本质特征，因而不能将其作为高利贷行为是否入罪的评价根据。对于高利贷行为衍生的上述犯罪行为，由于根据我国现行刑法均能找到相对应的罪名，因而没有必要增设新的罪名加以规制，只要高利贷行为人直接实行或参与实施衍生行为构成单独犯罪或共同犯罪的,按照上述罪名予以刑事追究即可。另外,根据最高人民法院《规定》第 14 条的规定,如果出借人套取金融机构信贷资金又高利转贷给借款人,且借款人事先知道或者应当知道的;出借人以向其他企业借贷或者向本单位职工集资取得的资金又转贷给借款人牟利,且借款人事先知道或者应当知道的;出借人事先知道或者应当知道借款人借款用于违法犯罪活动仍然提供借款的,法院应当认定民间借贷合同无效。在上述情况下,出借人和借款人可能构成共犯,那么,按照共同犯罪行为所触犯的罪名追究其刑事责任即可。

四、结语:高利贷入罪的域外刑事立法反思

从境外刑事立法来看,德国、日本、意大利、芬兰、瑞典等不少国家以及我国港澳台地区等专门设立了暴利罪、高利贷罪、重利罪等相类似的罪名,并且这些罪名大都列入财产犯罪范畴,主要保护被害人的财产利益,在犯罪构成要件方面的规定不尽相同。如德国《刑法典》第 291 条规定了暴利罪,对利用他人处于困境、缺乏经验、缺乏判断力或者严重意志薄弱,让他人向自己或第三人在住房的出租或与此相关的从给付、提供信贷、其他给付,或者上述给付之一的中介,允诺或给予财产利益,而该财产利益与给付或给付的中介显失公平的,处 3 年以下监禁或者罚金。情节特别严重的,处 6 个月以上 10 年以下监禁。"暴利罪"中的"暴利"不仅包括高利贷的"信用重利",而且包括房屋出租的"租赁重利"、中介行业的"中介重利",且"情节特别严重"的法定最高刑为 10 年。可见,德国刑法对暴利行为是予以严厉惩处的。其他国家和地区的刑事立法规定也比较相似,一般都要求行为人利用对方的急迫、困难、轻率、无知等有违合同交易自愿性的情况,获取与对价严重不相当、显失公平的利益。同时,所设立的类似罪名适用范围宽泛,不仅限于借贷合同交易,如芬兰《刑法典》第 36 章"欺诈与其他不诚实行为"第 6 条、瑞典《刑法典》"诈欺和其他不诚实罪"章第 5 条、丹麦《刑法典》第 282 条、我国澳门特别行政区《刑法》第 219 条等。值得注意的是,有的国家和地区的刑法规定只要高利贷超过法定上限的,就构成犯罪,并不要求行为人"乘他人急迫、轻率或无经验"。如意大利《刑法典》第 644 条规定,除第 643 条规定的情况外,以任何形式要求他人向自己或其他人给付或者许诺给付高利贷性质的利息或其他好处,以作为对钱款或其他利益借贷的报偿的,处 2 ~ 10 年有期徒刑和 5000 ~ 30,000 欧元罚金。

应当看到,域外立法将高利贷定性为侵犯财产法益的行为,并设立单独罪名予以刑事惩治,体现了域外立法对个人财产法益保护的重视,也体现了这些国家和地区在民间借贷领域的刑事法治程度,这是值得肯定的。比较而言,我国刑法分则中并无类似的罪名,但在民事领域,对于民间借贷活动中严重侵犯借款人财产权益的

违法行为,存在合同诈骗罪、敲诈勒索罪、强迫交易罪等已有罪名的适用空间,司法机关可以通过适用性解释将其纳入刑法规制范围,另设立新罪名尚无太大必要。同时,在经济法或行政法领域,对于非法经营借贷业务的暴利贷行为,如前所述,由于并不具备非法经营罪的前置法条件,因而不构成该罪。不可否认,我国刑法将来也可考虑合理借鉴域外刑事立法,针对情节严重的暴利贷行为设立新罪名,将置于刑法分则破坏金融管理秩序罪的章节中,这不失为民间高利贷刑事治理的有效路径。然而,即便设立新罪,其仍须具备相应的金融管理法律法规作为前置法,否则难以实现刑法与经济法、行政法的衔接协调;同时,必须对新罪名设置明确的主客观构成要件,严格限定其刑事处罚范围。目前,司法机关只能按照现有刑法和司法解释的规定,通过对催讨索债等高利贷衍生行为的刑法定性,对直接实行或参与实施相关犯罪的高利贷者的刑事责任予以追究,从而达到对高利贷行为进行刑法规制的目的和效果。最后须指出,高利贷的市场需求是客观存在的,希冀通过设立新罪名来消除高利贷、彻底控制高利贷所带来的金融风险和负面效应也是不现实的。只有综合运用刑事与非刑事法律手段,适度加强政府金融监管,合理引导民间资本融通,促进借贷市场生态健康发展,切实解决实体经济融资难问题,才是治理高利贷问题的治本之策。

非银行机构支付结算与清算业务风险研究[1]

苏　盼*

一、引言

“互联网金融”在我国蓬勃发展的过程中也带来了市场乱象，互联网公司违规经营可能带来风险。2016年4月国务院办公厅发布《互联网金融风险专项整治工作实施方案》（国办发〔2016〕21号）对包括互联网支付在内的多个领域进行风险整治。随后，14个部委联合发文指出非银行支付机构（以下简称支付机构）[2]整治重点在于客户备付金风险和跨机构清算业务。[3]监管机构采取了包括集中存管备付金、设立网联平台等措施来实施整治方案。之所以重点整治这些风险，与支付机构如何从事支付结算与清算业务相关，本文对此进行详细分析，并评价整治措施的合理性，提出改进建议以完善监管。

为便于论述，首先界定本文讨论的支付结算与清算的含义。支付一般被定义为付款人向收款人转移货币债权的过程。[4]按照通俗理解，我国的“结算”是指商业银行或其他机构面对客户的资金计算，即按照规则完成支付指令交换并计算出待清偿债权债务结果，体现为记账过程；而“清算”是银行与银行之间，或其他机构与机构之间的资金转移，即清算在结算之后完成资金最终的划拨。[5] 我国对“结算”“清算”

---

〔1〕 本文为上海市法学会2017年度“推进上海科创中心建设的法律对策研究”项目阶段性研究成果，原载于《金融法苑》总第96辑。

* 上海财经大学法学院讲师。

〔2〕 非银行支付机构是指依法取得《支付业务许可证》从事互联网支付、移动电话支付、固定电话支付、数字电视支付等网络支付业务的非银行机构。《非银行支付机构网络支付业务管理办法》（中国人民银行公告〔2015〕第43号）第2条。

〔3〕 参见中国人民银行、中央宣传部、中央维稳办、国家发展改革委、工业和信息化部、公安部、财政部、住房城乡建设部、工商总局、国务院法制办、国家网信办、国家信访局、最高人民法院、最高人民检察院《关于印发〈非银行支付机构风险专项整治工作实施方案〉的通知》（银发〔2016〕112号）。

〔4〕 参见中国支付清算协会编著：《支付清算理论与实务》，中国金融出版社2017年版，第4～7页。

〔5〕 同上书，第12～17页。

的界定与国际标准正好相反,[1]但因国内对这两个术语的使用已被公众熟知,因此本文沿用国内用法,将结算看作资金计算过程,而清算涉及跨机构间的资金最终转移过程。

二、支付机构的结算业务及其风险应对

(一)支付机构的结算业务

1.结算业务体现为记账过程

支付机构可以为客户开立支付账户提供资金转移服务。支付账户是用于记录预付交易资金余额、客户凭以发起支付指令、反映交易明细信息的电子簿记。在电子化交易过程中,资金转移的结果通过账户数值变化来体现。例如,支付机构的客户 A 向客户 B 支付 100 元,付款人 A 和收款人 B 都使用支付机构账户内的余额(已提前充值/预付)进行付款和收款,那么最终双方的支付账户内都会显示以借贷簿记方式体现的支付指令信息,即付款方有一笔“-100 元”的记账,收款方有一笔“+100 元”的记账。这种记账过程(账户数值变化过程)就是支付机构提供的结算业务。在上述这个交易中,支付机构对付款方和收款方的账户分别进行了借记和贷记 100 元的处理,完成了结算。

不同意见可能认为,假设 A 向 B 支付 100 元,B 向 A 支付 50 元,那么最终计算只需要 A 向 B 支付 50 元,才是结算的意义所在,即提高支付效率、减少交易成本。但前述两例都涉及结算,只是存在全额结算、净额结算的差别而已。对于同一家支付机构而言,所有客户的资金都集中存放,前例中客户 A、B 账户数值变化对于集中账户而言,不涉及余额变动,也不需要进行跨机构的资金划拨,支付机构通过逐笔记账完成实时的全额结算。

支付结算一直被认为属于商业银行传统业务。但结算是否是商业银行独有的特许业务?如果构成特许业务,结算就只能由银行来提供,从事了结算业务的非银行支付机构也需要获得银行牌照,接受类银行监管。

2.结算不是商业银行特许业务

我国法律确实规定了支付结算是商业银行业务之一,如《商业银行法》第 2 条规定:商业银行是指依法设立的吸收公众存款、发放贷款、办理结算等业务的企业法人。有学者也认为,支付机构的结算业务专属于商业银行,是特许经营业务,应当接

---

[1] 国际上一般采用国际清算银行(Bank for International Settlements,BIS)的定义:清算(clearing)是指支付服务组织按照特定规则,完成支付指令的交换,并计算出待清偿债权债务结果的过程。结算(settlement)是指将清算过程产生的待清偿债权债务,由支付服务组织将资金从债务人账户划到债权人账户,从而完成货币资金的最终转移并通知有关各方的过程。这与我国惯用定义完全相反。参见刘士余主编:《支付业务统计指标释义》,中国金融出版社 2013 年版,第 1~2 页。

受更高标准的监管。[1]其理由在于,我国《支付结算办法》(1997年实施)第6条和《支付结算业务代理办法》(2000年实施)第5条规定,支付结算及其代理业务未经批准,非银行金融机构和单位不得办理。我国《刑法》第225条也规定未经批准,非法从事资金支付结算业务构成非法经营罪。因此,看起来支付结算及其代理业务都属于银行特许业务。

本文认为,结算并非商业银行特许业务。

首先,从实践上看,我国的非银行支付市场的发展及其规范经历了一个特殊的历程——市场实践先行、法律监管在后。互联网支付市场在2005年已初具规模,但是中国人民银行在2010年才颁布《非金融机构支付服务管理办法》要求已经从事互联网支付等业务的机构补办许可证。2015年发布的《非银行支付机构网络支付业务管理办法》也明确资金结算方式是支付机构的业务规则之一,必须在支付机构与客户签订协议时明确说明。事后立法平息了支付机构"非法"地位之争。

其次,从法理上看,支付结算不是银行的本质业务,吸收活期存款从而用于发放贷款,才是银行特殊性所在。[2]银行是信用中介,它利用杠杆负债经营,其高度失调的资产负债比例导致它吸收损失的能力非常有限,难以应付挤兑(bank run)危机。由于信息不对称,市场恐慌也可能波及其他银行,加剧系统性风险。银行业的失败具有明显"负外部性"——导致实体经济衰退、就业率下降等社会问题,而银行自身没有动力将此成本内部化。因此,针对银行的特殊监管都建立在其吸收存款以发放贷款的基础之上。支付结算业务本来是商业银行业务的自然延伸,但它并非核心业务,不会为银行业带来系统性风险。支付机构也可以从事支付结算,其接收客户资金目的在于进一步的转移,而非发放贷款。

(二)支付机构支付结算业务风险及应对措施

支付机构开展支付结算业务不需要接受类银行监管,但仍然需要获得支付许可并接受其他监管,这与支付机构自身风险相关。

1. 预付机制易导致客户资金风险

在支付过程中,客户交付的资金(客户备付金)与获得产品或服务之间可能存在时间差,在资金预付时,客户风险最大。非银行支付业务的本质特征为预付,即客户事先将资金交付或存放于支付机构,再在日后用于支付。预付机制是导致资金风险的本质所在,原因在于:一方面,客户预存资金之后,对资金的支配能否实现完全依赖于支付机构。由于存在信息不对称,客户难以了解企业服务质量、诚信水平和支

[1] 参见黎四奇:《对钓鱼欺诈中第三方支付机构作为或不作为法律问题的思考》,载《法律科学》(西北政法大学学报)2012年第3期;李莉莎:《第三方电子支付法律问题研究》,法律出版社2014年版,第67页。

[2] 参见彭冰:《商业银行的定义》,载《北京大学学报》(哲学社会科学版)2007年第1期。

付安全，无法获得保障。另一方面，支付机构的客户多为个人消费者或中小商户，这类人群“金融知识、风险意识和承受能力相对薄弱”，[1]无法达到与支付机构同等谈判地位，因此无法通过合同防范风险。

支付机构客户备付金遭受损失的主要风险来源包括：(1)技术/操作风险，支付机构因技术设备或内部人员操作等方面的原因(如黑客入侵系统)，导致客户资金丢失；(2)市场风险，支付机构利用沉淀的客户备付金进行投资，如果不受限制可能出现亏损从而无法兑付；(3)信用风险，支付机构挪用客户资金而无法满足客户支付需求，此时支付机构已超出业务范围，违规从事了银行业务。银行进行吸储和放贷是一种合法的“利用客户资金”，但是支付机构不得挪用。

2. 监管措施以保障客户备付金安全为核心

为防止支付机构成为事实上的银行，并应对客户备付金无法兑付的风险，主要监管措施在于：(1)建立支付业务许可制度，在资金、技术标准、组织管理等方面设立准入门槛，将不合格机构筛选出市场，最低限度保障客户权益；(2)明确备付金所有权在于客户，要求支付机构对支付账户进行风险管理，禁止支付机构以任何形式挪用客户备付金；(3)限制支付机构对客户资金的投资，构建商业银行对备付金的存管制度，要求支付机构接收的客户备付金全额缴存至专用存款账户。[2] 2016 年 14 个部委联合发布的《非银行支付机构风险专项整治工作实施方案》主要从执法检查层面强化上述基本监管措施，但作出了两项推进：一是建立支付机构客户备付金集中存管制度；二是逐步取消对支付机构客户备付金的利息支出。[3]

对于客户备付金集中存管制度，初衷在于加强统一监测，防范支付机构挪用客户资金。按照《支付机构客户备付金存管办法》第 8 条的规定，“支付机构应当并且只能选择一家备付金存管银行，可以根据业务需要选择备付金合作银行”，实践中支付机构通常开立多个备付金账户，[4]加大了统一监控的难度。整治措施提出备付金须按步骤统一交存至中国人民银行或商业银行专用账户，[5]然而由于我国支付

---

〔1〕《专访范一飞：支付监管的逻辑》，载《财新周刊》2015 年第 36 期。

〔2〕相关法律规定可参见《非金融机构支付服务管理办法》(中国人民银行令〔2010〕第 2 号)；《非金融机构支付服务业务系统检测认证管理规定》(中国人民银行公告〔2011〕第 14 号)等；《支付机构客户备付金存管办法》(中国人民银行公告〔2013〕第 6 号)；《非银行支付机构网络支付业务管理办法》(中国人民银行公告〔2015〕第 43 号)等。

〔3〕中国人民银行办公厅发布《关于实施支付机构客户备付金集中存管有关事项的通知》(银办发〔2017〕10 号)，自 2017 年 4 月逐步实施这两项新措施。

〔4〕监管者指出目前“平均每家支付机构开立客户备付金账户 13 个，最多的开立客户备付金账户达 70 个”。参见《中国人民银行有关负责人就非银行支付机构风险专项整治工作答记者问》，载中国政府网：http://www.pbc.gov.cn/goutongjiaoliu/113456/113469/3159599/index.html，最后访问日期：2017 年 11 月 16 日。

〔5〕参见《关于实施支付机构客户备付金集中存管有关事项的通知》(银办发〔2017〕10 号)。

机构客户备付金存管制度没有像证券交易结算资金管理那样要求存管银行建立二级账户,无法完全实现资金运行的透明化。

对于客户备付金利息问题,存在的争议在于:银行是否应向备付金集合账户支付利息;利息应归属于支付机构还是支付机构的客户。按照2013年的《支付机构客户备付金存管办法》第29条的规定,风险准备金(用于弥补客户资金损失)按照所有备付金银行账户利息总额的一定比例计提,也就说明银行需要为备付金集合账户支付利息。但在如何确定利息归属问题上出现了巨大争议:代表消费者利益的观点认为,客户备付金所有权已明确由客户享有,相应利息也应归属于客户;代表支付机构利益的观点则认为,如果利息归属于客户,支付机构存在吸收存款嫌疑,并且也具有操作难度,还将削弱支付机构的利润空间。[1] 最终现行法回避了利息归属问题,实践中利息一般被约定归属于支付机构。[2] 目前,整治措施要求支付机构客户备付金账户逐步不再计息,防止支付机构变相吸收存款赚取利息收入,具有现实意义。

3. 应建立二级账户实现资金透明监控

整治措施提出的办法可以在一定程度上防范客户备付金风险,但仍需要完善。除需要对客户备付金集中统一存管之外,还应该要求存管银行(商业银行或中央银行),为客户建立二级账户,实现对资金的透明监控,同时借鉴美国存款延伸保险制度为客户提供更有效的保障。

按照整治措施的设想,支付机构客户备付金以支付机构名义集中于一个统一账户存放于商业银行,但没有要求银行为每个支付机构客户(资金所有人)单独开设二级账户,没有做到证券结算资金托管中的透明持有模式,因此银行不能监控总账户之下每个客户的资金交易明细,支付机构仍存在挪用客户资金的空间。[3] 由于商业银行与支付机构在支付结算方面的业务竞争关系,银行为支付机构客户建立二级账户掌握每一笔交易数据,虽然可以有效监控资金,但可能遭到支付机构反对而难以实施。替代方案是由其他中立机构,如中央银行,来对客户备付金进行实时监控。但是即使是中央银行统一监管备付金,也需要在支付机构总的备付金账户之下建立每一个客户的二级账户,从而实现透明监控。

---

〔1〕 参见劳佳迪:《8000万元备付金利息是否该归消费者?》,载《中国经济周刊》2014年第21期;朱玛:《第三方支付机构沉淀资金的权属争议及法律监管——兼谈"余额宝"的创新与风险》,载《西南金融》2013年第12期;闫海、刘闯:《论非金融机构互联网支付中客户备付金的性质、归属及监管》,载《西南金融》2013年第9期。

〔2〕 例如,支付宝公司规定,客户对所有代收代付款项(含被冻结、止付或受限制的款项)产生的任何收益(包括但不限于利息和其他孳息)不享有任何权利;支付宝公司对此收益享有所有权。载支付宝:https://cshall.alipay.com/lab/help_detail.htm?help_id=201602055276,最后访问日期:2017年11月20日。

〔3〕 参见苏盼:《第三方支付机构客户备付金性质及风险研究》,载《金融监管研究》2017年第9期。

即使统一的清算平台(后文详述)可以监控每一笔资金交易明细,建立二级账户还具有另外的优势:可以借鉴美国存款延伸保险制度,为客户提供更为有效的保障。按照我国《非银行支付机构网络支付业务管理办法》第7条的规定,客户备付金所有权归属于客户,但以支付机构名义存放于银行,因此客户不直接受存款保险保护。然而,根据我国《存款保险条例》和《人民币单位存款管理办法》(银发〔1997〕485号)的规定,集合了客户资金的支付机构备付金账户存放于银行,是单位存款,仍可作为一个整体在银行破产时获得最高50万元的存款保险。在这种情况下,支付机构众多客户只能分享这50万元保险,难以获得有效保障。

美国存款延伸保险制度(pass-through insurance,也被译为"过桥保险")可以为我国提供启发。美国非银行支付机构(如PayPal)的客户资金也可集中存放于商业银行,该账户为FBO(For Benefit Of)无息账户,表明是为他人利益而设立的账户。FBO账户类似于我国的支付机构备付金集合账户,但如果满足以下条件,存款延伸保险可以在商业银行破产时,为FBO账户资金实际拥有者提供保障:(1)在受存款保险保护的银行账户明确显示出存管或代理关系;(2)账户资金每一位真正所有人(客户)的身份及资金信息可识别(建立二级账户);(3)账户由名义所有人(支付机构)开设;(4)名义所有人作为客户代理人行事。〔1〕一旦满足条件,FBO账户的每一位客户都可享受到最高25万美元的存款保险。〔2〕延伸保险制度关键在于FBO账户的独立化和二级账户的可识别化,如果中国备付金集合账户之下能够建立二级账户,借鉴延伸保险制度可以为支付机构客户提供充分保障。

三、支付机构的清算业务及其风险应对

(一)支付机构的跨机构清算业务

除客户备付金风险之外,对支付机构的整治重点在于跨机构清算业务。在传统的结算—清算系统中,商业银行为其客户提供资金结算,清算组织(如中国银联)和中央银行提供跨行清算服务。监管机构担心非银行支付机构绕过清算组织和中央银行而在事实上进行跨机构清算业务,这与目前支付机构与银行直接连接、支付机构开设多个备付金账户相关。传统清算组织及其搭建的数据传递系统类似于"接线板",便利商业银行与商业银行(跨行或跨机构)交换数据,计算应该转移的资金情况,最终的资金划拨通过中央银行调整商业银行开立在中央银行的账户的头寸来完成。但是,支付机构与各个商业银行直接连接,意味不再需要"接线板",支付机构与商业银行建立系统完成支付,可以通过调整支付机构在不同银行的备付金集合账户

〔1〕参见美国法律规定12 CFR § 330.5和12 CFR § 330.7。

〔2〕参见美国法律规定12 CFR § 330.7(a)和12 CFR § 330.1(o)。

的头寸,绕过传统清算系统而直接完成资金划拨和转移。

假设支付机构的客户A通过支付账户向B付款100元,付款人A将其支付账户绑定了X银行的银行卡,收款人B绑定了Y银行的银行卡。支付机构与X、Y银行直接连接,并在这两个银行都开设了备付金账户(如图1所示)。

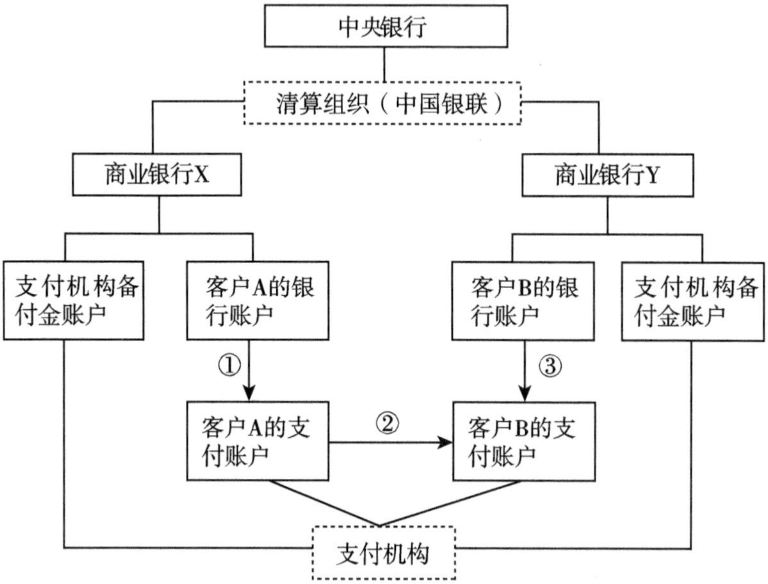

图1 结算—清算账户结构

此时,结算—清算存在两种路径:

1. 传统清算系统提供清算

具体的步骤可以表述为:(1)A将其X银行卡内的100元转入支付账户,A的X银行卡账户"-100元",A的支付账户"+100元",支付机构X银行备付金账户"+100元";(2)A将其支付账户100元转入B的支付账户,A的支付账户"-100元",支付机构X银行备付金账户"-100元",支付机构Y银行备付金账户"+100元",B的支付账户"+100元";(3)B将其支付账户的100元转入Y银行卡,B的支付账户"-100元",支付机构Y银行备付金账户"-100元",B的Y银行卡账户"+100元"(如表1所示)。

表1 传统清算系统提供清算步骤

	A的X银行卡账户	A的支付账户	支付机构X银行备付金账户	支付机构Y银行备付金账户	B的支付账户	B的Y银行卡账户
(1)A的X银行卡→A支付账户	-100	+100	+100			
(2)A支付账户→B支付账户		-100	-100	+100	+100	
(3)B支付账户→B的Y银行卡				-100	-100	+100

在这种路径之下,支付机构的X、Y这两个银行备付金账户都进行了资金变动,需要通过传统清算组织(中国银联)的跨行清算系统完成,并由中央银行通过调整X、Y银行在中央银行设立的账户实现最终的资金划拨。

2. 支付机构提供清算

支付机构还可以采取更为简化的步骤:(1)A将其X银行卡内的100元转入支付账户,A的X银行卡账户"-100元",A的支付账户"+100元",支付机构Y银行(而不是X银行)备付金账户"+100元";(2)A将其支付账户100元转入B的支付账户,A的支付账户"-100元",支付机构Y银行(而不是X银行)备付金账户"-100元",B的支付账户"+100元";(3)B将其支付账户的100元转入Y银行卡,B的支付账户"-100元",B的Y银行卡账户"+100元"(如表2所示)。

表2 支付机构提供清算步骤

	A的X银行卡账户	A的支付账户	支付机构X银行备付金账户	支付机构Y银行备付金账户	B的支付账户	B的Y银行卡账户
(1)A的X银行卡→A支付账户	-100	+100		+100		
(2)A支付账户→B支付账户		-100		-100	+100	
(3)B支付账户→B的Y银行卡					-100	+100

因为支付机构与X、Y银行分别直接连接,并且都开立了备付金账户,而此备付金账户以支付机构名义开立,并没有二级账户,银行无法知晓每一笔具体的交易,只知道总账及其变化。在此路径之下,支付机构不调整X银行备付金账户数额,而是

调整了Y银行的备付金账户,Y银行只需接受支付机构指令,调整客户B的银行账户数额即可,因此最终不需要进行X、Y银行间的跨行转账和清算,即不需要经过传统的中国银联清算系统。支付机构调整其备付金账户头寸即可完整资金的转移,完全绕开了传统的清算系统,成为事实上的清算组织。

(二)支付清算为清算机构特许业务

清算业务相比于结算业务具有系统重要性,国务院《关于实施银行卡清算机构准入管理的决定》以及《银行卡清算机构管理办法》已经明确规定银行卡清算为特许业务。之所以对银行卡清算机构进行准入监管,核心理由在于:第一,银行卡作为支付工具在我国的使用非常广泛,银行卡清算业务包含持卡人、商户、收单机构和发卡机构的大量金融信息,涉及重大公共利益;第二,银行卡清算业务系统属于重要金融市场基础设施,它需要搭建数据传递系统,并连接多个主体,其风险防范和稳定运行对维护支付体系的稳定运行具有重大影响。[1]正是鉴于清算系统作为公共设施的基础重要性,特别是由于技术等方面的风险,基础系统发生问题会继而影响到整个系统中的其他机构,产生风险的传递,因此清算机构及其负责的清算系统就具有了系统重要性。国际上颁布了《金融市场基础设施原则》要求加强风险管理,[2]我国对银行卡清算机构实施特许监管符合国际社会要求。

传统的商业银行跨行资金清算业务由清算机构和中央银行共同提供,其条件是:第一,中央银行与各商业银行连接,商业银行在中央银行开设清算账户;第二,清算机构建设基础服务设施(如网络系统),并提供数据交换,以便中央银行通过调整商业银行清算账户头寸来完成跨行债权债务转移。[3]按照《非银行支付机构网络支付业务管理办法》第8条的规定,支付机构不得为金融机构以及从事信贷、融资等金融业务的其他机构开立支付账户,防止支付机构调整金融机构账户头寸来完成资金划拨,成为“中央银行”。而支付机构与商业银行直接连接、在多家银行开立客户备付金账户,通过调整各个客户备付金账户余额,绕开了中国银联的清算系统从事了跨机构清算业务。当然,支付机构也可以成为银行卡清算机构,但需要经过特许,符合相应的资质条件(对清算机构的要求高于支付机构)。如果没有经过事前审查而实际上从事了清算业务,则属于违规操作,并带来风险。

---

〔1〕 参见《人民银行有关负责人就〈国务院关于实施银行卡清算机构准入管理的决定〉答记者问》,载中国人民银行:http://www.pbc.gov.cn/goutongjiaoliu/113456/113472/2811794/index.html,最后访问日期:2017年11月25日。

〔2〕 中国人民银行办公厅《关于实施〈金融市场基础设施原则〉有关事项的通知》(银办发〔2013〕187号)。

〔3〕 参见杨青、霍炜:《电子货币——互联网金融下的货币变革》,中国金融出版社2015年版,第30~31页、第109页。

尽管支付机构主要从事小额业务(笔均支付金额约为600元[1]),但其客户数量庞大,特别是多达数亿的个人消费者和中小商户,已经与居民生活密切相关。支付机构未经审查从事清算业务,资金无法被监控;具有了金融基础设施地位的支付机构,一旦自身发生技术/操作风险、市场风险、信用风险,也可能波及系统中的其他机构,包括商业银行。互联网支付机构具有开放性特征,其风险传染速度更快、传播范围更广,面对众多客户和商业银行,风险一旦爆发,社会影响更为严重,因此需要严格规范。

(三)规范支付机构清算业务主要措施

1.规范思路

由于支付机构能够从事清算业务主要在于支付机构与商业银行直接连接,同时又在不同商业银行开设了多个备付金账户,为规范支付机构的清算业务,需要消解这两项现实条件:第一,打破支付机构与商业银行直接连接做法,另行建立统一的清算组织,为支付机构提供数据交换、资金清算服务;第二,对备付金进行集中存管,要求一家支付机构只能开设一个备付金账户。按照我国《非银行支付机构风险专项整治工作实施方案》和《关于实施支付机构客户备付金集中存管有关事项的通知》的安排,目前这两项工作都在推进之中。

正在建设中的统一清算组织是非银行支付机构网络支付清算平台("网联平台")。网联平台获得特许可以从事跨机构清算业务,此后支付机构与商业银行直接连接开展的业务全部迁移至网联平台处理,消解支付机构单独的违规跨行清算功能,有利于节约连接成本、提高清算效率、监控资金流向。网联平台的具体运作有待时间检验,而备付金集中存管制度的一些问题急需明确。

2.备付金集中存管可再改进

对于备付金集中存管,目前的方案是要求支付机构将客户备付金按照一定比例交存至指定机构专用存款账户,该账户开立在中国人民银行或符合要求的商业银行。[2]此项方案确实能够在一定程度上监控客户备付金、防止支付机构绕开现有的跨行清算系统而进行资金转移。但是如前文分析,只要支付机构存在多个备付金账户,仍有可能绕开清算系统(无论是中国银联还是网联平台),通过调整备付金账户头寸达到跨机构清算的效果,因此应该明确一家支付机构应该只能开立一个备付金账户。

---

〔1〕 2016年支付机构累计发生网络支付业务1639.02亿笔,金额99.27万亿元,计算得出笔均金额为605.7元。参见《中国支付体系发展报告(2016)》,载中国人民银行:http://www.pbc.gov.cn/zhifujiesuansi/128525/128545/128646/3343451/index.html,最后访问日期:2017年11月28日。

〔2〕 参见中国人民银行办公厅《关于实施支付机构客户备付金集中存管有关事项的通知》(银办发〔2017〕10号)。

就集中存管专用账户开立机构而言,如果将所有支付机构的客户备付金集中存管于一家商业银行,风险将更为集中。假设支付宝公司出现问题,消费者担心钱款损失将支付宝账户中的余额和理财账户中的资金都转出到各自银行卡,而同时微信客户也可能担心类似问题,也将资金转出到银行卡,其他支付机构也面临同样问题。此时,如果支付机构只有一个备付金账户,这家备付金银行会面临巨大的流动性压力。根据中国人民银行公布的数据,2016 年非银行支付机构网络支付金额约 100 万亿元,[1]对比中国工商银行 17.8 万亿元的客户存款,可见支付数额体量的庞大。[2]因此,尽管支付机构本身不会直接导致系统性风险,但是由于支付机构的客户备付金都存管于银行,风险也会传染银行产生流动性危机,如果备付金银行转账资金无法满足需求,可能波及整个金融市场。

目前,实践中一家支付机构有多个备付金账户,实际上可以有效缓解银行流动性危机,但它确实便利了支付机构进行违规跨行清算操作。因此,更为有效的措施是要求一家支付机构只能开立一个客户备付金账户,不同支付机构的备付金账户开立在不同的商业银行,分散风险。如果需要全部集中存管,则最好是将备付金账户开立在中央银行。中央银行作为“最后贷款人”享有理论上的无限流动性,尽管它没有法定义务救助不是金融机构的支付机构,但可以出于社会稳定的需要提供紧急救助。

四、结语

之所以整治非银行支付机构的客户备付金风险和跨机构清算业务,与其支付结算和清算业务相关。支付机构的结算业务表现为借贷记客户账户数值的记账过程。支付结算业务本来是商业银行业务的自然延伸,但它并非银行本质业务,并不会造成系统性风险,因此支付机构无须接受类银行监管。支付机构监管核心在于客户备付金风险,这由其预付机制所决定。除需要对客户备付金集中统一存管之外,还应该要求存管银行为客户建立二级账户,实现对资金的透明监控;同时,借鉴美国存款延伸保险制度,在存管银行破产时,穿透备付金集合账户,为资金所有人提供保险保障。

在传统的结算—清算系统中,商业银行为其客户提供资金结算,清算组织和中央银行提供跨行清算。在非银行支付系统中,支付机构的客户账户关联银行卡进行资金收付,客户资金以支付机构名义存放于商业银行备付金账户。支付机构与银行

---

〔1〕 参见《中国支付体系发展报告 2016》,载中国人民银行:http://www.pbc.gov.cn/zhifujiesuansi/128525/128545/128646/3343451/index.html,最后访问日期:2017 年 11 月 28 日。

〔2〕 《中国工商银行 2016 年年报》,载 http://v.icbc.com.cn/userfiles/Resources/ICBCLTD/download/2017/A_20170421.pdf,最后访问日期:2017 年 11 月 28 日。

直接连接、开立多个备付金账户的做法,便利了支付机构绕开清算组织和中央银行完成跨机构清算业务。由于清算业务的特别重要性,应该严格防范此类风险。目前,整治措施在于构建统一网联平台、集中存管备付金,但若将所有支付机构的客户备付金集中存管于一家商业银行,风险更为集中。更为有效的措施是明确要求一家支付机构只能开立一个客户备付金账户,不同备付金账户开立在不同商业银行,从而分散风险;或者由中国人民银行进行备付金的集中存管,从而保障资金安全、维护清算秩序。

审问篇

未来债权保理的法律解释

——以卡得万利案为例

郭雨亭*

一、问题的提出：卡得万利案纠纷回顾

2014年12月卡得万利商业保理有限公司（以下简称卡得万利）与福建省佳兴农业有限公司（以下简称佳兴农业）签订《商业保理申请及协议书》及《商业保理确认书》。上述协议约定，在将来一定期间，佳兴农业将其日常经营交易活动中通过POS机所收取的应收账款转让给卡得万利，卡得万利向佳兴农业提供30万元的保理融资款，并由其每日从POS机收单机构按照相应方式收回融资对价款。后截至2015年5月，因佳兴农业逾期未及时归还卡得万利融资对价余额款项及逾期违约金而引发纠纷。

一审法院认为，佳兴农业通过转让POS机上的应收账款虽在签订协议时未实际发生，但在协议约定时间范围内实际上确实产生了账款，并不影响账款存在的事实，故不应认为卡得万利承购账款系虚假的，当事人应根据合同约定内容履行相应的义务。[1]

佳兴农业上诉称，卡得万利通过用未来应收账款叙作保理业务，实质是发放高息贷款的行为，双方间法律关系实际为借贷法律关系。二审法院审理认为，保理法律关系是以应收账款让与为核心的法律关系，应以本案所涉未来债权是否具有可转让性为判断依据，再判定二者具体的法律关系。而后，二审法院认为，卡得万利依据佳兴农业自认虚假记载的经营状况发放融资款项，未进行必要核查，并仅对未来债权的期间上做了界定，至于其他债的要素均未提及，故不能认定本案中所涉将来债权已相对确定并具有可期待性，所以该涉案未来债权不具有可转让性。[2] 因此，二审法院认为，该案法律关系不符合未来债权保理法律关系的特征，将相关协议认定为“名为保理，实为借贷”，并根据商业保理公司不能发放贷款的相关法律规定，判定

---

* 华东政法大学互联网金融法律研究中心法律硕士。

〔1〕 参见卡得万利案一审判决书(2015)浦民六(商)初字第6975号。

〔2〕 参见卡得万利案二审判决书(2015)沪一中民六(商)终字第640号。

合同无效(见图 1)。

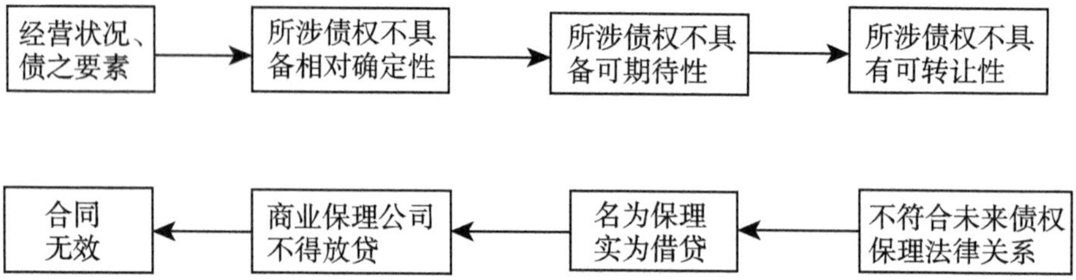

图 1 二审法院审理裁判思路

对于未来债权是否具有可转让性并叙作保理业务,法律及司法解释未明确规定,学界主流观点持有效说。[1] 二审法院认为,卡得万利依据佳兴农业自认虚假记载的经营状况并未进行核查,亦无提及未来债权交易对手、交易标的等债之要素,故而未来债权不具有可让与性,进而不能叙作未来债权保理业务。本文认为,本案难点在于佳兴农业向卡得万利所让与的未来债权是否可以叙作保理业务存在争议。从外部看,卡得万利根据佳兴农业在协议中所填写的经营状况预估所产生的未来债权收益叙作保理业务并无不当。但佳兴农业自认其在合同上记载的经营状况为虚假的,且所涉债权并未提及交易对手、标的及债权性质等,所以法院认为所转让债权不具有相对确定性。但判决书中就未来债权保理业务的法律构成要件仍认定的较为模糊,没有明确相关的确定性标准。对此,该案争议焦点也始终围绕原被告间是否构成未来债权保理法律关系这一问题而展开。

二、未来债权保理的法律定性

(一)未来债权保理的基本含义

根据国际统一私法协会《国际保理公约》的有关规定,保理是指供应商可能或将要向一家保理商转让应收账款,无论其目的是否是融资,至少要满足以下职能之一:贸易融资、应收账款管理、账款催收、坏账担保。[2] 由此可见,保理的核心业务是应收账款让与,与此同时配上一种或多种特定服务的综合性金融业务。

---

〔1〕 参见王利明:《合同权利转让制度中的若干问题》,载王利明:《民商法研究》(第 6 辑),法律出版社 2004 年版,第 502 ~ 527 页;黄斌:《国际保理业务中应收账款债权让与的法律分析》,载《清华大学学报》(哲学社会科学版)2006 年第 2 期;朱宏文:《国际保理法律实务》,中国方正出版社 2001 年版,第 94 页;申建平:《论未来债权让与》,载《求是学刊》2007 年第 3 期;申卫星:《期待权研究导论》,载《清华法学》2002 年第 1 期;田浩为:《保理法律问题研究》,载《法律适用》2015 年第 5 期。

〔2〕 参见国际统一私法协会:《国际保理公约》第 1 条。

图 2　保理的概念

通过图 2,可以清楚直观地理解保理的概念。而未来债权是指现在未发生而在将来有可能发生的债权。在学界,未来债权分为两类:一类是有基础法律关系的未来债权;另一类是无基础法律关系的未来债权。[1] 有基础的未来债权包含附停止条件或附始期债权以及现存长期债权关系,当约定条件发生、时间经过等要件具备时,该笔未来债权即转化为现有债权。例如,在现实生活中,租赁合同、加工承揽合同、建筑施工合同等这类基础法律关系业已存在,在其基础之上形成了应收账款请求权。无基础法律关系的未来债权也称作“纯粹的未来债权”。[2] 此类未来债权是指将来能否达成产生债权的合同都还不确定,仅依照一定的事实或条件具备在将来产生债权的可能性。如高速公路建成后将来的收费权,以及在卡得万利案中保理商和供应商约定在未来一段期间内 POS 机上产生的应收账款。此类未来债权由于其产生的依据即基础法律关系产生的偶然性较大,需要根据日常经营状况等条件来预估产生未来债权的可能性。此外,为更突出未来债权保理的特点,笔者以表格形式从主体、保理基础、业务模式等方面与现有债权保理进行对比(见表 1)。

表 1　现有债权保理和未来债权保理的对比

区别	现有债权保理	未来债权保理
涉及主体	买方、卖方、保理商	买方(可能有)、卖方、保理商
债权是否产生	已经产生	尚未产生
基础法律关系	已经形成	待定
叙作保理基础	基础合同	基础合同或预估的经营状况
保理金额	应收账款实际转让额	保理商根据实际情况确定

---

〔1〕 参见黄立:《民法债编总论》,中国政法大学出版社 2002 年版,第 616 页。
〔2〕 参见李珂丽:《国际保理法律机制研究》,知识产权出版社 2014 年版,第 93 页。

续表

区别	现有债权保理	未来债权保理
保理限制	可叙作保理业务	未明确规定
示意图	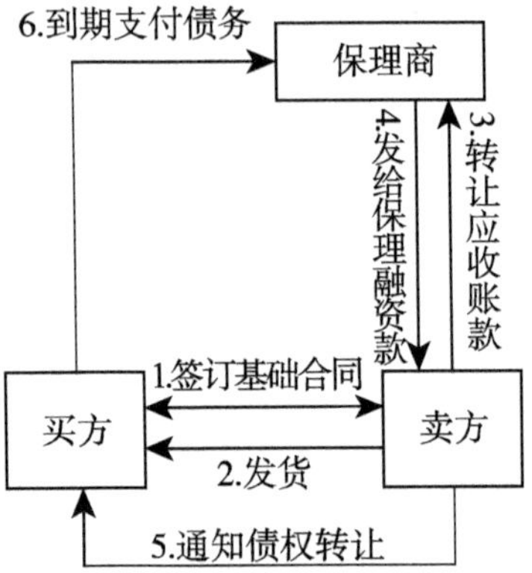	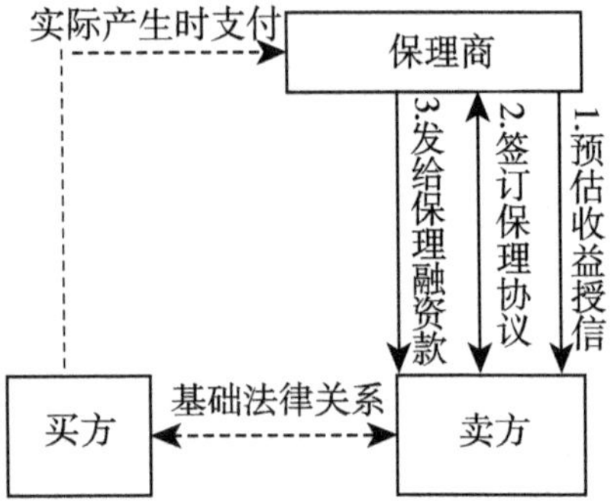

从表 1 中可以发现,现有债权保理和未来债权保理之间存在诸多差别,而区别二者的核心标准为:在卖方让与债权时该债权是否已经产生。当买卖双方已经达成基础合同,形成债权债务基础法律关系后,卖方依基础合同所形成的债权让与给保理商叙作保理业务为现有债权保理。而在未来债权保理中,买卖双方可能存在附条件或附期限的基础法律关系,也有可能卖方连所缔结契约的买方都尚未确定,这时所涉债权还未实际发生。在此种情形之下,保理商便需要依照卖方日常经营状况,并对其将来经营活动所可能会产生的预期收益进行评估,并给予一定的信用额度再叙作保理业务。与现有债权保理相比较,未来债权保理由于所涉债权发生具有不确定性,故对于保理商存在一定的坏账风险。

(二)未来债权保理的理论分析

在卡得万利案中,二审法院认为,未来债权的移转是一种准物权行为,并认定虽然该转让契约在订立时生效,但债权转让的行为效力应当处于效力待定阶段,并以此得出该债权让与合同的权利卡得万利保理公司不得据此主张的结论。那是否应当将该债权让与认定为准物权行为?笔者认为是欠妥的。

对于债权让与的法律构成,学界有“物权行为说”和“债权行为说”之争。在我国,以韩世远老师为代表的“物权行为说”认为,债权让与是将债权视作一项财产进而对其处分,因而属于处分行为,故将债权让与定位为准物权合同。[1] 而以崔建远

〔1〕 参见韩世远:《合同法总论》,法律出版社 2011 年版,第 460 页。

老师为代表的“债权行为说”认为，债权让与合同以当事人的意思表示为要素，使债权受让人和债务人之间产生了债权债务关系，是一种债权行为。[1] 此外，债权让与合同又是一种引起债权人、债务人、受让人之间法律关系产生、变更、消灭的法律事实，进而引起了债权让与这一债权变动。因此，从行为角度看，债权让与是债权变动的一种形态，其相较于债权让与合同这一法律事实而言是事实行为。[2] 故债权让与当事人之间意思表示达成一致时，权利便发生变动，无须另外进行处分。可见，两种学说争论焦点在于是否要对债权让与进行区分：“债权行为说”认为债权让与仅由当事人实施了一个签订债权让与合同的行为并依照法律规定产生法律效力，债权便随之转让，不需要将债权让与进行区分；而“物权行为说”认为，应当对债权让与进行区分，即先由当事人对债权让与进行约定签订赠与合同或买卖合同等（负担行为或原因行为），再由让与人根据负担行为或原因行为签订债权转让合同以实际转让债权（处分行为或称准物权行为）。那就未来债权保理而言应采用何种学说，笔者对此进一步分析。

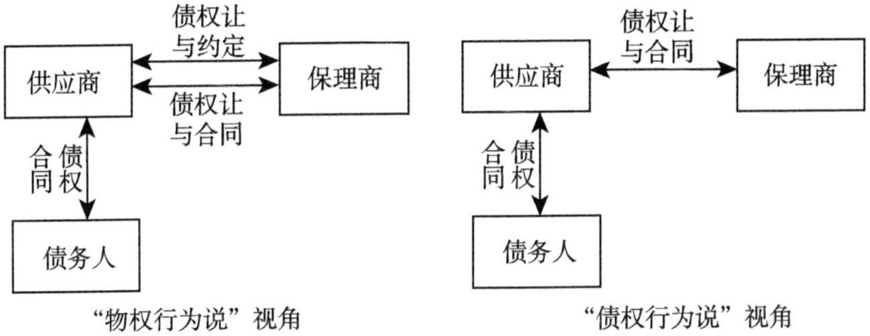

图3　债权让与示意

以图3为例，在“物权行为说”视角中，债权让与交易中应当存在两个合同：合同一是债权让与的约定即负担行为，该债权让与合同可以是买卖合同、赠与合同等；合同二是债权移转的合同，表示供应商在合同一的基础之上处分其债权。而在“债权行为说”视角中，供应商和保理商之间仅签订债权让与合同，不需要有独立处分债权的行为。若当事人没有特别约定或法律另外规定债权移转到保理商处是债权让与合同签订所带来的必然结果。

持“物权行为说”观点的学者认为，区分负担行为和处分行为的好处是有助于将

〔1〕参见韩海光、崔建远：《债权让与的法律构成论》，载《法学》2003年第7期。

〔2〕参见崔建远：《债权：借鉴与发展》，中国人民大学出版社2012年版，第84页。

问题解决清楚,对塑造法律思维很有益处。[1] 但日本学者我妻荣对此认为,对债权让与进行区分的观点是错误的,应当将其视作一个契约看待并根据现实情况进行解释,在现实生活中通过同一行为表现也不存在任何障碍。[2] 也就是说,将债权让与区分为负担行为和处分行为虽然在观念上有助于抽象的思考,但是现实生活中实无存在的必要。笔者认为,就未来债权保理而言,供应商向保理商请求叙作保理业务也是出于融资和促成交易等商事目的,若是强行分为先达成保理的合意再由供应商行使债权转让这一准物权行为,则整个交易未免会颇有负累,不符合商事便利的原则。另外,供应商行使债权处分权的前提条件是享有处分权。但就未来债权而言,未来债权在叙作保理时尚且不存在,供应商处分其债权的行为也更无从谈起。此外,在物权行为理论中,作为准物权行为的债权让与是一种处分行为,处分行为和负担行为在财产法上属于法律行为。[3] 但我国现行法律未采用德国的物权行为理论的独立性和无因性制度,[4] 故也不承认债权让与属于法律行为,因而债权让与是一种事实行为。

"债权行为说"又从交易的终点考察,将债权让与合同(具体表现形式可以是买卖债权合同、赠与债权合同,当然也可能是保理合同等)视作债权让与的基础行为,而债权让与则是该债权让与合同生效后所产生的结果。[5] 即在图 3 中,供应商和保理商之间签订的债权让与合同(保理合同)是基础行为,由此随之产生的供应商将对债务人的债权转移至保理商的这一变动现象便是债权让与,是债权让与合同所引起的事实行为。这样在以未来债权让与为核心的保理中,当未来债权被特定化之后,债权便自然移转至保理商处,此更有助于促进保理业务活动,鼓励交易。

因此,笔者认为,在债权让与法律构成理论中,"债权行为说"更具有合理性,将其结论推演至卡得万利案,卡得万利和佳兴农业之间所签订的保理合同作为一种基础行为,尽管所涉债权是一种未来债权,但一旦未来债权实现,该未来债权让与便是上述保理合同这一基础行为所带来的结果,卡得万利可据此主张其债权。

但在理论发展过程中,未来债权让与一直存在观念和实践上的困难。观念上的困难表现为:人们怎么能转让其自身还未拥有的东西?即让与一个尚不存在的债权

---

〔1〕 参见韩世远:《合同法总论》,法律出版社 2011 年版,第 461 ~ 462 页。

〔2〕 参见我妻荣:《新订债权总论》,第 527 页。转引自韩海光、崔建远:《债权让与的法律构成论》,载《法学》2003 年第 7 期。

〔3〕 参见王泽鉴:《民法物权》(第 2 版),北京大学出版社 2010 年版,第 62 页。

〔4〕 参见崔建远:《无权处分辨——合同法第 51 条规定的解释与适用》,载《法学研究》2003 年第 1 期。

〔5〕 参见崔建远:《债权:借鉴与发展》,中国人民大学出版社 2012 年版,第 81 页。

在法律上是不可能的。[1] 故有学者认为，以不存在或无效的债权让与都将因标的物不存在或者标的不能而致使债权让与合同不成立或效力待定。[2] 对于此观念上的困难，美国的斯托雷（Story）法官在“米切尔诉温斯洛案”（Mitchell v. Winslow）案中确立了“衡平法上的担保权益”这一里程碑意义的观点。[3] 审理法官认为，质押人通过将来取得的权利设定质押时，其行为效力不应当认为是无效的，而应当认为是质押人在将来取得该财产权利时设定质押的一种允诺行为。此允诺意味当质押人取得该将来财产时，质押权人能够依照衡平法申请强制执行。也就是说衡平法认为，当质押人取得了当初其允诺的财产权利便将按照其当初允诺的一样，直接将该财产权利出质给质押权人，这便产生了“衡平法上的质押权”。以此类推，既然质押人能够质押其尚未获得的财产权利，那债权让与人在让与未来债权时，当债权让与人与第三人签订了产生该未来债权合同时，受让人也便获得了“衡平法上的让与”。之后，《美国统一商法典》第九章通过接受“连续性一般留置权”原则，承认了对将来取得的应收账款进行转让的有效性。故可以通过在担保合同中设定未来债权为“事后取得财产”而同现有债权一样的条款，进行有效让与。因此，这种做法便打破了未来债权让与有效性在观念上的障碍。

未来债权让与在实践上的困难表现为：倘若一旦允许行为人让与还未形成的合同权利，便会导致该行为人让与在未来任意时刻都可能获得的合同权利。也就是说，承认未来债权让与的有效性很可能会导致人们滥用其权利进行恶意的超前消费，甚至出现欺诈的现象。对于此种可能性，采取保守态度也是可以理解的，故笔者为此在下一节专门对未来债权让与的构成要件问题进行论述分析。

三、未来债权保理的效力认定

（一）未来债权的可让与性的法律依据探源

在德国，其相关法律就未来债权能否让与的问题很少进行明确规定，这是因为德国人认为未来债权让与违背了公共政策，并且在人们转让财产时，财产应该通过某种方式能够予以确定，若不能被确定则该财产就不能被让与。但是，随着社会经济发展的需要，在日常商业活动中，应收账款浮动质押担保的方式也改变了人们对未来债权让与的看法，德国的司法实践开始出现了认可未来债权让与有效的判决。[4] 例如，农业生产经营者甲为了扩大生产规模需要向银行乙进行贷款，将自己

---

〔1〕 参见王利明：《合同权利转让制度中的若干问题》，载王利明：《民商法研究》（第6辑），法律出版社2004年版，第507页。

〔2〕 参见崔建远：《合同法》（第3版），法律出版社2003年版，第169页。

〔3〕 参见王勤劳：《债权让与制度研究》，西南政法大学2012年博士学位论文，第60页。

〔4〕 同上，第57页。

现有的及将有的债权作为贷款的担保。当新的应收账款债权产生时,便会成为担保内容之一。此时,承认未来债权的可让与性才能保护债权人的利益。因此,德国法院因商业实践增长的需求,把对未来债权能否让与的质疑都搁置在了一边。〔1〕

在美国,把未来债权让与区分为附条件、附期限的债权让与和纯粹未来债权让与。美国法院在有基础的未来债权让与中区分出一种具有持续性商业关系而产生的未来债权让与,并将基于已经存在的持续性商业关系而产生的债权和现有债权转让一样对待。〔2〕 例如,农业生产经营者甲经营良好,乙饭店每日均向甲购进货物等农产品。现甲急需笔资金以扩大生产规模,便将未来两个月的债权让与给银行丙。在此种情况下,《美国合同法》(第 2 版)规定,除制定法另有规定,持续性商业关系而产生的未来权利让与应同现实权利同样有效。〔3〕 故虽然持续性的商业关系持续时间是不确定的,但仍将此种债权让与按照现有的债权让与处理。

在国际公约层面的相关立法中,关于保理业的法律规定包含国际统一私法协会制定的《国际保理公约》以及联合国国际贸易法委员会制定的《联合国国际贸易中应收账款转让公约》。由于国际统一私法协会旨在制定可能被不同国家所接受的私法统一规则,我国亦是其成员国之一。〔4〕 在这两部国际公约中,都有关于未来债权让与效力的相关规定。其中,《国际保理公约》第二章第 5 条规定,若在债权产生时,债权可以被确定在保理合同项下,则合同中有关让与现有或将来产生的债权不因未详细说明相关情况而无效。从该条规定可以看出,保理下的未来债权让与应具有两项特点:一是签订保理合同之后才能形成未来债权;二是确定性应当作为未来债权让与的范围标准。〔5〕

我国目前没有针对保理业的专门性立法,有关规定均散落于各项法律法规及部门规章等规范性法律文件中。我国《合同法》第 79 条至第 83 条有关债权让与的规定,既是进行保理业务所依据的基础法律规范,也是直接调处保理法律问题的核心条文。该法第 79 条有关债权让与的规定明确了债权人不可以将合同权利进行让与的范围:依合同性质、当事人约定、法律规定不得转让的三种情形。且根据"法无禁止即可为"的原则,该条款并未禁止未来应收账款债权的让与,故该条规定可以成为未来债权合法让与的法律依据。

此外,虽然我国《物权法》不是保理的直接法律依据,但其第 223 条规定可以对应收账款进行出质和处分,这为保理业务提供了一定的借鉴价值。而对于未来债权

〔1〕 参见杨明刚:《合同转让论》,中国人民法学出版社 2006 年版,第 70 页。

〔2〕 参见李珂丽:《国际保理法律机制研究》,知识产权出版社 2014 年版,第 98 页。

〔3〕 See E, *Allan*, *Farnsworth*, *Contract*(the 2nd edition), Little, Brown and Company, 1990, p. 797.

〔4〕 参见叶正欣、万波主编:《商业保理法律实务与案例》,复旦大学出版社 2016 年版,第 20 页。

〔5〕 参见谢菁菁:《国际保理中应收账款转让问题研究》,中国检察出版社 2011 年版,第 129 页。

能否进行让与进而叙作保理业务的问题，全国人大法工委对《物权法》第223条解释时明确指出："应收账款实质上属于一般债权，包括尚未产生的将来的债权，但仅限于金钱债权。"因此，根据不得让与的权利也不得质押的物权法理论作反向解释，可以质押的债权也应当可以让与，[1]故对未来债权叙作保理业务应当承认其有效性。

（二）未来债权保理的认定标准：可确定性 OR 可识别性？

在卡得万利案中，当事人在所签订的《商业保理申请及协议书》中约定佳兴农业将其POS机上形成的所有应收账款及其权利让与给卡得万利，以获得相应的资金。二审法院审理认为，虽应予承认未来债权中对相应期待权益的让与，但并不是所有的将来债权都具有可转让性，故应当以相对确定性为未来债权能否进行让与的标准。而在该案中未来债权的确定性主要是以两方面为判定标准：一是佳兴农业的经营状况，但佳兴农业自认该经营状况为假，卡得万利也未对经营状况进行核查；二是在期间上约定将2014年12月8日起至2015年3月7日这3个月的经营期间所产生的债权进行让与。除上述二者外，其余涉及债之要素在相关合同中均未提及。因此，法院认为不具有相对确定性，不能将其对外转让。

由此可见，法院是以债之要素为未来债权是否可让与的判断标准。法院如此判断的缘由主要是出于平衡未来债权让与的现实利益和未来利益，规避叙作未来债权保理所可能存在的风险，以达到公平公正的效果。那么如果所让与的未来债权让与不具有"相对确定性"，则可能会导致哪些风险？笔者认为，主要包括以下几点：

首先，如果没有以供应商真实的经营状况为依据而计算出合理的保理额度，则可能会导致供应商过度赊销而损害保理商的利益。试想倘若供应商以虚假的财务账单作为经营状况，保理商以此核定信用额度并给予供应商较高的融资款，则日后供应商若根本不能产生实际的与融资款所对应的应收账款债权，则势必会损害保理商的经济利益。

其次，若供应商欠付第三方债权人债务时，则会损害第三方债权人的利益。如在该案中，佳兴农业将其未来3个月的经营范围内所有产生应收账款让与给卡得万利，如果佳兴农业自己也为其他债权债务关系中的债务人，则由于其未来债权已经转让，在未来一定期间内，其他债权债务关系中的债权人则会承担不能优先收回债权的风险。

最后，如果对未来债权叙作商业保理的期间不做约定或者约定时间过长，则供应商的利益显然不能得到较好保护。如供应商将其未来50年的债权叙作商业保理业务，则供应商在今后50年便会为这笔保理融资款所累，从而便影响供应商的信用，进而无法促进其与第三方交易的达成。保理商为了实现自己的利益也可能通过

[1] 参见田浩为：《保理法律问题研究》，载《法律适用》2015年第5期。

应收账款来干涉供应商的日常经营,不利于供应商的日常经营活动,这显然是不合理的。

可见,面对叙作未来债权商业保理业务的风险,应当考虑一定的限制条件,而这限制条件应当既保护保理商的合法利益,又使供应商不为保理融资款过度牵累,同时兼顾供应商可能存在的其他债权人及债务人的利益,避免倾向保护导致整个商业保理业务环节运转不畅。

在世界范围内,对于未来债权让与的标准通常有以往的"可确定性"和现在的"可识别性"[1]两种标准:"可确定性"标准正如卡得万利案中法院认定未来债权让与的标准一样,对未来债权的可让与性作出量化的标准认定,对那些在让与时存在和范围都有一定确定性的未来债权才能转让;而当前的"可识别性"标准较"可确定性"标准宽松了许多,只要能够认定在未来债权产生时是与当初让与债权相关的应收账款债权就足够,实则是一种定性的判断标准。[2]

从目前国内保理业尚不发达的实际情况来看,对于将未来债权叙作商业保理的判断标准仍应当采用"可确定性"标准。"可识别性"标准对于国外保理业发达的国家而言,在保理实务及司法实践中或许更实用且易操作,但我国目前商业保理行业尚处于起步阶段,不应当鼓励供应商通过保理业务过度超前消费,因此应当对未来债权叙作商业保理规定相应的构成要件,具体而言:

第一,未来债权叙作保理业务应当限定在商业活动领域。此便排除了个人进行未来债权让与从而获得融资款的行为。这是因为未来债权保理是从商业实践中发展而成,通常以商业信用为判断标准,若允许个人叙作未来债权商业保理,由于未来债权的不确定性,很容易导致过度超前消费、欺诈等现象的发生。

第二,所让与的未来债权应当是合法有效的,若未来债权是基于不法行为产生的,则其让与行为自然不能生效,同时也不能叙作商业保理。

第三,对于一些在开展未来债权商业保理时能够特定的债的要素应当予以规定。一是期限要特定,若约定所属的未来债权期间过长则不利于保护让与人(供应商)的权益。因此,未来债权应当被限定在并非遥远的时间范围内,[3]具体如只能约定对将来两年内的未来债权予以让与。二是进行让与的未来债权所产生的业务范围要特定。目前在整个供应链金融中,供应商所从事进行的业务活动通常都会牵涉许多行业分支,若将供应商某个将来特定期间内所有的应收账款进行概括让与则可能会损害供应商的其他债权人利益。故应当约定将来所产生债权的业务范围。具体如针对大型供应商,可以约定将某物流销售等板块所产生的未来债权进行让

[1] See Grant Gilmore, *Security Interests in Personal Property*, Little, Brown and Company, 1965.

[2] 参见张林春:《应收款转让若干法律问题研究》,厦门大学2006年博士学位论文,第38~39页。

[3] 参见王闯:《让与担保论》,法律出版社2000年版,第215页。

与,而针对中小型供应商,可以约定其将来对某些客户所产生的债权进行让与。三是金额要特定,保理商和供应商应当约定具体的保理金额,该金额应当是根据供应商真实的经营状况所估算而成,是供应商在一定期间内可能达到的数字金额。

第四,保理商要核定供应商的信用额度,并根据信用额度确定未来债权商业保理的融资额。这也就是说保理商对供应商的经营状况需进行相应的审核,进而再核准供应商的信用额度,表面上看是增加了保理商的成本及义务,实则是防止供应商以虚假的经营状况欺骗保理商从而叙作保理,能更好维护保理商的权益。

结语

本文结合卡得万利案就该案引发的未来债权保理问题进行了深入探讨研究,得到如下结论:

一是未来债权保理是以未来应收账款让与为核心的综合性金融业务,出于商业实践中供应商日益增长的应收账款融资需求,对叙作未来债权保理的效力应当予以认可。二是在认可未来债权保理效力的基础之上,应当与此同时予以一定的限制,并采用“相对确定性”的标准。三是指出未来债权保理的具体构成要件:首先,未来债权叙作保理业务应当限定在商业活动领域的范围之中;其次,所让与的未来债权应当合法有效;再次,未来债权叙作保理业务时,在让与未来应收账款这一时间点时,对该未来债权的期限、所让与的具体范围、金额都应当予以特定,以此才能满足“相对确定性”这一标准;最后,在保理商给供应商核准相应信用额度的前提下,保理商应在信用额度范围内确定保理融资额,且这一信用额度应该真实有效。这就避免了脱离供应商能承受的债务能力而叙作过度的保理融资业务。

因此,笔者认为,在今后涉及未来债权保理业务时,司法机关应当认可其有效性,并就具体的法律构成要件予以明确规定,使供应商在叙作未来债权保理业务时,有明确的方向指引,以此才能促进未来债权保理业务的有序发展。

经济新常态下南通市非法集资防范和处置问题之探讨

南通市通州区人民检察院课题组*

一、引言

2013年年底习近平总书记在中央经济工作会议上的讲话首次提出"新常态"，2014年11月习近平总书记在出席APEC工商领导人峰会上所作的主旨演讲系统阐述了"我国经济新常态"的主要特点和发展机遇，党的十九大报告也强调"我国经济发展进入新常态"是我国面临的"深刻变化"。"经济新常态"包含经济增长速度转换、产业结构调整优化、经济增长动力变化、资源配置方式转换、经济福祉包容共享等内涵特征，主要体现为经济增长速度由高速向中高速转换，经济发展方式由规模型粗放增长向质量效率型集约增长转换，产业结构由中低端向中高端转换，增长动力由要素驱动向创新驱动转换，资源配置由市场起基础作用向起决定性作用转换，经济福祉由非均衡型向包容共享型转换。〔1〕

南通市（以下简称我市）滨江临海，属于首批14个沿海开放城市之一，一直处于改革开放的最前沿。在经济新常态下，伴随金融市场的日益活跃和起伏波动，我市各种非法集资活动也愈演愈烈。同时，随着我市宏观经济面临较大下行压力，企业利润下降，民间融资活跃，非法集资风险频发。非法集资具有涉众性、涉金融性特点，严重干扰正常经济、金融秩序，致使参与者遭受严重经济损失，容易引发金融风险，严重影响社会稳定，应当加以有效防范和处置。应当注意到，非法集资不是一个独立的罪名，根据我国《刑法》及相关司法解释的规定，"非法集资类犯罪"包括如下

---

* 本文系南通市法学会2017年法学研究立项课题"经济新常态下南通市非法集资的防范和处置问题的研究"（课题编号：TFH2017B02）的部分研究成果。课题组负责人：黄凯东，江苏省南通市通州区人民检察院党组书记、检察长。课题组成员：彭文华，苏州大学王健法学院教授；张傲冬，江苏省南通市人民检察院研究室主任；袁国明，江苏省南通市通州区人民检察院党组成员、副检察长；张建兵，江苏省南通市通州区人民检察院检委会专职委员；邱楠，江苏省南通市通州区人民检察院研究室主任；张涛，江苏省南通市通州区人民检察院研究室助理检察员。

〔1〕 参见张占斌：《中国经济新常态的六大特征及理念》，载《光明日报》2016年1月11日。

犯罪:非法吸收公众存款罪,集资诈骗罪,擅自发行股票、公司、企业债券罪,欺诈发行股票、债券罪,非法经营罪,虚假广告罪,组织、领导传销活动罪。在司法实践中,从检察机关视角考察,非法集资类犯罪主要包括非法吸收公众存款罪和集资诈骗罪两个罪名。为此,本文以"经济新常态"为研究背景,以非法吸收公众存款罪和集资诈骗罪为研究对象,从经济新常态下我市金融发展态势及非法集资风险出发,指出我市检察机关办理非法集资类案件的基本情况及主要特点,分析我市非法集资类案件的案发原因,探讨我市非法集资类犯罪的防范和处置对策,具有一定的理论参考价值和实践指导意义。

二、"经济新常态"下我市金融发展态势及非法集资风险

近年来,我国经济运行出现了一些新情况,经济发展新常态特点凸显,我市也面临经济发展进入新常态的深刻变化。在经济新常态下,我市金融行业呈现新的发展态势,然而金融风险尤其是非法集资风险也由此产生。因而,有必要分析探讨经济新常态下我市金融发展态势及非法集资风险,以期更好地做好非法集资的防范和处置工作。

(一)我市"经济新常态"的基本特征

1. 与发展阶段转换相适应,减速换挡成为常态

自改革开放以来,我市经济持续快速增长,国际金融危机后经济增速放缓,这是国内外形势的反映与主动加强调控的结果。总体上,当前我市经济已迈入工业化和城市化"双后期门槛"。目前,我市经济减速符合经济发展的普遍规律,我市经济将进入中高速增长的换挡期。

2. 与结构转型需求相适应,调整优化成为常态

当前,我市经济社会发展水平正处于从中上等收入阶段向高收入阶段攀升的过渡期,但在发展中积累的结构性矛盾也日益凸显:产业结构不够协调,产能过剩现象严重;需求结构不够合理,经济增长过多依赖投资;收入分配结构不够完善,劳动报酬占 GDP 比重长期较低。因此,我市急需加快转变以往的经济发展模式。

3. 与重塑竞争优势相适应,创新驱动成为常态

当前我市在一些资本和劳动密集型产业已经形成较强竞争力,但是总体而言,自主创新和核心技术掌控能力不强。因此,实现由要素和投资驱动向创新驱动转变,是我市有效应对外部冲击和内部约束,形成新竞争优势的必由之路。

4. 与节能环保理念相适应,绿色发展成为常态

当前,我市能源消费强度不断降低,但由于我市重工业比重较大,相同能耗产出 GDP 远低于发达国家和先进地区,导致经济发展与资源环境的矛盾日趋尖锐。有效

破解发展“瓶颈”约束,提高集约智能绿色低碳水平将成为我市发展的常态。[1]

(二)“经济新常态”下我市金融发展态势

1. 金融市场结构进一步优化,直接融资将快速发展

经济新常态下,我市金融体系正在发生深刻变化,金融市场互联互通状况日益改善。同时,金融资产的结构也随之发生着重大改变,从过去的融资为主逐步过渡到融资和财富管理并重的格局。当前,我市社会融资结构仍以银行信贷为代表的间接融资为主,但是以股票债券为代表的直接融资比重将逐年显著上升。

2. 金融行业竞争进一步激化,金融服务将多元发展

经济新常态下,我市金融业的行业格局已发生明显变化。主要体现为:同业竞争日益激烈,同质化竞争严重;新兴金融科技企业跨界进入支付结算领域,互联网金融迅猛发展;利率市场化导致银行利差收窄,传统盈利模式受阻。我市多元化的小型金融机构将会蓬勃发展,金融回归服务实体经济的初衷,要求金融机构提供多元化金融服务。

3. 金融科技水平进一步提升,风险防控将备受关注

经济新常态下,我市大数据、云计算、人工智能等新技术快速发展,推动金融科技公司迅速崛起,也为金融业带来重大机遇与挑战,金融业需要尽快应用并提升科技转化能力和经营效率。新技术应用也会带来数据风险和系统安全等问题,金融机构应当提升对数据的整合、挖掘和管理能力,严防泄密风险,确保信息系统安全稳定运行。

4. 金融服务意识进一步强化,金融创新将得到鼓励

经济新常态下,我市“十三五”发展大局需要金融行业的大力支持,实体经济需要金融体系来提供高效的供给。金融行业和金融体系服务实体经济、服务国家战略、服务地区发展、服务客户需求的意识能力需要进一步提升。我市金融机构只有找准客户的“痛点”,用创新的产品和服务来解决这些“痛点”,才能留住客户,实现可持续发展,金融创新将得到鼓励。[2]

(三)“经济新常态”下我市非法集资风险

分析我市经济新常态的基本特征,考察经济新常态下我市金融发展态势,不难发现经济新常态下我市存在的金融风险,尤其是非法集资风险。

1. 企业融资受限引发非法集资风险

经济新常态下,我市的金融监管制度建立在金融业务特许经营理念之上,主要

---

[1] 参见《新常态下南通经济增长合理区间研究》,载 http://tjj.nantong.gov.cn/art/2015/9/17/art_43399_1951062.html,最后访问日期:2017 年 12 月 20 日。

[2] 参见王军:《中国金融发展新常态下的七大新趋势》,载《国际金融报》2017 年 9 月 25 日,第 12 版。

体现为在金融业务的市场准入上实行金融特许制度，未经监管部门批准或核准从事金融业务，无论是吸收存款还是发放贷款，均属非法金融，将面临法律制裁风险。这样的金融监管制度使各类企业尤其是小微企业自主融资的途径非常狭窄：发行股票、债券受到各种限制，通过此途径融资的企业数量不多；企业之间的资金融通并不合法，向个人借贷又无法满足企业资金需求。企业尤其是中小企业由于融资受到限制，难免会借助于非法吸收公众存款、集资诈骗等非法途径进行融资，从而引发非法集资风险。

2. 金融多元发展引发非法集资风险

经济新常态下，我市金融行业格局发生明显变化，呈现多元化发展趋势，尤其是各类小型金融机构迅速发展。尤其是当前我市普遍存在的投资担保类公司（包括投资理财公司、投资咨询公司等），本质上属于政府部门审批成立、存在规定业务范围的小型金融机构，虽在不同历史阶段，却扮演了同样的角色，从事了同样的业务——非法金融业务。同时，金融是伴随高风险的高利润行业，在政府基本垄断经营的“夹缝”里，民间资本也表现出浓厚的兴趣和加入的冲动。随着市场主体资金需求的不断扩大，众多民间借贷机构“办金融”的现象不断涌现，这些机构成为大量追求高额回报的民间资金的重要投资“出口”。然而，不容忽视的是，金融多元化发展态势下出现的各类小型金融机构，或是民间金融机构，难免会产生非法集资冲动，作出非法集资行为。[1]

3. 金融创新发展引发非法集资风险

经济新常态下，随着我市新科技、新技术的快速发展与普及运用，金融科技水平日益提升，金融创新发展趋势明显。除了传统的银行、保险、证券、期货等金融机构，我市小额贷款公司、融资性担保公司、创业投资公司、融资租赁公司、资产管理公司等新型金融机构不断出现；除了传统的金融形式以外，我市以第三方支付、P2P 网贷、众筹为代表的创新型互联网金融形式快速发展。然而，实践中我市相关金融监管机构对新型金融机构的监管还存在一定漏洞，防范机制缺失；对创新型互联网金融形式的运行还缺乏严密监控，防范能力不足。由此可见，我市金融创新发展引发的非法集资风险不容小觑。

三、“经济新常态”下我市办理非法集资类案件的基本情况及主要特点

当前，我市经济发展进入新常态，减速换挡、调整优化、创新驱动、提质增效、绿色发展成为常态，同时我市企业融资受限、金融多元发展、金融创新发展，引发非法集资风险。因而，有必要认真调研经济新常态下我市办理非法集资类案件的基本情

---

〔1〕 参见孙芳：《浅议当前非法集资频发原因及处置防范建议》，载《当代经济》2016 年第 31 期。

况,深入剖析我市检察机关办理非法集资类案件的主要特点,以此为分析非法集资类案件的案发原因,探讨非法集资的防范和处置对策,打下良好基础。

(一)我市办理非法集资类案件的基本情况

在我市经济发展新常态背景下,自 2014 年以来(2014 年 1 月 1 日至 2017 年 12 月 31 日),我市市县(区)两级检察机关共受理非法集资类案件 99 件 184 人,受案数量分别占同期刑事案件总数的 0.45% 与 0.61%。其中,非法吸收公众存款案件 83 件 159 人,集资诈骗类案件 16 件 25 人。

自 2014 年以来,我市检察机关非法集资类案件办理情况如表 1 所示:

表 1 2014~2017 年我市检察机关非法集资类案件办理情况

年份	非法吸收公众存款罪			集资诈骗罪		
	受理	批捕	起诉	受理	批捕	起诉
2014	19 件 26 人	7 件 9 人	14 件 19 人	1 件 1 人	1 件 1 人	3 件 4 人
2015	17 件 29 人	15 件 18 人	18 件 32 人	6 件 8 人	6 件 6 人	7 件 11 人
2016	21 件 60 人	23 件 31 人	17 件 51 人	6 件 8 人	1 件 1 人	7 件 8 人
2017	26 件 44 人	13 件 14 人	25 件 46 人	3 件 8 人	1 件 2 人	0 件 0 人
合计	83 件 159 人	58 件 72 人	74 件 148 人	16 件 25 人	9 件 9 人	17 件 23 人

(二)"经济新常态"下我市检察机关办理非法集资类案件的主要特点

1. 非法集资犯罪主体更加具有多元流动性

以往经济旧常态下,传统的非法集资类案件中的犯罪主体较为单一,一般以自然人为主,文化程度不高,犯罪手段简单,以单独犯罪为主。然而在经济新常态下,2014 年以来我市非法集资类犯罪大量以担保公司、理财公司、投资咨询公司、经济合作社等公司企业的组织形式,对外界进行宣传、承揽吸储业务,犯罪主体既有公司和家族化色彩的企业,也有自然人结成的犯罪团伙,自然人单独实施犯罪的占比较少,仅占 10% 左右。从涉案人员身份构成来看,包含工人、农民、个体工商业主、企业负责人,乃至一些高学历的知识分子等,涉案人员中具有高中以上文化程度的约占 2/3,高中以下文化程度的约占 1/3。此外,不同于经济旧常态下的非法集资犯罪主体的本地化特征,经济新常态下的非法集资犯罪主体更加具有流动性特征。据统计,自 2014 年以来我市检察机关办理的 99 件 184 人非法集资类案件中,来自我市的犯罪人员仅占 40% 左右,来自我市以外的江苏其他各市以及江苏以外黑龙江、吉林、河北、河南、安徽、江西、上海等省(市)的犯罪人员占 60% 左右。经调研,这些外来人员在来我市之前就有不少人员就从事非法集资活动,非法集资类案件的地缘性特征也因犯罪主体的流动性而变得更加开放。

2. 主打金融创新旗号更加具有隐蔽性

在以往经济旧常态下,传统的非法集资类案件多采取承诺高息回报的方式直接吸收存款或者进行集资诈骗。然而在经济新常态下,2014 年以来我市非法集资类犯罪大多打着金融创新、产业创新的旗号设计出更为复杂、更为多元的产品,同时与时政和经济热点相结合,假借资本运作、P2P 网络借贷、上市融资等名义聚拢资金、非法集资,犯罪特征从相对公开性转为较强隐蔽性,较难发现,产生较大的防范和处置难度。例如,2012 年 8 月至 12 月,被告人缪某某、王某某以优易公司名义开办"优易网"P2P 网络借贷平台,在未取得金融业务许可的情况下,伪造相关事实在"优易网"上发布虚假的"借款标",以高额利息为诱饵向网民非法集资,用于投资期货、归还债务等,截至 2015 年涉案金额高达 2550 余万元,造成 1500 余万元无法归还,后于 2015 年 8 月分别被如皋市人民检察院以集资诈骗罪判处有期徒刑 14 年、9 年,并处罚金。这是我国国内首个以集资诈骗罪审判的涉及 P2P 网贷平台案件,社会影响重大,引起广泛关注。

3. 营造虚假繁荣假象更加具有迷惑性

在以往经济旧常态下,传统的非法集资类案件主要体现为高息揽储,主要体现为亲朋好友个人之间"口口相传",相对容易鉴别。然而在经济新常态下,2014 年以来我市非法集资从传统的个人之间高息借贷向债权回购、股权投资、互联网金融中介等多种名目转型,趋于智能化、实体化、隐秘化。实践中,犯罪分子经常以各种类型的财富公司、投资公司等为依托,制造虚假繁荣,开展非法集资业务活动,犯罪手段也从相对直接性转为较强迷惑性,较难识别,防范和处置难度较大。例如,2014 年 9 月至 2016 年 11 月,被告人葛某某为实施吸收公众存款,虚报注册资本注册成立了南通某投资有限公司,伙同被告人季某某、刘某某以高息委托理财为诱饵,向不特定社会公众吸收存款 6000 余万元,至案发尚有 3400 余万元未能偿还。2017 年 9 月通州区人民检察院以被告人葛某某等 3 名被告人犯非法吸收公众存款罪提起公诉。

4. 非法集资犯罪对象更加具有扩散性

在以往经济旧常态下,传统的非法集资类案件以地缘关系为基础,通过亲戚、朋友、邻里关系在相对固定的范围内扩散,呈现"口口相传"的特征。然而在经济新常态下,2014 年以来我市非法集资类案件由于犯罪主体的多元性、流动性和犯罪手段的迷惑性,该类犯罪侵害的对象呈现进一步扩散的趋势。一方面,犯罪对象从朋友熟人向陌生人群扩散发展。例如,从 2012 年 5 月开始,被告人崔某某、张某某在我市市区以及如皋、海安等县区组建南通某投资理财公司及分公司,以高息为诱饵,截至 2016 年年底共向我市 7900 余名不特定人员,非法募集资金 7.2 余亿元;2013 年 2 月开始,被告人崔某某、张某某又伙同被告人吕某某、马某某、陈某某等人,在我市市区及南京、镇江、上海、安徽滁州等地设立江苏某投资有限公司及分公司,以高息为诱饵,面向1万余名不特定人员推销所谓的理财产品,截至2016年年底共非法募集资金18余亿元。另一方面,犯罪对象从直接参与人员向有关关联人员发展,如从2011年5月开始,被告人司某某(已判刑)成立天津某投资公司通州分公司并聘任被告人丁某某任负责人,后司某某以高额回报为诱饵,虚构相关投资项目,由丁某某向社会公众宣传,在通州地区吸收存款共计人民币370余万元且未能归还,期间造成投资人吉某某因被骗人民币20余万元,家庭生活困难引发矛盾,因情绪失控而将丈夫吴某杀害。

5. 非法集资犯罪后果更加具有严重性

在以往经济旧常态下,传统的非法集资类案件由于犯罪主体单一,犯罪手段直接,犯罪对象固定,尽管产生了一些危害后果,但是总体上产生严重危害后果的并不多见。然而在经济新常态下,2014年以来我市非法集资犯罪后果呈现相当程度的严重性。一方面,犯罪金额巨大。据统计,2014年以来在我市检察机关办理的99件184人非法集资类案件中,涉案犯罪数额在1000万元以上有28件46人,分别占28.3%和25%,在给被害人带来巨额经济损失的同时,也给经济社会发展带来严重不利后果。另一方面,社会危害巨大。主要体现为在同一集资诈骗案件中,上层集资诈骗与下层非法揽储并存,上层负责人员向下层工作人员隐瞒真相,利用其以吸收公众存款为名,行集资诈骗之实。上层负责人员明知是虚假的经营项目而肆意挥霍集资款,下层工作人员信以为真,实施非法吸收公共存款行为,被害人众多,产生严重社会危害性。例如,2014年12月至2015年12月,犯罪嫌疑人姜某某在担任上海某金融信息服务公司第十三区区域经理期间,未经许可,通过"e租宝"网络平台销售理财产品,向我市不特定公众吸收存款累计达2700余万元,其中下属分公司负责人黄某某吸收存款近1000万元。2015年4月至12月,犯罪嫌疑人叶某、吴某在分别担任上海某网络科技公司江苏第二大区总监、安徽某商务咨询公司江苏分公司负责人期间,采取上述同样方式,在我市分别非法吸收公众存款700余万元、500余万元。

6. 非法集资后续处置更加具有困难性

在以往经济旧常态下,传统的非法集资类案件由于犯罪对象相对固定,犯罪后果严重的所占比例较少,因而在后续处理上并不复杂,犯罪分子能够得到及时惩处,被害人群能够得到应有赔偿。然而在经济新常态下,2014年以来我市非法集资类案件集资款清退难度较大,产生较大维稳压力,后续处置更为困难。一是非法集资初始具有很强的隐蔽性,非法集资者打着"合法"的幌子,参与集资者小心谨慎,相对不容易暴露;二是非法集资形式花样翻新,手段更加隐蔽,欺骗性更强,犯罪分子想方设法诱骗群众财产,还跨多行业、不断变换手段和方式,进行非法集资;三是由于犯罪嫌疑人将先期非法收益用于犯罪活动的再继续,或是将后期非法收益用于支付前期的高利息、应付款等，至案发时大部分涉案资金已被转移支付、难以追回，导致被害人难以获得赔偿，容易造成案情反复，产生信访风险。例如，2015 年 6 月至 2016 年 4 月，犯罪嫌疑人梅某某单独或伙同他人，以投资杭州某电子商务公司可获高额利息为诱饵，向被害人崔某某、朱某某等我市社会不特定公众 270 余人非法吸收公众存款 2600 余万元。2017 年 7 月公安机关将此案移送海安县检察院审查起诉。由于该案涉及投资人众多，涉案数额特别巨大，被害人此前已经集体至公安机关上访，处置不当极易引发集体访风险。因而，海安县检察院对该案启动三级风险预警，制定了预警措施：提前做好预案，加强来访接待；加强与公安机关联系，督促其加大追赃力度；密切关注被害人动态，加强网络舆情监控。

四、"经济新常态"下我市非法集资类案件的案发原因分析

经济新常态下，我市非法集资类案件相对高发，同时呈现犯罪主体多元流动性、犯罪手段隐蔽迷惑性、犯罪对象相对扩散性、犯罪后果更加严重性、后续处置更加困难性等主要特点。对此，有必要深入剖析该类案件的案发原因，以便更有针对性地提出防范和处置对策。经分析研判 2014 年以来我市检察机关办理的非法集资类案件情况，该类案件的案发原因如下：

（一）政府监管乏力以及防范机制缺乏为非法集资犯罪提供了生存空间

经济新常态下，当前我市非法集资犯罪产生的主要原因是尚未建立非法集资监管体系的大框架，政府各相关部门到底该承担何种职责并不明确，信息资源共享不够，对该类犯罪的社会控制力度不足。许多政府部门都能发现非法集资的苗头，但是沟通不通畅、信息传递不及时，没有统一的协调与配合，放任了非法集资活动的发展。此外，由于相关法律法规对市场主体的设立还存在制度上的漏洞，门槛过低，审批把关不严，加之我市相关职能部门对设立之后的市场主体监管缺位，导致不法分子公然披着合法公司的外衣进行犯罪活动。

同时，我市金融监管机构疏于防范，对非法集资类犯罪起到推波助澜作用。近年来，我市未取得金融许可的担保投资公司、融资中介机构等纷纷出现，以投资、理财、消费返利为幌子，乃至以"金融创新"的名义进行非法集资。但我市金融监管机构对融资项目的真实性、所融取资金的使用方向和后续行为，并未进行切实有效的监督管理。由于防范机制缺失，跟踪监管滞后，网络监控不严，未认真履行对大额、可疑资金的流动报备和调查，以致监管机构错过了将非法集资犯罪扼杀于萌芽之中的机会。

（二）民间投资渠道狭窄以及小微企业融资难为非法集资犯罪提供了可乘之机

随着经济发展进入新常态，我市大量民间资本聚集。但是民间资本的投资渠道十分有限，而且随着国内生产总值的上涨，物价同时上涨，我市居民储蓄进入"负利

率”时代;同时,我市的股市和基金市场亦处于低迷状态。近年来,我市非法集资之所以产生,金融体系结构不够合理、投资理财渠道过于狭窄是不容忽视的原因。追求高回报是资金的本性,在正常投资渠道过于狭窄的情况下,一些人就会去寻找其他投资渠道。正是由于看到民间资本投资渠道奇缺、供需矛盾不断加剧,一些不法分子才以高额回报和收益为诱饵,通过虚假宣传诱导公众投资。

同时,当前我市小微企业为数众多,但是多数属于劳动密集型企业,技术含量较低,管理水平较差,缺乏自主创新能力。此外,我市小微企业的信息披露制度不够规范,企业治理机制存在问题,无形之中增加了金融机构贷前审查难度。而审慎性原则要求金融机构在开展授信业务时,严把风险把控关口,严控授信对象准入,导致一些小微企业无法及时从金融机构获得发展所需资金。于是,一些小微企业铤而走险,开始实施非法吸收公众存款等非法集资行为。

(三)群众投资心理畸形以及法律意识淡薄成为非法集资犯罪的主观原因

经济新常态下,我市部分群众投资经验仍然匮乏,投资心理较为畸形,惯于追波逐利,喜好盲目跟风,容易被高利回报和集资假象迷惑,为非法集资者实施犯罪提供了可乘之机。非法集资的受害者往往逐利心理严重,投资知识较为欠缺,投资行为缺乏理性。此外,我市部分群众爱财心切,被犯罪分子蛊惑,将非法集资行为视为正常借贷行为,往往是案发以后才知道上当受骗;部分群众明知是投资陷阱,仍禁不住高利诱惑,抱着侥幸心态参与,容易导致上当受骗。

同时,我市部分群众法律意识淡薄,不能准确分清合法集资与非法集资、集资违法与集资犯罪的界限。加之不法分子往往采用诱惑性极强的虚假广告宣传,将投资者置于信息严重不对称的位置,导致部分群众难以对集资行为的合法性做出正确判断,因而很容易受到诱惑和欺骗。部分群众法治意识淡薄,加之求富心理作祟,一见到高利诱惑就盲目投机,一旦集资者资金链条断裂,群众生活立即陷入困顿,容易产生过激行为,导致信访风险。

(四)协调配合力度不够以及“两法衔接”机制不畅成为非法集资犯罪的制度原因

经济新常态下,我市处理非法集资类犯罪强调传统、刚性刑事司法程序的现象仍然存在,容易导致“案结事不了”局面。案件处理结束后,被害人的损失无法挽回,涉案企业还可能一蹶不振,从而引起大量群众信访,导致司法机关辛苦办案,各方当事人都不满意,这与司法机关和案发地政府的协调配合力度不够相关。此外,在打击非法集资犯罪方面,我市司法机关之间对法律规范的理解以及调查取证的过程存在一定差异,加之沟通协调不够,容易导致衔接机制不畅。

同时,我市在打击非法集资犯罪方面,司法机关与其他行政执法机关在实践中建立了相关机制,但是围绕综合治理的整体布局,仍未形成运行高效、协调到位的工作机制。尤其是在行政执法与刑事司法的衔接机制,即“两法衔接”机制方面,行政执法机关主动配合司法机关的力度仍然较为薄弱,须进一步加强。

(五)涉及法律关系复杂以及调查取证难度较大成为非法集资犯罪的法律原因

经济新常态下,如何正确区分非法集资行为与合法借贷行为,成为困扰我市司法实务部门的一大难题。我市诸多非法集资犯罪在其行为早期,多半以正当民间借贷的形式出现,只是发展到集资后期,由于规模效应和亏空扩大,非法集资者为维持集资神话不得不继续集资,最终越陷越深不可自拔。由于法律对合法民间借贷的允许,合法民间借贷与非法集资之间的易混淆性,以及非法集资经常以合法民间借贷形式出现,导致现有法律法规很难发挥对正当民间借贷与非法集资犯罪的界分作用。

同时,经济新常态下,我市非法集资案件越来越体现出"放长线、钓大鱼"的特点,融资时间相对较长,投资证据容易遗失,容易导致部分投资人丧失参加诉讼程序的法律身份,非法集资手段隐蔽性也加剧了调查取证的困难。此外,非法集资案件与普通刑事案件相比,涉及集资参与人人数较多,涉及地域较广,犯罪金额较大,办案工作量非常大,在调查取证方面与普通刑事案件相比难度较大。

五、"经济新常态"下我市非法集资的防范和处置对策

经济新常态下,针对我市检察机关办理非法集资类案件的基本情况及主要特点,考察我市非法集资类案件的案发原因,有必要认真贯彻党的十九大精神,有的放矢,提出防范和处置我市非法集资类犯罪的有效对策。

(一)"经济新常态"下我市非法集资犯罪的防范对策

1. 强化监管工作力度,严防非法集资坐大成势

做好行政监管、行政执法工作是遏制我市非法集资发生、发展的第一道关口。党的十九大报告也强调要"健全金融监管体系,守住不发生系统性金融风险的底线"。经济新常态下,我市相关政府职能部门要转变理念,主动出击,确立"准入"与"监管"并重理念,加强对经济、社会各领域的监测预警,及时处罚非法集资行为。既要在制度上细化部门职责,又要有专门机构予以督办,防止制度被架空。对此,2011年12月市政府办公室下发了《关于建立南通市打击和处置非法集资工作领导小组的通知》,正式成立了由常务副市长任组长的打击和处置非法集资工作领导小组,在人力、物力、财力上为非法集资的防范治理工作提供了保障。下一步,要进一步发挥好我市打击和处置非法集资工作领导小组的工作职责,充分发挥组织领导、沟通协调、督促指导作用,强化监管工作力度,严防非法集资坐大成势。

同时,我市要坚持打早、打小,切实将非法集资等活动消灭在萌芽状态,严防非法集资坐大成势。相关部门要坚持"防打结合、打早打小"的理念,建立防范和处置非法集资的长效机制;要加大金融服务实体经济力度,规范民间投融资发展的深化

改革措施,健全完善相关法律法规、加快民间融资和金融新业态的制度建设;还要创新工作方法,充分利用互联网、大数据等现代技术手段加强对非法集资的监测预警,切实发挥好全国统一的信用信息共享交换平台的功能。相关金融机构要加强对资金流的监控,及时对涉嫌非法集资资金异动的可疑交易活动进行识别和报告。要适时推行发布融资类广告机构许可制度,并加强金融机构和理财销售机构内控制度建设。

2. 畅通相关投资渠道,加大对小微企业的资金扶持

当前我市非法集资犯罪之所以屡禁不止,在很大程度上与民众投资渠道不通畅有关。党的十九大报告也强调要“发挥投资对优化供给结构的关键性作用”。经济新常态下,我市要积极培育和发展债券、股票市场,加强股市方面的地方性立法。我市相关监管部门要强化对内幕交易、操纵股市以及其他违法违规行为的查处力度,想方设法畅通投资渠道,为社会公众创造和谐良好的投资环境。此外,我市金融机构要针对不同的人群需求以及不同的资金量,尽快发展和提供各种类型、适合不同人群的理财产品,来满足不同层次客户以及不同投资者的个性化需要,引导资金流向合法之处。

同时,我市要建立小微企业名录库,利用大数据、云计算等现代科技和信息技术,积极推动企业信息公开和共享机制建设。要引导银行业金融机构针对小微企业的经营特点和融资需求,创新产品和服务;大力发展政府支持的担保机构,引导其扩大为小微企业担保的业务规模,为小微企业提供融资服务。切实解决小微企业融资难问题,为小微企业健康发展打造良好的金融环境,防止小微企业因融资难而产生非法集资的“内心冲动”。

3. 合理引导群众投资,强化对社会公众的普法力度

当前,我市部分群众投资心理畸形,是诱发非法集资犯罪的重要原因。党的十九大报告强调要“加大全民普法力度”。经济新常态下,我市相关部门要想方设法,加大对人民群众理性投资的宣传教育力度,认真宣讲各种投资形式的利弊得失,深入解读各种投资形式的获利前景与风险情况。还要教育人民群众从自身实际出发确定自己的投资渠道与投资方式,引导民众理性投资。

同时,我市相关部门要充分利用广播、电视、报刊等媒体,尤其是积极利用互联网、微博、微信等新兴传播媒介,运用典型案例、以案说法的方法,大力宣传关于打击非法吸收公众存款、集资诈骗犯罪等方面的法律法规,增强公众非法集资识别能力。要通过组织法律宣讲,向群众普及非法集资犯罪的危害性和风险性,引导公众形成正确的投资理念,增强风险防范意识和法制观念,树立“买者自负”的市场理念。还要建立检举奖励制度,激发人民群众举报、控告非法集资行为的积极性和主动性,将非法集资活动消灭在萌芽状态。

（二）“经济新常态”下我市非法集资犯罪的处置对策

1. 加大协调配合力度，形成打击工作合力

当前我市相关部门之间协调配合力度不够，导致非法集资犯罪难以得到有效规制。党的十九大报告强调要“打造共治共享的社会治理格局”。经济新常态下，我市处置非法集资类犯罪，案发地政府部门要与当地司法机关之间保持密切协调与相互配合，打击非法集资的生存空间。同时，在行政执法过程中也必须要加强各部门之间的协调，针对当前行刑衔接存在的脱节问题加以优化，保证各个部门都能够协调一致，彼此形成共同的打击意识以及决心，严厉打击非法集资活动。

同时，我市要认真做好行政执法与刑事司法的有效衔接，即“两法衔接”工作，整合各方力量，利用各种资源，创新工作平台，完善非法集资综合治理格局，行政机关对发现的犯罪线索均要及时移交司法机关。此外，司法机关和各行政主管机关要定期召开联席会议，或者通过签署协作文件，推动机关部门之间的信息共享和执法联动。打击和处置非法集资工作领导小组要定期将司法机关查处案件情况向相关单位通报，保证违法工商登记能被及时取缔，虚假宣传信息能被及时清理，相关监管漏洞得以自查自纠。

2. 界定非法集资行为，做好调查取证工作

在经济新常态下，我市处置非法集资犯罪，首先要正确界分非法集资行为与合法借贷行为，以避免不当扩大打击范围。党的十九大报告强调要“正确处理人民内部矛盾”。对此，我市司法机关要以非法集资罪法益为出发点，对涉嫌非法集资犯罪的民事借贷合同效力作出认定。根据非法集资犯罪法益主要是金融交易秩序这一主张，假如集资人已经涉嫌犯罪，但其集资款中的部分民间借贷行为没有对金融交易秩序稳定造成损害，受害人债权可以通过担保权顺利实现，在此情况下就可以对这部分集资行为不按照犯罪处理，以换取善意民事权益的充分实现，进而保持刑法惩罚和民法权利保护两项法律价值的衡平。[1]

同时，我市司法机关在非法集资案件的调查取证过程中，应当丰富公告与登记方式，立案后及时利用相关媒体通知被害人及时登记，在互联网上建立被害人登记平台并告知被害人登记平台，及时收集、固定被害人陈述、证人证言、犯罪嫌疑人供述等言词证据。鉴于言词证据的可变性，要重视发挥以合同、银行交易记录、第三方支付平台数据等为代表的书证和电子证据的核心作用。相较于言词证据，书证尤其是电子证据更能客观真实地反映被害人基本情况、投资时间和数额、资金去向等关键事实和证据。此外，要充分运用大数据技术，建立基于司法会计和电子数据鉴定相结合的电子法证调查，进行专业的大数据分析，适当允许开展具有科学保障的抽

〔1〕 参见林越坚、黄通荣、李俊：《非法集资与民间借贷的界限与刑民处分研究》，载《西南政法大学学报》2014 年第 3 期。

样取证等,积极调取电子证据,同时注意取证合法性。

3. 贯彻宽严相济刑事政策,提升办案社会效果

经济新常态下,我市处置非法集资犯罪,应当贯彻宽严相济刑事政策,提升办案社会效果。当前,我市非法集资案件多发于企业经营、投资理财等民生领域,司法机关在处理时应当坚持刑法谦抑性原则,为经济社会健康发展提供广阔空间。刑法调整社会关系具有最后性、最严厉性,只有其他部门法无法调整或者行为造成严重后果且符合刑法规定时,才能适用刑法。因此,对于非法集资行为,应当转变思维,在适用刑法之前,优先考虑非法集资行为的社会危害性,考虑是否只应追究行为人民事责任或者行政责任。即使考虑非法集资行为的刑法适用,也要严格区分行为人的主观方面。

同时,我市司法机关要根据涉案人员在非法集资犯罪中的作用,合理确定打击面,最大限度预防和减少犯罪,化解社会矛盾。要依法严惩非法集资犯罪中的主犯,对于犯罪数额特别巨大、引发群体性事件、冲击正常金融秩序等严重情况的行为人,坚持从严打击。从宽处理中间人和一般参与者,对于有能力和条件偿还集资款,认罪、悔罪态度较好的非法集资者,可以依法不追究其刑事责任或者从宽处理。在坚持从严打击基调下,恪守刑法的责任主义原则,适当考虑"被害人过错"因素对于行为人刑事责任的影响,对于个案中大多数非法集资参与者自身存在重大过错的情况,酌情从轻处罚。

4. 做好追赃挽损工作,全力维护社会稳定

经济新常态下,我市处置非法集资犯罪,应当认真做好追赃挽损工作,全力维护社会稳定。我市司法机关在清退资金时,应该对非法集资参与人因非法集资获得的实物和货币回报从清退款中扣除。此外,司法机关要增强"控制在先"和"抓捕为先"意识,及时固定相关证据并查清赃款流向。第一时间控制涉案嫌疑人员,查封、冻结包括犯罪分子个人财产在内的涉案财产,将挽回被害人损失贯穿于办案活动始终,坚决防止发生提款潜逃、资金非法转移、藏匿等行为。对已出逃并造成后果、涉嫌犯罪的非法集资人,要组织力量全力追逃。对非法集资人的重要关系人,也要落实相关措施,为后续追逃和劝返工作创造良好条件。

同时,我市司法机关要坚持查明犯罪事实与追赃挽损并重,把损失能否挽回作为评价办案司法办案效果的重要标准,对犯罪嫌疑人的非法所得依法追查到底,最大限度地挽回集资参与人的经济损失。此外,我市司法机关要强化与其他机关之间协作,认真做好涉案资产的评估核算、拍卖变现和清理偿付等相关工作,利用行政、党纪、民事、刑事等各种手段追缴非法所得,尽量为非法集资参与者挽回经济损失,维护我市社会和谐稳定。

大数据时代不正当价格行为的规制及用户个人隐私保护研究

卢　文[*]　李　霞[**]

一、引言

互联网时代，信息资源已经成为日益重要的生产要素和社会资源。企业通过对用户信息的收集、整理和分析，可以推测出用户的消费习惯、爱好和需求，进而提供更为精确的个性化服务、改善运营模式和优化商业战略布局，提升企业自身的竞争优势。除了商事主体，信息资源在公共领域亦具有重要价值，如政府部门可以利用各类信息资源提供更好的公共服务。

随着物联网、云计算等技术的兴起，各类信息数据以海量、高速的形式不断生成，并得以脱离信息数据主体独立存在于网络空间之中，由此开启了“大数据时代”。在这些数据之中，有相当一部分属于用户个人信息，包括其姓名、地址、经济财产状况、身体健康状况、行为轨迹、消费记录等。对于企业而言，这些信息具有巨大的商业价值和开发潜力，为此，企业通过各种手段，最大限度地去收集数据并发掘和利用其中的有用信息，但在这一过程中，企业的盲目逐利使其很容易忽视对用户权利的尊重和保护。

大数据“杀熟”就是企业滥用所收集的用户个人信息以谋取不正当利益，违反商业伦理道德的行为。大数据“杀熟”的背后，涉及的不仅是不正当价格行为，更折射出互联网企业在经营活动中对用户的信息安全和隐私保护存在普遍缺陷，消费者合法权益更易受到侵害等深层次问题。在当今个人信息已经成为一种财产，更是一种人格尊严的背景下，严格规制企业对用户信息的收集和使用，加强对用户的合法权益的保护，是时代发展的必然要求。

二、大数据“杀熟”的实证分析

所谓大数据“杀熟”，主要是指在互联网服务应用领域，服务和商品提供商利用

---

* 上海对外经贸大学法学院法律硕士（法学）专业研究生。

** 江苏省盐城市人民检察院检察官。

大数据对不同用户的使用习惯、需求、偏好以及消费水平等进行分析,就相同的商品或服务,向老客户收取更高价格的差异化定价行为,其主要表现形式包括:"手机应用平台差异定价""注册用户与未注册用户定价不同""经常使用的用户与不长使用的用户定价不同"等。[1]

通过笔者的亲身测试,结合网络上已有的一些数据分析和调查成果,部分存在大数据"杀熟"行为的应用平台及其具体表现情况见表 1。

表 1 存在大数据"杀熟"行为的应用平台及其具体表现情况

平台名称	具体表现
去哪儿网	两部手机同时搜索相同条件(地点、住离时间等)的酒店信息,存在多处价格差异,如"上海绿地铂瑞酒店"分别显示的价格为"679 元"和"550 元"
携程旅行	重复上述操作,存在多处价格差异,如"上海虹桥康德思酒店"分别显示为"816 元"和"800 元"。此外,一小时后重复前述操作,发现价格出现明显下浮,该酒店价格分别显示为"746 元"和"734 元"
美团	重复上述操作,存在多处价格差异,如"上海虹桥康德思酒店"价格分别显示为"933 元"和"883"元
大众点评	重复上述操作,存在多处价格差异,如"上海虹桥康德思酒店"价格分别显示为"789 元"和"748 元"
滴滴出行	两部手机同时输入相同的起始和目的地点,"专车(舒适性)"的价格分别显示为"219.5 元"和"223.3 元"。此外,根据"环球网科技"做的调查,同时同地点的"快车(普通型)"费用分别为"38.84 元"和"48.08 元"[2]
爱奇艺	据《艾媒报告|2018 中国大数据"杀熟"网民态度行为调查报告》(以下简称《艾媒报告》)数据显示,爱奇艺的黄金 VIP 视频在不选择自动续费的情况下,苹果客户端包月、包季、包年的价格分别为"25 元"、"68 元"和"248 元",安卓客户端上对应价格分别为"19.8 元""58 元""198 元"

面对广大用户的质疑,涉事平台纷纷表态否认大数据"杀熟"行为的存在。比如,携程解释称,价格差异可能是由于日期、支付方式、是否含早餐、取消政策、不同供应商、使用优惠券等原因导致的;滴滴出行也表示预估价仅是参考价,差异的原因

[1] 参见《艾媒报告|2018 中国大数据"杀熟"网民态度行为调查报告》,载艾媒网:http://www.iime dia.cn/61120.html,最后访问日期:2018 年 6 月 15 日。

[2] 参见《调查:大数据"杀熟"是否真的存在?》,载新华网:http://www.xinhuanet.com/itown/2018-04/08/c_137094829.htm,最后访问日期:2018 年 6 月 15 日。

可能是路况动态变化造成的。[1]

事实上,由于互联网应用服务企业的内部算法和运营规则等都具有隐秘性,社会公众无从知悉,使价格差异原因的解释权掌握在企业手中,而这种不透明性加剧了公众的恐慌,因为用户的合法权益可能在不知不觉中遭受到侵害。

根据《艾媒报告》的数据显示,受访者中超 7 成网名对大数据“杀熟”不知情,同时有近 8 成的网民表示不能接受大数据“杀熟”,可见,企业与用户之间处于严重的信息不对称状态。

无独有偶,美国东北大学针对 16 家顶级电子商务网站进行的调查显示,共有 4 家零售网站和 5 家旅游网站存在价格操纵(price steering)和价格歧视(price discrimination)行为。[2] 因此,大数据“杀熟”及其背后代表的不正当价格行为和用户个人隐私泄露的现象,是这个时代下所有人必须关注的问题和挑战。

三、大数据“杀熟”构成价格歧视和价格欺诈

就维护市场公平竞争和正常价格秩序的角度而言,大数据“杀熟”行为显然有违价格活动的基本规范,违反了企业应当遵循的诚实信用原则,同时也侵害了用户作为消费者享有的知情权、选择权和公平交易权。

(一)大数据“杀熟”构成价格歧视

价格歧视,一般指企业就相同的产品或者服务,无正当理由地对不同的交易相对方实施不同销售价格或收费标准的行为。就经济学的角度而言,价格歧视可以分成“一级”至“三级”三种类型,其中“一级价格歧视”又称为“完全价格歧视”,是指卖方对每个消费者都按其保留价格进行销售,每一单位产品都有不同的价格。[3] 在大数据时代,销售者为每一位顾客及其所购买的每一单位商品制定不同的价格已经成为可能,大数据“杀熟”就是“完全价格歧视”的实现。

就上述定义而言,经营者就相同的产品或服务,无合理理由地对具有同等交易条件的消费者制定不同价格的行为,显然构成价格歧视。然而,我国《价格法》第 14 条第 5 项所列举的“价格歧视”仅限于经营者之间,[4] 我国《反垄断法》第 17 条第 6 项规定的“没有正当理由,对条件相同的交易相对人在交易价格等交易条件上实行差别待遇”的行为,亦归属于禁止企业“滥用市场支配地位”的情形,其本质是反不

---

[1] 参见彭琳:《携程滴滴都被质疑,大数据为何成了“杀熟”的帮凶?》,载百度:http://baijiahao.baidu.com/s? id = 1601978579308642411&wfr = spider&for = pc,最后访问日期:2018 年 6 月 15 日。

[2] See Hannak A. ,Soeller G. ,Lazer D. ,et al. ,“Measuring Price Discrimination and Steering on E-commerce Web Sites”,Conference on Internet Measurement Conference,2014,pp. 305 – 318.

[3] 参见许光耀:《价格歧视行为的反垄断法分析》,载《法学杂志》2011 年第 11 期。

[4] 其规定:“提供相同商品或者服务,对具有同等交易条件的其他经营者实行价格歧视。”

正当竞争。因此,在我国,“价格歧视”这一概念主要出现和适用存在于“竞争法”领域,学者在探讨其构成要件时,主要从“主体具有市场支配地位”“对条件相同的交易相对人采用不同的价格”“损害竞争”“欠缺正当理由”四个方面予以认定。[1] 经营者纯粹对具有相同交易条件的消费者,就同一商品或服务实施价格差异的“杀熟”行为,难以被纳入我国现行的竞争法领域予以规制。

但事实上,我国《反不正当竞争法》《反垄断法》《价格法》在鼓励和保护公平竞争的同时,亦有明确保护经营者和消费者的合法权益。[2] 因此,正如北京知识产权法院在判决书中所言,企业的市场竞争行为或者其他经营行为是否具有不正当性,不应仅从竞争者的利益状态角度进行考察,而应从诚实信用标准出发,综合考虑该行为对消费者和社会公众的影响,不当地侵犯消费者利益或者侵害公众利益的行为都有可能被认定为行为不正当。[3] 经营者前述利用大数据针对新、老客户进行区别定价的行为,大多存在争取更多客户资源、扩大市场占有份额之目的。即使撇开“竞争”属性不谈,经营企业仅以消费者的消费能力、水平、习惯、对价格的敏感程度等作为定价依据,违反了《价格法》要求经营者定价应遵循“公平、合法和诚实信用的原则”以及以“生产经营成本和市场供求状况”作为基本定价依据的规定,[4]使众多消费者遭受到不公平的对待,显然具有“歧视”意味。

与大众的一般理解不同,在经济学上,价格歧视仅是经营者一项基本的经营策略,反映的是经营者差异化定价的商业自由,本身并不违反法律。在现实生活中,景区对儿童或老年人实施票价减免,酒店的商品价格更贵等都是常见的价格歧视现象,而大数据“杀熟”之所以不能被消费者接受,是因为其运营在严重的不透明和信息不对称的环境之下,但要将其纳入法律所禁止的价格歧视范畴之中,需要存在足以引起法律重视和保护的法益。

我国竞争法之所以禁止经营者之间的价格歧视行为,是因为法律需要维护正常、稳定的市场竞争秩序,促进市场经济的效率,但经济效率提高的最终受益方仍是消费者。

因此,克里斯托弗·汤利(Christopher Townley)等将经济效率解释为“消费者剩余”,所谓消费者剩余,是指个体消费者愿意为某件商品支付的最高价格与该商品定价之间的差额,提高经济效率即扩大消费者剩余。同时,欧盟竞争法的目标不仅是

---

〔1〕 参见叶高芬:《认定违法价格歧视行为的既定框架及其思考》,载《法商研究》2013年第6期。

〔2〕 如我国《反垄断法》第1条规定:“为了预防和制止垄断行为,保护市场公平竞争,提高经济运行效率,维护消费者利益和社会公共利益,促进社会主义市场经济健康发展,制定本法。”

〔3〕 北京淘友天下技术有限公司等与北京微梦创科网络技术有限公司不正当竞争纠纷案,(2016)京73民终588号。

〔4〕 参见我国《价格法》第7条、第8条。

增加消费者福利,也包含维护公正和平等。[1]

《欧盟条约及欧盟运行条约》第102条也是有关禁止企业滥用市场支配地位的规定,其有关"滥用"的定义包含3种具体情形:第一种是"直接或间接的强加不公平的购买或售出价格或其他不公平的交易条件";第二种是"对其他处于同等交易下的交易相对人施加不同的条件,使其处于不利的竞争地位";第三种情形在欧盟的判例法中被扩张解释,即使处于市场支配地位的企业对与其没有形成竞争关系的企业实施歧视,也被认为构成"滥用"。进一步而言,任何对待同等交易实施差别待遇的行为都可以构成"歧视"。因此,前述第三种情形被欧盟的法院认定可以适用于终端的消费者,即原本规制经营者之间价格歧视的第102条规范,也得以延伸适用至"基于算法的消费者价格歧视"(algorithmic consumer price discrimination)。[2]

在此种情形下,经营者利用大数据实施的"杀熟"及其他针对消费者的价格歧视行为,既削减了消费者福利(剩余),又有违公平正义原则,应当受到欧盟"竞争法"的规制和惩处。

大数据时代,经营者主要掌握的是用户的各类数据和信息,价格歧视的主要对象是广大的消费者群体,其合法权益应当得到法律的关注和保护。在欧美,即使不依靠竞争法,也得以通过消费者权益保护法、电子商务法、数据保护法以及反歧视法等规制针对消费者的价格歧视行为,但目前我国缺乏相应法律或现行法律不足以保护受到价格歧视的消费者的合法权益,因此,参照欧盟做法,适当扩大构成价格歧视的对象范围,将消费者纳入规制之中是追求现代法治精神所必需的。[3]

(二)大数据"杀熟"构成价格欺诈

大数据"杀熟"行为不仅构成价格歧视从而应当受到法律规制,而且构成价格欺诈。依据我国《禁止价格欺诈行为的规定》(以下简称《规定》)第3条规定,"价格欺诈行为是指经营者利用虚假的或者使人误解的标价形式或者价格手段,欺骗、诱导消费者或者其他经营者与其进行交易的行为"。企业在提供商品或服务的过程中,向新、老客户展示两套不同的价格标准,或者根据不同消费者的消费习惯和水平,就相同商品或服务实行差异定价,存在故意隐瞒所提供商品或服务的真实情况之嫌,这种不透明使消费者对同一商品或服务对应的真实价格产生误解,至少属于《规定》第8条所称的"误导性标价行为"。[4]

---

〔1〕 See Christopher Townley, Eric Morrison, *Karen Yeung*, *Big Data and Personalised Price Discrimination in EU Competition Law*, Social Science Electronic Publishing, ResearchGate, 2017, pp. 1 – 57.

〔2〕 Ibid.

〔3〕 参见邹开亮、刘佳明:《大数据背景下价格歧视行为的法律规制》,载《安阳工学院学报》2018年第1期。

〔4〕 该条规定:"误导性标价行为是指经营者在经营活动中,使用容易使公众对商品的价格产生误解的所有表示或者说法。"

但是,综观《规定》所列举的13项"价格欺诈"行为(不包含兜底条款),难以将大数据"杀熟"纳入其中。因为信息技术的迅猛发展,已经远远超过了当时立法者能够预见的范围,企业的经营活动和方式发生了巨大变化,《规定》对"价格欺诈"的界定已经难以适应时代发展的需求。

事实上,不同视域下对于"价格欺诈"存在不同理解。有学者将其分类为"价格法中的价格欺诈""消费者权益保护法中的价格欺诈""竞争法中的价格欺诈"三种,分别对应的规制对象是"不正当价格行为""消费欺诈行为""不正当竞争行为"。[1]在不同的部门法领域中,"欺诈"的概念及其构成要件也存在不同。

比如在民法领域,"欺诈"的构成一般需要包含四个要件,即一方存在欺诈的故意并实施了欺诈行为,另一方因受欺诈而陷入错误判断并基于该错误判断作出错误的意思表示。因此,民事欺诈包含"故意"和"错误"两个内核,而在保护消费者合法权益和规制经营者不正当价格行为的过程中,一般欺诈的两个内核被不断弱化,最终在我国《价格法》中,只要经营者客观上存在表述内容与实际不符等虚假或引起公众误解的价格行为,就可以认定为"价格欺诈"。[2]

根据民事欺诈的构成要件,大数据"杀熟"中的企业在主观上显然是故意对新、老客户实施不同的价格标准,该行为隐瞒了真实的交易信息,对于消费者而言具有误导性或欺骗性,并由此导致消费者陷入错误的认识和判断进而作出错误的意思表示。因此,大数据"杀熟"构成民事意义上的欺诈,而在消费者权益保护法和竞争法、价格法领域,欺诈的构成要件更为简要,只要互联网应用服务商向消费者展示的价格不同于线下商品或服务提供者制定的真实价格,或者差异化标价的行为足以引起消费者的误解,就应当认定侵害了消费者的知情权进而构成"消费欺诈"和"价格欺诈"。比如,消费者一般认为同等交易下经营者提供的价格应当是一致的,但经营者隐匿的"杀熟"行为使消费者在非获取真实信息的前提下作出了错误的决定,因为消费者一旦知悉经营者存在"看碟下菜"的行为,很有可能不会作出购买的决定或会选择更换平台。这种错误及由此造成的损失,应当归咎于有能力提供却未能提供一个相对平等和透明的交易环境的经营者。

四、大数据"杀熟"侵犯了用户的隐私权

在"大数据"时代,用户的个人信息已经成为重要的生产要素和商业资源。经营者通过对所掌握的海量用户信息的分析和利用,可以对消费者群体实施细分,针对

---

〔1〕 参见郑晨、姜晨:《大型超市价格欺诈行为的法律监管研究》,载《云南大学学报》(法学版)2013年第3期。

〔2〕 参见杨莉萍:《价格欺诈行为扩展引发的问题及解决方法》,载《价格理论与实践》2015年第5期。

不同“标签”的用户提供精准化的商品或服务。鉴于此,我国《民法总则》专门将“自然人的个人信息”列为一项重要的民事权利,将其置于法律保护之下。

大数据之所以可以被用来“杀熟”,是因为拥有这些数据的企业,可以通过各种算法或技术,挖掘出蕴藏在其中的具有极大商业利益和价值的用户个人信息,进而作出归纳性的推理,分析出每位用户的消费习惯、偏好、层次以及对价格的敏感程度等信息并为每位用户贴上相应“标签”。在这种“千人千面”的背景下,企业可以掌握每个用户消费一定数量的某种商品愿意支付的最高价格,并以此作为依据为每位用户制订不同的销售价格,从而获取所有的消费者剩余,达到企业自身商业利益的最大化。

因此,大数据“杀熟”背后所折射出的更深层次的问题,是用户个人信息安全及其隐私保护面临的更为严峻的挑战,最近爆发的 Facebook 数据泄露事件,更是引起全球隐私危机。

在用户个人隐私保护的模式上,较为典型的是欧盟的法律保障模式和美国的行业自律模式。[1] 我国的隐私立法理念沿袭欧盟标准,将隐私权归为“人格权”进行保护,[2]但相较于欧盟,我国的隐私立法保护水平仍有待提高,具体而言存在如下问题:

(一)缺乏专门的个人信息保护法律

目前,我国涉及用户个人信息保护的法律规范主要包括《民法总则》《消费者权益保护法》《网络安全法》《征信业管理条例》全国人民代表大会常务委员会《关于加强网络信息保护的决定》和《电信和互联网用户个人信息保护规定》等,但仍然缺乏一部专门针对用户个人信息安全及隐私保护的基础性立法。虽然在 2018 年 5 月 1 日,全国信息安全标准化技术委员会组织制定和归口管理的《信息安全技术个人信息安全规范》(国家标准 GB/T 35273—2017,以下简称《规范》)正式实施,但这仅是一部推荐性的国家标准,并不具有法律强制力。

可见,相较于欧盟,我国现行的隐私保护立法较为分散,法律位阶不高,难以形成统一、有效、彼此协调的法律规范体系。

从 1995 年《数据保护指令》、1997 年《通信隐私指令》、2002 年《隐私与电子通讯指令》、2009 年《欧洲 Cookie 指令》到 2017 年 1 月 10 日通过的《隐私与电子通信条例》草案以及 2018 年 5 月 25 日正式生效的《通用数据保护条例》(General Data

---

[1] 参见王少辉、杜雯:《大数据时代新西兰个人隐私保护进展及对我国的启示》,载《电子政务》2017 年第 11 期。

[2] 参见王敏、江作苏:《大数据时代中美保护个人隐私的对比研究——基于双方隐私保护最新法规的比较分析》,载《新闻界》2016 年第 15 期。

Protection Regulation,以下简称《条例》),[1]欧盟一贯注重通过立法的方式严格保护用户的个人隐私和信息安全,并寻求同欧盟国家建立统一的保护标准和规范体系。对于我国而言,用户个人隐私保护的问题更迫切需要得到解决,这必然需要制定一部具有统一性和专业性的基础法律规范,并以此为核心,构建起我国保障用户个人隐私和信息安全的法律体系。

(二)现行法律规范难以有效保护用户的个人信息和隐私

在我国现行的相关法律规范中,对于用户个人信息安全和隐私保护的规定较为笼统和模糊,缺乏可操作性。比如,我国《网络安全法》第41条第1款规定:"网络运营者收集、使用个人信息,应当遵循合法、正当、必要的原则,公开收集、使用规则,明示收集、使用信息的目的、方式和范围,并经被收集者同意。"但对于"合法、正当、必要"原则的具体内涵,"公开"和"明示"的方式和程度,以及"同意"的类型等均未作出明确规定。此外,"个人信息"的定义、分类、保护隐私的范围、预防和保护措施的具体要求和标准、侵权行为的认定、用户信息泄露后的救济途径及责任承担等内容,仍有待我国相关立法的进一步明确。

首先,我国《民法总则》明确将"隐私权"纳入其所保护的民事权利范畴,并将"自然人的个人信息受法律保护"单独列出,此外,《民法总则》还规定"数据"与"网络虚拟财产"同样受到法律保护。[2] 然而,用户的"个人信息""数据""隐私"这几个概念存在重合的地方,尤其是在企业发生大规模数据泄露后,用户的这些权利可能同时遭到侵害,此时我们往往也会将这些概念不加区分的混合使用。因此,"个人信息""数据""隐私"三者的联系是什么?其具体内容如何认定?保护的方式是否存在不同?厘清这些问题是用户有效救济自身权益的前提。

其次,传统的"隐私权"仅仅是"个人生活安宁不受干扰"的消极权利,但在大数据时代,应赋予这一概念更多的积极意义。[3] 具体体现在:用户应当对自身的数据信息享有更多的控制权,其有权主动要求企业告知自身信息的收集和使用情况并自行作出决定或处理。但现实问题是,在很多情况下企业是利用数据挖掘技术进行信息的二次收集,即对用户留存在网络空间中的各类具有积累性和关联性的足迹加以汇聚、整合、分析,从而推导或还原出有价值的用户个人信息,这一过程发生在用户毫不知情的前提下,[4]不知情也就意味用户无法及时地阻止侵权行为,救济自身的

---

[1] 参见曹建峰、李金磊:《欧盟〈隐私与电子通信条例〉草案评述》,载《信息安全与通信保密》2017年第4期;方芳、从宝辉:《欧盟个人信息保护的发展路径与经验启示》,载《海商金融》2017年第5期。

[2] 参见我国《民法总则》第110条、第111条和第127条。

[3] 参见王少辉、杜雯:《大数据时代新西兰个人隐私保护进展及对我国的启示》,载《电子政务》2017年第11期。

[4] 参见潘建红、潘军:《大数据时代个体数据理性化悖论与消解》,载《甘肃社会科学》2018年第2期。

合法权益。此外,网络空间中存储的数据复杂且庞大,企业滥用或泄露数据等行为的形式多样且隐蔽,这就为个人隐私保护范围以及侵犯个人隐私行为的认定增加了难度。[1]

最后,欧盟《条例》对于数据控制者和处理者设置了严格的责任,包括执行合适的技术措施和有组织性的措施来确保数据处理过程中的安全性、数据泄露时应毫不延误通知监管机构以及与数据泄露主体进行交流、事先对高风险的数据处理活动进行数据保护影响评估、设立数据保护专员等,[2]有效地从事前、事中和事后降低用户信息泄露的风险和危害。相较之下,我国现行的相关立法缺乏对这些体制或措施的构建,使无论在事前预防还是事后救济方面,对用户个人信息安全及隐私的保障水平相对落后。

(三)企业与用户处于严重的不平等地位

由于我国在隐私保护立法层面的不足,导致经营者"霸权"现象、行政监管不力、违法认定标准模糊、处罚力度过低等问题广泛存在,整个社会缺乏尊重个人隐私和信息安全的良好意识及氛围,甚至更有企业家发表了"中国人更加开放,对于隐私问题没那么敏感"的言论。[3]

事实上,中国业界长期以来存在这样一种观点:欧盟对于个人数据的严格保护,限制了数据产业乃至整个互联网行业的发展。[4] 然而,我国当前的现状是,在"促进互联网行业发展"和"保护用户个人信息"之间出现了严重失衡,经营者过分关注对于数据的占有和控制,却对用户的合法权益置若罔闻,这种"病态"的经营模式的最直观表现,就是企业与用户之间权利、地位的严重不平等。

实践中,互联网经营者在其平台上公布的《用户协议》《隐私协议》等,其内容和表述往往存在语焉不详或晦涩难懂等问题,诸如"可能""必要时""努力确保""某些情形下"等用语随处可见。此外,默认同意或授权、霸王条款、隐蔽提示等现象也屡见不鲜,用户在平台注册或接受相关服务时,往往只能被动"勾选",无法对互联网经营者单方面给出的协议或隐私政策进行协商或选择。[5]

在被称为"史上最严"的欧盟《条例》中,数据主体所享有的权利得到了史无前例的创新和拓展,其第3章第12~22条分别赋予了数据主体知情权、数据访问权、

---

[1] 参见刘雅辉等:《大数据时代的个人隐私保护》,载《计算机研究与发展》2015年第1期。

[2] 参见《条例》第32条、第33条、第34条、第35条、第37条。

[3] 李彦宏:《中国人更加开放,对隐私问题没那么敏感》,载搜狐网:https://www.sohu.com/a/226430491_115128,最后访问日期:2018年5月6日。

[4] 参见王磬:《"最严数据法"GDPR生效,能否将数字时代的权力关进笼子里?》,载搜狐网:http://www.sohu.com/a/233026110_168553,最后访问日期:2018年5月6日。

[5] 参见朱颖:《我国移动APP隐私保护政策研究——基于96个移动应用APP的分析》,载《暨南学报》(哲学社会科学版)2017年第12期。

纠正权、擦除权(被遗忘权)、限制处理权、数据可携权、拒绝权和自主决定权等,但综观我国现行的相关法律,基本都是从经营者的义务及行政处罚角度对其收集和处理用户信息的行为作出规制,而忽视了对用户权利的赋予。

此外,传统的基于"目的明确原则""使用限制原则""通知和同意"模式的数据和信息保护方式已经不足以适应大数据时代的要求。因为在大数据时代,数据处理的复杂性、专业性和隐秘性限制了消费者认识和评估其选择可能带来的后果的能力,以及给出自由、明确、具体的同意的能力。由于企业的支配或垄断地位,会产生社会和技术的闭锁效应,并加剧数据、信息的集中化,从而对消费者的自主权和选择权产生直接或间接的影响。加之企业对大数据的"转换型使用"(transformative use,如通过二次加工和利用形成的数据分析产品等),使用户无法理解数据处理的方法和目的,企业也无法在初次收集信息时对其所有可能的用途进行明确、具体的说明。在此背景下,传统的基于"通知和选择性加入"的数据保护模式已无法发挥其应有的作用,消费者的"同意"亦无法再为企业收集和处理数据提供合法基础。[1]

五、规制大数据"杀熟"行为的建议

大数据"杀熟"是一个复杂的法律问题,也是一个复杂的社会问题,对于其规制可以从法律规范、道德约束、技术防范等层面展开。现有的用户隐私保护技术方面,主要可分为数据扰动技术、数据加密技术和数据匿名化技术三类。对此,有学者从数据层、应用层以及数据展示层三个角度总结和分析了相关的个人隐私保护技术的研究成果,[2]而区块链技术的发展及其去中心化、不可篡改、点对点传输的特点,也为大数据时代的用户信息安全和隐私保护提供了新的思路。[3] 技术的创新和开发总是领先于法律的发展,因此,一方面,应当要求和鼓励相关企业或组织,在设计新产品或研发新技术之初,就将用户的个人隐私保护研究纳入其中,[4]并不断地革新和提高自身对于用户信息及隐私的保护水平;另一方面,应当注重用户个人信息及隐私保护的法律规范体系的建设,尽可能保持法律层面与技术层面的同步。此外,政府应当加强对保障和尊重他人隐私的社会意识的培养和宣传,完善行业自律并促进市场的充分竞争。

---

[1] See Alessandro Mantelero, "The Future of Consumer Data Protection in the E. U. Re-thinking the 'Notice and Consent' Paradigm in the New Era of Predictive Analytics", *Computer Law & Security Review*, 2014: pp. 643 – 660.

[2] 参见刘雅辉等:《大数据时代的个人隐私保护》,载《计算机研究与发展》2015年第1期。

[3] 《Facebook数据泄露事件:隐私安全难道只能靠监管吗?》,载搜狐网:http://www.sohu.com/a/228503673_404292,最后访问日期:2018年6月8日。

[4] 参见刘雅辉等:《大数据时代的个人隐私保护》,载《计算机研究与发展》2015年第1期。

（一）赋予“价格歧视”和“价格欺诈”新的时代内涵

通过前述分析可知，我国目前法律意义上的“价格歧视”和“价格欺诈”主要适用于反不正当竞争领域，大数据“杀熟”行为难以纳入现行的《价格法》和《反垄断法》等法律之中进行规制，立法的滞后性问题比较严重。对此，立法机关应当及时修订、完善现行法律规范，或对互联网行业出现的各类新型不正当经营行为进行专门立法，重新明确“价格歧视”和“价格欺诈”行为的内涵、构成要件以及相应的责任承担等。

“价格歧视”和“价格欺诈”既可能发生在经营者之间，也可能发生在经营者与消费者之间，前者的关注点应为是否存在不正当竞争等行为，而后者则应强调保护消费者依法享有的知情权、选择权以及公平交易的权利。如果经营者面向消费者的标价形式或者手段，客观上侵害或可能侵害消费者享有的前述权利，就应当认为构成不正当价格行为，而在主观上应采取过错推定原则，由经营者对其行为的正当性承担举证责任。

我国《价格法》与《反垄断法》中有关“价格歧视”的规定存在冲突，前者规定的是“经营者”与“经营者”之间，而后者则是“具有市场支配地位的经营者”与“交易相对人”之间。对此，从适当扩张价格歧视的适用范围而言，应当采用“经营者”和“交易相对人”的概念，前者包括非处于市场支配地位的一般经营者，后者则应将消费者纳入其中。

此外，监管部门应加大对企业不诚信经营行为的惩罚力度，适当对接“价格欺诈”和“消费欺诈”，在特定情形下适用我国《消费者权益保护法》第55条规定的“三倍赔偿”或我国《食品安全法》第148条规定的“十倍赔偿”以提高经营者的违法成本，[1]并将“明码标价”的要求变为“明码实价”。当然，大数据时代企业的经营方式愈加多样和复杂，立法及监管部门应当加以区分，协调好企业商业自由以及消费者公平交易等权利之间的关系，如企业正常正当的差异化定价行为并不属于大数据“杀熟”，不应加以限制。

（二）完善用户个人信息安全及隐私保护的法律规范体系

我国现行有关保护用户信息和隐私的法律规定较为分散且笼统，难成体系。因此，制定一部专门的信息保护基础性立法迫在眉睫，也是未来的大势所趋，其具体应当包含以下内容：

1. 明确“数据”“个人信息”“隐私”各自的内涵和保护方式

有观点认为，数据是未经加工、未经处理的信息，而信息则是为使其能够为接受

---

〔1〕 参见杨莉萍：《论价格欺诈与消费欺诈“接轨”的必要性与可行性》，载《价格理论与实践》2016年第3期。

者所用而进行过处理的数据。[1] 由此可以看出“数据”的外延大于“个人信息”,数据的范围包括人、物和其他各类信息,而“个人信息”的外延又大于“隐私”,因为并非所有的个人信息都涉及私密并需要特别保护。

内涵的不同意味三者受到的保护程度也有所不同,有学者提出大数据兼具人身性和财产性,因此,对个人数据的保护存在基于人格权和基于财产权两种途径。[2] 鉴于此,非涉及个人的数据可以将其认定为独立的财产权利予以保护,涉及个人信息的数据应当专门制定信息保护法律予以规范,涉及个人隐私信息的数据则应当纳入人格权范畴进行最严格程度的保护。

在“个人信息”内部,也应当采取分级、分类的保护方式。目前,仅有《规范》对“个人信息”作出了较为详细的定义和举例,并将“个人敏感信息”单独列明,但其并非法律规范且对个人信息的分类仍可进一步细化,如有学者将个人信息按照保护级别由高至低分为个人身份信息、准标识符信息、敏感信息、日志信息和公开信息。[3] 对此,笔者认为,个人的敏感信息应当得到最严格的保护和处理限制,因为其泄露极易导致用户的人格权遭受侵害。欧盟《条例》第9条也明确了“特殊种类的个人数据”原则上禁止处理。

2. 引入“信息受托人”概念并重塑个人信息保护模式

数据控制者或数据处理者是收集和处理用户数据行为的最大受益者,并且这些数据往往处在其实际控制之下,同时基于用户对其存在的信任关系,应当将数据控制者或处理者定义为“信息受托人”(information fiduciaries)并让其承担信托义务。

杰克·M.巴尔金(Jack M. Balkin)认为,对于许多收集、分析、使用、出售和分配个人信息的线上服务提供者以及云服务公司的用户而言,这些经营者都应当被视为信息信托人。因为用户与这些企业的地位存在明显的不平等,用户对这些企业存在相当程度的依赖,并且这些企业为了获取用户数据,往往声称自己是专业的、值得信赖的、负责和诚信的,因此,企业与用户之间建立了一种信托关系,企业作为信息受托人,应当负有注意义务和忠诚义务,这要求他们以用户利益为先进行数据的收集和处理并且应当保密。[4]

需要指出的是,我国现行的法律规范仅仅将企事业单位等纳入用户个人信息安全和隐私保护的责任主体,对于政府机关收集和使用公民个人信息的行为缺乏法律

〔1〕 参见吕耀怀、曹志:《大数据时代的基因信息隐私问题及其伦理方面》,载《伦理学研究》2018年第2期。

〔2〕 参见杨张博、王新雷:《大数据交易中的数据所有权研究》,载《情报理论与实践》2017年12月(录用定稿)。

〔3〕 参见刘雅辉等:《大数据时代的个人隐私保护》,载《计算机研究与发展》2015年第1期。

〔4〕 See Jack M. Balkin, “Information Fiduciaries and the First Amendment”, *UC Davis Law Review*, 2016: pp. 1183 - 1234.

规制,这一点在未来的立法过程中应予以特别考虑。

鉴于在大数据时代,用户难以理解个人数据被收集和处理的目的及后果,其也就难以作出正确的选择和决定。此时,用户及其自主权的角色应当弱化,独立的数据保护机构的角色应当强化。因此,应当将传统的基于"通知和选择性加入"的数据保护模式转变为以一个严谨、多元的数据处理影响评估机制为基础,同时采取"选择性退出"机制的新模式。该评估机制不仅涉及数据处理问题,而且包含与个人信息使用相关的社会影响和伦理问题,且评估应当由专业的第三方主体在数据保护机构的监管下进行,与数据收集和处理相关的利害关系人都可以申请参与评估,整个过程应当透明和公开。

需要指出的是,数据处理影响评估不同于隐私影响评估,二者所涉及的领域并不完全重合。此外,有必要在任何使用算法对包含个人信息在内的数据集进行分析的情形下,强制要求进行数据保护影响评估,并且该评估应当是持续性的,其伴随产品或服务的整个生命周期,当出现新的特征或改变时,评估需要重新进行,而当用户不希望自身的数据被收集和处理时,其有选择退出的权利。[1]

(三)构建保护用户个人信息及隐私的行业共治格局

1. 明确监管主体并设立数据保护专员

大数据时代,企业的互联网经营行为呈现出跨领域、跨行业的特点,如大数据"杀熟"行为可能涉及国家发改委、物价局、工信部、工商局、金融信息监管机构等各政府部门,形成分散监管的局面,不利于用户个人信息及隐私的保护和救济。因此,未来应当明确监管大数据"杀熟"等行为的行政主体,采取统一监管的模式,并明确相关部门或机构的职责和权限,加强内外部的沟通与协调。但在目前信息和隐私保护立法及机构设立均有待推进的情形下,让吸收了工商、质检、药监以及价格监督检查、反垄断等职责的国家市场监督管理总局作为牵头部门,统筹协调管理是较为可行的做法。此外,如果是涉及政府机关收集和处理公民个人信息的行为,可交由其所属主管单位进行监督。

同时,在企业内部应当设立数据保护专员或相似的专门职位或机构,数据保护专员应当具备相应的专业知识并独立地对企业收集和处理用户数据的行为进行监督,专员可由第三方机构指派并同时向监管部门负责。这样做的必要性在于:一方面,数据保护专员可以利用其专业知识和企业内部信息,对各类数据处理行为可能造成的影响或风险进行事先的评估和预防,在企业发生用户个人信息及隐私的泄露,或数据保护专员发现企业存在其他侵害或可能侵害用户合法权益的行为时,可

---

〔1〕 See Alessandro Mantelero, "The Future of Consumer Data Protection in the E. U. Re-thinking the 'Notice and Consent' Paradigm in the New Era of Predictive Analytics", *Computer Law & Security Review*, 2014: pp. 643 – 660.

以及时地采取相应处理措施并受理用户的投诉。另一方面,数据保护专员作为企业与监管机构的连接点,可以帮助监管机构分担相应职责,实现及时、有效的监督管理和用户权益救济。因此,数据保护专员实质上是向企业、用户和监管机构三方负责并具有相当的独立性和专业性。

2. 提高企业的社会责任意识和用户的自我保护意识

加强行业自律是解决大数据时代用户隐私危机的重要手段之一,但对于企业而言,其更加担心的是提升对用户信息和隐私的保护水平,是否会给自身带来更多运营成本,是否会影响到自身的发展和竞争力等。如果不能对企业与用户之间的利益作出适当平衡,要求企业为自己套上更重的枷锁无异于"与虎谋皮"。

因此,如果要加强整个行业的自我约束,首先要培养和提高企业自身的社会责任意识。大数据"杀熟"被曝光后,滴滴、携程等企业纷纷表态不存在所谓的大数据"杀熟",[1]更有观点以"算法中立"或"技术中立"为由进行辩解,但任何一种算法或者技术背后体现的都是设计开发者的价值观、世界观、思维倾向及其既得利益,"技术"离开了人类背景,就不可能得到完整意义的理解,[2]因此算法或技术中立本身就是一个"伪命题"。[3]

企业应该意识到数据和信息并不是其最重要的商业资源,其真正的宝贵财富还是在于用户本身。企业是否尊重用户的感受和权利,直接关系到用户的选择以及企业自身的长远发展。因此,一个充分竞争的市场更能满足和实现用户作为消费者所享有的知情权、选择权以及公平交易权。对此,政府所要做的是促进市场的充分竞争,保障正常的交易秩序,引导行业构筑诚信透明的商业伦理和商业文明;[4]对于企业而言,则应当树立起自身的社会责任意识,转变观念,明白自己要想获得长久的竞争优势,关键在于用户而非数据。

最后,用户也应该注重提高保护自身信息和隐私的意识,不应将全部的义务和责任推给企业。用户需要更主动地去了解企业的信息规则或隐私政策,了解自身信息被收集和使用的情况,清楚地意识到个人信息的重要性,同时也要勇于维护自身的合法权益,积极参与到企业利用数据和信息的过程之中。

---

〔1〕《网友曝光打车软件"大数据杀熟"滴滴出行回应》,载新华网:http://www.xinhuanet.com/info/2018-03/26/c_137065808.htm;《携程否认"杀熟",大数据究竟该至于何地?》,载搜狐网:http://www.sohu.com/a/233684207_153054,最后访问日期:2018年6月8日。

〔2〕参见潘建红、潘军:《大数据时代个体数据理性化悖论与消解》,载《甘肃社会科学》2018年第2期。

〔3〕参见禹卫华:《大数据杀熟:如何看,怎么办》,载《上海法治报》2018年5月9日,第B06版。

〔4〕参见高富平、王苑:《大数据何以"杀熟"?——关于差异化定价法律规则的思考》,载《上海法治报》2018年5月16日,第B06版。

笃行篇

P2P 平台融资性别与投标额的关系实证研究[1]

杨　青* 　吴周阳** 　严立新***

一、引言

互联网金融是指以互联网为载体的资金融通业务。[2] P2P 信贷是互联网金融创新最集中的领域之一，为贷款人和借款人提供了点对点的网络融资渠道，降低了投融资成本，具有广阔的发展前景。据网贷之家[3]估计，中国 P2P 平台最多时超过 3000 家，交易金额超千亿元级别，这引起了广泛关注。在国家政策上，2014 年对 P2P 借贷平台给予了大力支持，2015 年国家监管政策出台，P2P 信贷开始合法化、平台化、"金融超市"化。同时，暴露出不少问题：由于不明确的市场准入使 P2P 平台良莠不齐，有的私设资金池，变相成为非法吸收公众存款、非法集资，出现大量 P2P 平台倒闭，如淘金贷、e 租宝等。尤其，2016 年 5 月 9 日美国 P2P 网贷平台 Lending Club 的股价在一年内折损近 80%。[4] 这些问题给投资者带来了巨大的损失，急需政府出台相关政策进行监管。2016 年上半年公布监管细则，行业进行大洗牌，市场回归理性，但众多互联网金融创新模式亟待有序治理。

中国和德国都是以银行为基础的金融体系，区别于美国市场基础型的金融体系。因此，在中国平台面对的也都主要是接受银行主导体系观念的客户，这些客户对贷款的发放和选择可能与美国有很大的不同。[5] 我国无法完全模仿美国的 P2P

〔1〕 本文系国家自然科学基金项目(71373049)；"上海高等学校创新能力提升计划竞争性引导项目"部分研究成果。感谢复旦大学经济学院基金方向硕士研究生何川的中肯建议，当然文责自负。

* 复旦大学经济学院教授、博士研究生导师，研究方向：公司治理，互联网金融等。

** 复旦大学国际金融毕业生，研究方向：互联网金融。

*** 复旦大学经济学院副教授，研究方向：反洗钱与危机管理。

〔2〕 参见刘力臻：《互联网金融：机理 · 特征 · 监管 · 趋势》，载《当代经济研究》2014 年第 12 期。

〔3〕 资料来源：http://shuju.wangdaizhijia.com/industry-type-2-2-2015.html。

〔4〕 See Mr. America：《P2P 鼻祖 Lending Club 之死：从辉煌到垂死，只花了 1 年》，载 http://finance.qq.com/a/20160513/038926.htm，最后访问日期：2018 年 5 月 13 日。

〔5〕 See Barasinska N., Schäfer D., "Is Crowdfunding Different? Evidence on the Relation between Gender and Funding Success from a German Peer-to-Peer Lending Platform", *German Economic Review*, 2014, 15(4): 436-452.

平台融资体系,而国内的互联网金融市场又事实上走在世界的前列,所以我们更想了解中国的 P2P 平台受到什么因素的影响。2014 年诺贝尔经济学奖获得者梯若尔(Tirol)[1]认为,纯中介模式的 P2P 平台属于双边市场(Two-Sided-Market),在固定收费模式下,费率在借贷人双方之间的分配会显著影响市场的总量。也就是说,P2P 这种网络借贷平台的成功率,受到网络外部性的影响,在同等费率下,借贷双方参与规模对平台总收益的影响最大,而参与规模又与影响借贷双方的费率分配比直接相关,最具有弹性。那么,我们也很想知道除此之外,借贷双方还有哪些重要因素影响平台的成功交易呢?

目前,国内外已有文献考察了借款人性别对网贷成功率的影响。从借贷的成功率来讲,拉维纳(Ravina)[2]指出借款人的性别对 P2P 网络借贷的成功率有影响。波普(Pope)和西德诺(Sydnor)[3]对 Prosper. com 的研究表明,女性借款者比男性借款者更易获得所需资金。陈霄等[4]研究发现,男性借款人更容易发生逾期行为。宋文和韩丽川[5]利用拍拍贷数据,发现女性借款的投标完成度更高。也有学者认为,借款人性别对于借贷并无影响,巴拉辛斯卡(Barasinska)和沙菲尔(Schäfer)对德国的网贷进行研究表明,性别对个人借款者借款成功率没有影响。

一些学者研究了贷款者性别对网络借贷行为的影响。冈萨雷斯(Gonzalez)和卢雷罗(Loureiro)[6]在对照实验中发现,女性贷款者更倾向为借款者分配更高的资金。有学者进一步发现,借贷双方为同性情况下的借贷成功率要低于双方为异性时的成功率。在社会环境中,同性相斥普遍存在。阿格斯(Agthe)等[7]通过对潜在求职者和大学申请者的评估实验证实,当被评估者与评估者是同一性别时,吸引力(attractiveness)没有帮助,反而对评估有负面影响。可能因为当把自己与富有魅力

---

[1] See Roche J. C. ,Tirole J. ,"Two-sided Markets: An Overview",2004:1 –44;Tirole J. ,"Market Failures and Public Policy",*American Economic Review*,2015,105(6):1665 –82.

[2] See Ravina E,*Beauty,Personal Characteristics,and Trust in Credit Markets*,New York:NY,2007.

[3] See Pope,D. G,Sydnor J. R. ,"What is in a Picture?:Evidence of Discrimination from Prosper. com",*Journal of Human Resources*,2011,46:53 –92.

[4] 参见陈霄、丁晓裕、王贝芬:《民间借贷逾期行为研究——基于 P2P 网络借贷的实证分析》,载《金融论坛》2013 年第 11 期。

[5] 参见宋文、韩丽川:《P2P 网络借贷中投资者出借意愿影响因素分析》,载《西南民族大学学报》(自然科学版)2013 年第 5 期。

[6] See Gonzalez L. ,Loureiro Y. K. ,"When Can a Photo Increase Credit?:The Impact of Lender and Borrower Profiles on Online peer-to-peer Loans",*Journal of Experimental and Behavioral Finance*,2014,(2):44 –58.

[7] See Agthe M. ,Spörrle M. ,Maner J. K. ,"Does Being Attractive Always Help? Positive and Negative Effects of Attractiveness on Social Decision Making",*Personality and Social Psychology Bulletin*,2011,37(8):1042 –1054.

的同性人进行对比时，会对自我产生负面评价。[1] 当面对同性时，最初阶段的感知是负面的，它使人们警惕可能出现的威胁。[2]

关于性别在信用卡领域的影响已经获得了很多关注。阿姆斯特朗（Armstrong）和格雷芬（Craven）[3] 发现与男性相比，女性拥有的信用卡平均数量更多。海霍（Hayhoe）等[4] 研究显示女性学生在服装上较男性花费更多，而男性则更多花费在电子产品、娱乐产品和非家用食物。维克拉马辛（Wickramasinghe）和古鲁格马格（Gurugamage）[5] 认为，性别与信用卡使用者感知到的生活方式有关，男性将使用信用卡视为帮助他们接触主流社会的途径，而女性则觉得信用卡给予了她们经济信心。目前，针对虚拟网络是否存在相似情况的研究相对匮乏，基于中国背景下的性别与借贷投标额关系的研究也比较匮乏。因此，针对单纯中介模式的 P2P 平台融资，本文关注网络借贷平台中虽然是非面对面交易，但在注册性别中是否也存在投标交易差异：(1) 是否女性贷款者比男性贷款者会出价更高，即性别与成交额具有明显相关性？(2) 借贷双方性别不同时是否会比借贷双方性别相同时达成更高的交易金额，即 P2P 网贷融资是否也存在“异性相吸”的自然现象。

二、数据收集

钱华兵[6] 将 P2P 平台的主要业务模式分为四类，即担保模式、单纯中介模式、渠道模式及 O2O 模式。本文将着重研究纯中介模式的 P2P 平台，这种模式是提供交易双方的平台市场，但是不直接介入交易，不易聚集资金。国内具有代表性的纯中介模式平台有人人贷、拍拍贷等，我们通过收集的人人贷数据进行实证研究。

P2P 借贷使借款者与贷款者之间省去了传统的金融中介，通过贷款者对于借款者的信用判断、收益预期等因素决定是否贷款。借款者的性别在人人贷上是可见

---

[1] See Myers T. A., Crowther J. H., “Social Comparison As A Predictor of Body Dissatisfaction: A Meta-analytic Review”, *Journal of Abnormal Psychology*, 2009, 118: 683 – 698.

[2] See Schwarz N., Clore, G. L., “Mood, Misattribution, and Judgments of Well-being: Informative and Directive Functions of Affective States”, *Journal of Personality and Social Psychology*, 1983, 45: 513 – 523.

[3] See Armstrong C. J., Craven M. J., “Credit Card Use and Payment Practices among A Sample of College Students”, Proceedings of 6th Annual Conference of the Association for Financial Counseling and Planning Education, 1993: 48 – 159.

[4] See Hayhoe C. R., Leach L. J., Turner P. R., Bruin M. J., Lawrence F. C., “Differences in Spending Habits and Credit Use of College Students”, *Journal of Consumer Affairs*, 2000, (34): 113 – 133.

[5] See Wickramasinghe V., Gurugamage A., “Effects of Social Demographic Attributes, Knowledge About Credit Cards and Perceived Lifestyle Outcomes on Credit Card Usage”, *International Journal of Consumer Studies*, 2012, 36: 80 – 89.

[6] 参见钱华兵：《P2P 网络贷款业务模式比较研究》，载《海南金融》2014 年第 7 期。

的,而贷款者的性别并没有直接显示,但根据贷款者的头像(除去照片、风景等图像)可以推测贷款者的性别。根据人人贷的借款人规定,对于贷款者来说,可以选择U计划和散标投资。由于U计划是人人贷根据客户的认可标的范围进行自动投标,因此,根据借款者各项信息的不同,所达成的每笔贷款金额并不是由贷款者本人完全控制的。在分析每笔贷款金额与借款者、贷款者变量关系时,为了体现贷款者个人意愿,我们不考虑通过U计划形成的交易。另外,平台对借款者给出7个信用等级,即AA到HR,这种信用等级依赖于借款者可选认证资料的提交与正常还本付息的历史交易数据积累。因此,平台给出的信用等级是贷款者判断借款者历史信用和"软性"个人信息的重要依据,我们可以直接使用。贷款者所提供的贷款可以比借款者需求的数额少,通常一位借款者的资金需求会由多笔交易达成。人人贷向借款者提取一定比例的借款服务费作为风险备用金,并交由招商银行托管,意在增加平台用户对P2P的信任,降低感知风险。

表1 变量与定义〔1〕

变量名称	基本描述
常量(con)	常量
年利率(int)	借款利率,与借款者的信用等级、市场利率等相关,单位%
还款期限(mon)	还款期限的区间在3~36个月
借款金额(pri)	借款金额越高,借款者的还款压力越大
年龄(age)	以年为单位
学历(edu)	高中及以下取值为9,大专15,本科16,硕士19(根据教育年限)
婚姻状况(mar)	未婚0,已婚1
公司规模(siz)	10人以下取值为10;10~100人取值为55;100~500人取值为300;500人以上取值为500(取区间中值)
工作时间(wor)	1年以下取值为1,1~3年取值为2,3~5年取值为4,5年以上取值为6(取区间中值)

〔1〕 为了降低异方差,pri、siz、sal取自然对数,分别为lnpri、lnsiz、lnsal。

续表

变量名称	基本描述
收入范围(sal)	2000~5000取值为3500,5000~10000取值为7500,10000~20000取值为15000,20000~50000取值为35000,50000以上取值为50000(取区间中值)
房产(est)	有取值为1,无取值为0
房贷(fda)	有取值为1,无取值为0
车产(car)	有取值为1,无取值为0
车贷(cda)	有取值为1,无取值为0
信用等级(cre)	AA取值为1,A为2,B为3,C为4,D为5,E为6,HR为7
贷款人性别(len)	男为0,女为1
借款人性别(bor)	男为0,女为1
投标额(bid)	每条交易数据的成交金额
借贷双方异性(dif)	借贷双方异性为1,同性为0

阿格斯(Agthe)、司博雷(Spörrle)和马内尔(Maner),[1]陈建中、宁欣,[2]巴拉辛斯卡和沙菲尔,[3]冈萨雷斯和卢雷罗[4]讨论了性别对于P2P和社会问题的影

[1] See Agthe M., Spörrle M., Maner J. K., "Does Being Attractive Always Help? Positive and Negative Effects of Attractiveness on Social Decision Making", *Personality and Social Psychology Bulletin*, 2011,37(8):1042-1054.

[2] 参见陈建中、宁欣:《P2P网络借贷中个人信息对借贷成功率影响的实证研究——以人人贷为例》,载《财务与金融》2013年第6期。

[3] See Barasinska N., Schäfer D., "Is Crowdfunding Different? Evidence on the Relation between Gender and Funding Success from a German Peer-to-Peer Lending Platform", *German Economic Review*, 2014, 15(4):436-452.

[4] See Gonzalez L., Loureiro Y. K., "When Can a Photo Increase Credit?: The Impact of Lender and Borrower Profiles on Online peer-to-peer Loans", *Journal of Experimental and Behavioral Finance*, 2014, (2): 44-58.

响;同时,陈建中、宁欣[1]和冈萨雷斯、卢雷罗[2]的研究涉及了年龄变量;巴拉辛斯卡和沙菲尔[3]则进一步对信用等级、年利率、还款期限、借款金额等变量对于 P2P 的影响进行了研究。这些研究基础是我们选择数据的来源。由此,我们从人人贷上集中提取 3099 条交易数据,每一位贷款人成功出借一定金额为一条交易数据,即通常一位成功的借款人会与多位贷款者达成多条交易数据。在数据提取过程中,剔除参与 U 计划的交易记录,为了分析借贷双方的性别对交易的影响,剔除无法识别贷款人性别的交易记录。[4] 其中,2184 条交易的贷款人是男性,915 条交易的贷款人是女性(变量参见表 1)。

三、实证建模与分析

(一)描述性统计

男性和女性贷款人在对于借款人的某些特征选择方面有不同之处,表 2 是采集数据的描述性统计。可以看出,大多数借款者已婚。女性贷款者更偏好借款期限较短的交易,平均比男性贷款者短 0.8 个月,结合表 3,其差异在 95% 的显著性水平上仍明显。

表 2 按性别分组的变量数据分析

变量	男性贷款者					女性贷款者				
	均值	最大值	最小值	样本数	标准差	均值	最大值	最小值	样本数	标准差
Int	12.0	15	8	2184	0.96	12.0	13.2	8	915	0.93
Mon	21.9	36	3	2184	11.17	21.1	36	3	915	11.18
Lnpri	10.5	12	8	2184	0.73	10.4	12	8	915	0.77
Age	34.5	58	22	2184	8.37	34.4	58	22	915	8.39

---

〔1〕 参见陈建中、宁欣:《P2P 网络借贷中个人信息对借贷成功率影响的实证研究——以人人贷为例》,载《财务与金融》2013 年第 6 期。

〔2〕 See Gonzalez L. ,Loureiro Y. K. ,"When Can a Photo Increase Credit?:The Impact of Lender and Borrower Profiles on Online peer-to-peer Loans",*Journal of Experimental and Behavioral Finance*,2014,(2):44 -58.

〔3〕 See Barasinska N. ,Schäfer D. ,"Is Crowdfunding Different? Evidence on the Relation between Gender and Funding Success from a German Peer-to-Peer Lending Platform",*German Economic Review*,2014,15(4):436 -452.

〔4〕 头像是照片、风景等无法识别贷款人性别的交易数据被剔除。

续表

变量	男性贷款者					女性贷款者				
	均值	最大值	最小值	样本数	标准差	均值	最大值	最小值	样本数	标准差
Edu	13.9	19	9	2184	2.88	13.9	19	9	915	2.88
Mar	0.7	1	0	2184	0.45	0.7	1	0	915	0.46
Lnsiz	3.8	6	2	2184	1.44	3.9	6	2	915	1.47
Wor	2.8	6	1	2184	1.94	2.9	6	1	915	1.92
Lnsal	9.3	11	8	2184	0.93	9.2	11	8	915	0.91
Est	0.49	1	0	2184	0.50	0.47	1	0	915	0.50
Fda	0.365	1	0	2184	0.48	0.34	1	0	915	0.47
Car	0.35	1	0	2184	0.48	0.32	1	0	915	0.47
Cda	0.1	1	0	2184	0.30	0.09	1	0	915	0.29
Cre	4.47	7	2	2184	2.46	4.64	7	2	915	2.46
Bor	0.27	1	0	2184	0.45	0.26	1	0	915	0.44

表 3 检验相对于男性贷款人,女性贷款人在选择不同的借款人特征和标的特征变量时,所呈现出的偏好差异是否显著。女性贷款人对于借款者公司规模的要求更高,因为这可以在一定程度上反映出借款者的收入水平和还款保障能力。男性和女性在借款金额、借款者收入水平、信用等级等方面的偏好,或是重视程度也有一定差异。整体来说,男性愿意选择借款人需求比较大的交易以及借款人收入水平更高的交易,也更重视借款人的高信用等级。

进一步分析男性和女性贷款人、借款人和贷款人同性和异性时在投标额上的差异。结合表 3、表 4 反映出女性贷款者比男性贷款者更“慷慨”,女性贷款者所给予的平均投标额高出男性贷款者 481 元,这说明女性贷款人出价更高,在 98% 的置信区间内显著。同时,也反映出当借贷双方是不同性别时交易形成的投标额相较相同性别时更高,平均高出 600 元左右。

表3 女性和男性贷款人对于变量的选择差异

变量名称	t统计量	P值	变量	t统计量	P值
Int	-1.42	0.156	Lnsal	-1.68	0.093
Mon	-1.97	0.049	Est	-1.31	0.19
Lnpri	-2.55	0.01	Fda	-1.3	0.194
Age	-0.19	0.851	Car	-1.59	0.113
Edu	-0.69	0.491	Cda	-0.34	0.732
Mar	-0.22	0.829	Cre	1.67	0.096
Lnsiz	2.00	0.046	Bor	-0.66	0.511
Wor	1.25	0.211	Bid	2.42	0.016

女性和男性对于借款人房产房贷的态度不同。虽然表2显示女性不会特别挑选有房产无房贷的借款人,但是表5显示,当遇到有房产无房贷的借款人时,女性贷款人所给出的投资金额明显增加,而当借款人无房产时,投资金额明显减少。相较而言,男性贷款者对于房产房贷特征不同的借款人所给出的金额幅度变化明显小得多。可以看出,女性贷款人更容易将固定资产与借款人的还款能力联系起来。

表4 借贷方性别对投标金额的影响

	男性贷款者	女性贷款者	借款人和贷款人同性	借款人和贷款人异性
投标额(平均值)	1830	2311	1726	2326

表5 房产房贷对于投标额的影响

	男性贷款者	女性贷款者
有房产有房贷	1896	2808
有房产无房贷	1486	3722
无房产无房贷	1872	1651

(二)相关系数分析

表6是对所取用的变量进行的斯皮尔曼(spearman)秩相关检验,对角线上是变量自身的相关性1,即完全正相关,其他数值是对应变量间的spearman相关系数。从表6可以看出,没有变量间的相关系数达到0.8,但是公司规模和工作时间之间的相关系数达到0.564,为了降低共线性问题,可以只取公司规模变量而去除工作时间变量,来代表借款人的工作能力。

表 6　自变量 spearman 相关系数分析

	Int	Mon	Pri	Age	Edu	Mar	siz	Wor	Sal	Est	fda	Car	cda	cre	bor
int	1.000														
mon	.713 * *	1.000													
pri	.188 * *	.574 * *	1.000												
age	-.068 * *	.220 * *	.317 * *	1.000											
edu	-.072 * *	-.090 * *	-.044 *	-0.005	1.000										
mar	.138 * *	.211 * *	.262 * *	.208 * *	-0.017	1.000									
siz	-.116 * *	-.343 * *	-.473 * *	-.107 * *	.252 * *	-.092 * *	1.000								
wor	-.319 * *	-.427 * *	-.445 * *	.043 *	.113 * *	-.073 * *	.564 * *	1.000							
sal	-.273 * *	-.149 * *	.292 * *	.086 * *	-0.032	-0.019	-.068 * *	.177 * *	1.000						
est	.163 * *	.161 * *	.220 * *	.252 * *	0.000	.212 * *	-.097 * *	-.068 * *	-.088 * *	1.000					
fda	.109 * *	.210 * *	.359 * *	.212 * *	-.045 *	.220 * *	-.165 * *	-.144 * *	.081 * *	.763 * *	1.000				
car	.048 * *	-0.024	.200 * *	.085 * *	.062 * *	.244 * *	-.070 * *	0.02	.275 * *	.213 * *	.220 * *	1.000			
cda	-.038 *	-.214 * *	-.036 *	-.066 * *	.067 * *	.090 * *	-0.026	.070 * *	.178 * *	.048 * *	.049 * *	.455 * *	1.000		
cre	.107 * *	-.448 * *	-.636 * *	-.313 * *	.045 *	-.162 * *	.440 * *	.417 * *	0.004	-.056 * *	-.161 * *	.095 * *	.231 * *	1.000	
bor	.233 * *	.297 * *	.309 * *	-0.026	.044 *	.190 * *	-.186 * *	-.176 * *	.054 * *	.059 * *	.045 *	.052 * *	-.131 * *	-.098 * *	1.000

注：双尾测试：* P < 0.05；* * P < 0.01。

(三)建模及分析

我们的研究问题是纯中介 P2P 平台融资中性别对借贷的影响,借贷双方之间是否存在"异性相吸"的现象。当借款人的特征相同时,由于贷款人性别差异可能会对借款人给出不同的心理评分,或者是仅仅由于贷款人本身因性别产生的投资习惯差异,导致贷款人的性别对交易金额产生影响。比如,假设女性贷款人更倾向于集中资金投资某一交易对象,而男性贷款人则更愿意费心思寻找不同的投资对象,以降低整体的投资风险。

从双边市场规模制胜的观点出发,我们以投标额(*bid*)为被解释变量,以借款人的特征和标的特征为解释变量。[1] 在第一个方程中加入性别哑变量(*len*);在第二个方程中加入性别哑变量(*len*),以及其与借款人特征的交叉项,检验不同性别的贷款人对借款人特征的不同程度反映,式中的 X_j 即 *int*、*mar*、*est*、*car*、*fda*、*cda* 等借款人特征变量或控制变量;第三个方程中考虑借贷双方同性或异性的哑变量 dif。三个方程的简单表达如下:

$$bid = \beta_0 + \beta_1 \times len + \beta_i \times controlv_i + \varepsilon \tag{1}$$

$$bid = \beta_0 + \beta_1 \times len + \beta_i \times controlv_i + \beta_j \times X_j + \varepsilon \tag{2}$$

$$bid = \beta_0 + \beta_1 \times dif + \beta_i \times controlv_i + \varepsilon \tag{3}$$

表 7 中列(1)和列(2)是对方程一进行的回归,[2] 结果显示投标额与借款人的借款金额显著正相关。除此之外,投标额与贷款人性别分别在 95% 和 99% 显著性水平下正相关,说明平均而言,女性贷款人倾向于给出更高的投标额。与一般的投资认识不同的是,投标额与还款期限、利率等标的特征关系不显著,可能是目前在人人贷的平台下,投资者对于 P2P 的信任度较高,需求比较旺盛,对于任何利率与还款期限的标的都有足够的需求。另外,除了借款人的性别之外,投标额与借款人的年龄、性别、教育程度、婚姻状况、公司规模、收入范围、房产、车产及房贷、车贷,甚至是信用等级等借款人个人特征的关系均不显著。说明投资者对于借款者个人特征并没有给予充分的信用评判,没有对不同特征的借款人给予不同的信任而给出不同的交易金额。从另一个角度看,虽然目前 P2P 平台都试图通过收集借款人信息,保证借款人的信息真实性以给网贷交易提供更多的信用保证,并给予贷款人更多信息以供投资选择,但这些信息对于贷款人来说或许都是"无效"的,或者贷款人只是知道这些信息的存在能够证明交易是足够真实的即可,并不运用这些交易数据来左右自

---

[1] 经过分析,研究发现 *bid* 与 *len*、*dif* 之间的关系比 *lnbid* 与 *len*、*dif* 之间的关系更显著,分别为 599.73＊＊＊(3.25)和 481.37＊＊(2.42),说明性别因素主要影响的是投标额的绝对量变化,而不是百分比的变化。

[2] 表 7 中列(1)、列(3)、列(5)标准误经过怀特异方差修正的线性回归,列(2)、列(4)和列(6)为逐步回归。

已的投标额。

针对方程二,列(3)和列(4)再次证实了投标额与借款金额显著正相关。列(1)、列(2)已经证实了贷款人性别与投标额显著正相关,针对贷款人性别对投标额的影响,列(3)、列(4)的结果进一步显示,若借款人拥有房产,相对于男性贷款人,女性贷款人出价更高。若借款人拥有房贷,女性贷款人出价更低。这与中国现行的以银行为基础的市场体系相吻合,投资人更看重资金需求者的资产情况,而不是现金收入;女性在这点上表现得更加明显。而对于借款人的其他个人特征和标的特征,男、女贷款人并没有呈现显著的选择倾向。*len * int* 的系数不显著,说明女性贷款人相对男性贷款人来说,对于利息并不特别敏感,即并没有更强的风险意识。*len * mar* 与投标额之间相关性不显著,则指出已婚女性相对于未婚女性没有表现出更为谨慎的投资态度。

表7 模型实证分析数据

变量名	(1)	(2)	(3)	(4)	(5)	(6)
Con	-7497.10 * * * (-2.94)	-8015.34 * * * (-4.96)	-7026.77 * * * (-2.67)	-7123.90 * * * (-4.23)	-7126.49 * * * (-2.83)	-7449.52 * * * (-4.14)
Len	552.56 * * (2.29)	554.11 * * * (2.80)	-2453.87 (-0.82)			
Lnpri	1005.52 * * * (4.14)	959.16 * * * (6.72)	990.82 * * * (4.14)	987.56 * * * (6.61)	999.72 * * * (4.13)	1029.34 * * * (5.59)
Int	控制		控制		控制	
Mon	控制		控制		控制	控制
Age	控制		控制		控制	
Edu	控制		控制		控制	
Mar	控制		控制	控制	控制	
Lnsiz	控制	控制	控制	控制	控制	控制
Lnsal	控制		控制	控制	控制	控制
Est	547.87 * (1.66)	565.74 * * (2.01)	-176.02 (-0.77)	-273.31 (-1.24)	539.14 (1.64)	499.14 * (1.73)
Fda	-534.21 (-1.39)	-583.05 * (-1.93)	-64.34 (-0.26)		-533.96 (-1.38)	-519.25 * (-1.70)
Car	控制	控制	控制		控制	控制
Cda	控制		控制		控制	
Cre	控制		控制		控制	
Bor	控制		控制		控制	
len * int			171.68(0.69)	-33.56(-1.04)		
len * mar			516.28(1.20)	543.68(1.22)		
len * est			2402.92 * * * (2.61)	2485.61 * * * (4.41)		

续表

变量名	(1)	(2)	(3)	(4)	(5)	(6)
len * fda			-1547.40 (-1.48)	-1601.34 * * * (-2.91)		
len * car			114.82(0.16)			
len * cda			-631.72(-0.79)	-445.92(-0.78)		
Dif					470.63 * * (2.02)	441.08 * * (2.38)
F 值	4.39	12.00	3.42	9.34	4.41	8.83
R^2	0.0233	0.0209	0.0301	0.0262	0.0226	0.0198

注: * P<0.1; * * P<0.05; * * * P<0.01。

针对方程三,列(5)、列(6)的回归结果均显示交易额与借款金额之间显著正相关性,而且在95%的显著性水平下,借贷双方性别不同时的交易额比借贷双方性别相同时的交易额高。且从 *dif* 的系数上来看,统计显著性也较强,如果借贷双方是异性,其交易额相对借贷双方是同性将增长超过400元,说明在P2P交易中确实存在“异性相吸”的现象。

(四)性别分组研究

进一步对方程三分组研究,按借款人性别将交易数据分为男、女两组:借款人为男性的交易数据为2261条,借款人为女性的为838条,相关回归结果如表8所示。

表8 进一步研究的模型分析—按借款人性别

借款人性别	男(N=2261)		女(N=838)	
	(1)	(2)	(3)	(4)
Con	-5048.92 * (-1.80)	-6579.74 * * * (-3.80)	-21859.33 * * * (-2.59)	-21509.01 * * * (-2.86)
Dif	701.004 * * (2.54)	704.13 * * * (3.23)	-329.85 (-0.68)	-325.54 (-0.74)
Int	-178.37 (-0.84)		1045.57 (1.06)	1057.03 * * (2.00)
Mon	9.20 (0.41)		-50.29 (-1.31)	-52.15 (-1.43)
Lnpri	1131.37 * * * (4.33)	1036.86 * * * (6.56)	778.28 (0.83)	728.88 (1.13)
Age	-10.69 (-0.68)	-11.09 (-0.84)	19.97 (0.77)	20.56 (0.79)
Edu	-35.10 (-0.83)	-34.69 (-0.97)	73.44 (1.35)	64.08 (0.92)

续表

借款人性别	男(N=2261)		女(N=838)	
	(1)	(2)	(3)	(4)
Mar	-110.43 (-0.44)		-1263.14** (-2.09)	-1236.49* (-1.88)
Lnsiz	-51.74 (-0.71)		-12.58 (-0.06)	
Lnsal	-263.87* (-1.92)	-197.93 (-1.54)	611.87 (1.31)	616.91** (2.01)
Est	561.50 (1.36)	545.96 (1.63)	-66.26 (-0.10)	
Fda	-488.25 (-1.03)	-476.11 (-1.36)	-219.82 (-0.25)	
Car	390.73 (1.06)	399.11 (1.51)	-1126.35** (-2.17)	-1225.44** (-2.53)
Cda	-367.15 (-0.88)	-337.74 (-0.92)	1251.47 (1.16)	1386.29 (1.18)
Cre	67.44 (0.79)		-324.79 (-1.31)	-324.24* (-1.95)
F值	3.11	7.15	1.88	2.49
R^2	0.0285	0.0239	0.0324	0.0192

注：*P<0.1；**P<0.05；***P<0.01。

当借款人为男性时，相比男性贷款人，女性贷款人出价更高。而当借款人为女性时，男性贷款人并不会给出更高的投标额。这说明“异性相吸”现象仅存在于女性贷款人的投资判断中。

由于人人贷中一位借款人的资金需求是由多位贷款人投标完成的，因此同一借款人会同时遇到与其异性或同性的贷款人。当同一借款人面对的同性贷款人数量>异性贷款人数量时，将此借款人的所有交易数据归为组A（交易数据2206条）；当同一借款人面对的同性贷款人数量<异性贷款人数量时，将此借款人的所有交易数据归为组B（交易数据821条）。[1]

经过分组研究，我们发现只有当同一借款人面对的同性贷款人>异性贷款人时，异性相吸才存在。但仔细观察数据，由于2184条交易的贷款人是男性，915条交

〔1〕 当同一借款人面对的同性贷款人数量=异性贷款人数量时，将此借款人的所有交易数据归为组C，组C的交易数据过少（交易数据72条），故未做专门研究。

易的贷款人是女性,男性投资者的数量远远高于女性。因此,在出现同性贷款人 > 异性贷款人的交易数据中,97% 的借款人均是男性;在出现同性贷款人 < 异性贷款人的交易数据中,93% 的借款人均是女性。事实上这样的分组结果再次证实了上文按借款人性别分组的结论,"异性相吸"只存在于女性贷款人的投资判断中,男性对于借款方的性别并不会存在特别的投资偏好(见表 9)。

表 9 进一步研究的模型分析—按借贷性别人数分组

组别	组 A		组 B	
	(1)	(2)	(3)	(4)
Con	-5024.66* (-1.94)	-5842.61** (-2.20)	-26053.86** (-2.48)	-25681.13*** (-3.19)
Dif	598.45** (2.17)	596.66*** (2.73)	-353.33 (-0.69)	-350.996 (-0.76)
Int	-206.46 (-0.99)	-145.68 (-1.16)	1421.03 (1.38)	1387.85** (2.42)
Mon	7.63 (0.36)		-63.60 (-1.58)	-61.82 (-1.58)
Lnpri	1147.67*** (4.35)	1172.09*** (5.20)	664.93 (0.81)	674.36 (1.03)
Age	-10.93 (-0.74)	-10.29 (-0.77)	35.25 (1.17)	33.03 (1.15)
Edu	-38.38 (-0.93)	-43.75 (-1.21)	87.04 (1.50)	88.17 (1.19)
Mar	-43.63 (-0.18)		-1410.23** (-2.06)	-1392.65** (-2.09)
Lnsiz	-49.20 (-0.70)		10.01 (0.06)	
Lnsal	-247.48* (-1.84)	-252.76* (-1.74)	703.97 (1.41)	698.18** (2.12)
Est	470.69 (1.10)	455.16 (1.32)	-633.58 (-0.76)	-494.64 (-1.05)
Fda	-440.17 (-0.89)	-423.76 (-1.18)	189.97 (0.21)	
Car	338.92 (0.92)	343.64 (1.29)	-1232.47** (-2.19)	-1195.11** (-2.35)
Cda	-354.56 (-0.83)	-354.18 (-0.94)	1671.96 (1.50)	1505.498 (1.21)

续表

组别	组 A		组 B	
	(1)	(2)	(3)	(4)
Cre	77.83 (0.90)	50.31 (0.79)	-361.69 (-1.48)	-359.58 * * (-2.12)
F值	3.27	5.55	2.02	2.40
R^2	0.0273	0.0222	0.0345	0.0201

注：* P<0.1；* * P<0.05；* * * P<0.01。

四、进一步的调整分析

本质上来看，P2P平台属于债务融资，[1]考虑到不同信用等级的资金成本差异，人人贷对不同信用等级的借款人会收取不同的月综合费率。我们将每条交易对应的月综合费率转换成年费率，年费率与借款年利率之间的利差——*spr*，就是平台收取的利差，这里将其作为被解释变量，对应的公式为：

$$spr = \beta_0 + \beta_1 \times dif + \beta_i \times controlv_i + \varepsilon \quad (4)$$

同时，我们也用存贷差 cha = spr * bid 作为被解释变量，进一步测试，对应的公式为：

$$cha = \beta_0 + \beta_1 \times dif + \beta_i \times controlv_i + \varepsilon \quad (5)$$

表10中列(1)和列(2)是对方程四进行的回归，其中列(1)是标准误经过怀特异方差修正的线性回归，列(2)采用逐步回归。借款人的个人特征和标的特征对于利差的拟合程度非常高，达到0.93。但是*dif*的系数并不显著，说明平台并没有利用“异性相吸”来定价，吸引平台两方的需求者，而仅仅是根据平台一方——借款人的情况来收取费用，未考虑到贷款人的需求弹性，发挥双边市场的优势，形成最优定价。

同样，对方程五的回归，列(3)是标准误经过怀特异方差修正的线性回归，列(4)采用逐步回归。从结果可以看出，存贷差同时与借款人的收入水平、房产、信用等级显著相关，又与标的特征如还款期限、标的金额有显著关系。同时，相比借贷方是同性，在借贷方是异性的情况下存贷差会增加，即平台可以利用“异性相吸”来赚取更多的资金。比较方程五的结果，我们发现，平台并不是主动利用“异性相吸”，在借贷双方是异性时收取更多的利差，而是通过交易量来获得更多的绝对金额，因此，为了最大化平台的利润，可以选择尝试制定更为个性化的费用政策，利用“异性相

[1] 表7～表9中较低的R^2也说明了P2P平台的决定模式主要是融资成本。

吸”获得更高的平台利润。

表10　调整模型的分析

	（1）	（2）	（3）	（4）
Con	4.669＊＊＊ （24.09）	4.671＊＊＊ （23.41）	－10853.23 （－1.25）	－9723.867 （－1.01）
Mon	.073＊＊＊ （49.17）	.073＊＊＊ （68.41）	146.486＊＊＊ （4.05）	144.736＊＊＊ （2.71）
Lnpri	.148＊＊＊ （6.92）	.147＊＊＊ （7.31）	2993.178＊＊＊ （2.96）	2843.28＊＊＊ （2.84）
Age	－.013＊＊＊ （－12.10）	－.013＊＊＊ （－11.63）	－43.382 （－0.73）	－43.343 （－0.77）
Edu	－.008＊＊＊ （－3.10）	－.008＊＊＊ （－2.82）	－66.638 （－0.44）	
Mar	.065＊＊＊ （3.26）	.065＊＊＊ （3.23）	－163.170 （－0.17）	
Lnsiz	.009 （1.11）	.009 （1.23）	－302.646 （－1.15）	－341.622 （－0.99）
Lnsal	－.221＊＊＊ （－18.56）	－.221＊＊＊ （－19.68）	－989.033＊ （－1.88）	－1045.414＊ （－1.83）
Est	.168＊＊＊ （4.90）	.168＊＊＊ （6.17）	2611.717＊ （1.73）	2453.798＊ （1.76）
Fda	－.174＊＊＊ （－4.78）	－.174＊＊＊ （－6.11）	－2016.118 （－1.08）	－1991.663 （－1.36）
Car	－.024 （－0.98）	－.024 （－1.08）	－759.651 （－0.55）	
Cda	.231＊＊＊ （5.11）	.231＊＊＊ （6.88）	684.225 （0.52）	
Cre	－.477＊＊＊ （－92.16）	－.477＊＊＊ （－94.02）	－1077.703＊＊＊ （－6.21）	－1083.704＊＊＊ （－4.42）
Bor	－.001 （－0.05）		－138.565 （－0.09）	
Dif	－.017 （－0.94）	－.017 （－0.99）	2221.76＊ （1.93）	2143.189＊＊ （2.42）
F值	4306.94	3387.26	10.81	20.04
R^2	0.9345	0.9343	0.0554	0.0524

注：＊P＜0.1；＊＊P＜0.05；＊＊＊P＜0.01。

五、研究结论

在已有的关于借款人性别对于 P2P 交易的影响研究之上，我们从贷款人角度研究了性别对于 P2P 投标额的影响，研究发现：其一，女性贷款者表现更慷慨，相对于男性贷款者出价更高，当然女性贷款者也更慎重，更注重借款人的房产、房贷等硬约束；其二，P2P 网贷平台融资虽然不是面对面交易，但依然存在“异性相吸”现象，且主要出现于女性贷款人的投资判断中；其三，现有研究的 P2P 平台并未意识到“异性相吸”效应，在借贷双方是异性时收取更多的利差，而是通过交易量的变化来获得更多的绝对收入。

女性贷款人更加“慷慨”，这可能是由于女性贷款人对于 P2P 网贷平台的信任度更高，或者是更加专注于某一笔交易的投资习惯，也可能是由于女性贷款人自身掌控的经济来源相对于男性贷款人更胜一筹。此问题值得进一步探讨，并在后续扩大研究样本池进行测试。同时，借款者对于房产、房贷的重视是与中国现行金融市场投资经验相吻合的，中国的金融市场更看重借款人的资产状况而不是现金收入。而且，贷款人从过去参与经济社会的经验中获得认知，也更加注重 P2P 平台上借款人的资产状况。

目前，关于贷款人方面的信息披露过少，无法掌握贷款人方面的全面个人特征，而这些是对投标额有重大影响的因素，因此更多的贷款人方面的信息掌握，或者说是平台长时期的、多维度的大数据样本将对研究挖掘商业价值并识别具体因素有很大帮助。因此，互联网金融创新的监管政策的一个重点将是大数据共享与治理。

从另一个角度看，我们的研究也揭示了 P2P 平台上提供的各种信息对于贷款人的贷款选择产生的影响。除了借款金额与投标额显著相关外，传统印象中标的利率、还款期限等对贷款人可能会产生作用的标的特征并没有发挥明显的效应。这也从侧面反映了目前 P2P 平台的发展过于迅猛，人们对于交易并没有非常的理智、有选择性。作为互联网金融创新的新秀，P2P 平台仍然会持续呈增长态势，但其中所显露出的监管、风险防范问题也会凸显。一旦 P2P 平台的违约率上升，人们能否从目前“随意”的交易选择转向理智考虑标的的态度，是今后关注的方向。尤其 P2P 作为典型的双边市场平台经济，由于网络外部性，最后市场理性的选择是除了极少个别的独立交易垄断平台，大多数 P2P 平台将会出现被银行等金融机构并购的局面。同时，目前银行体系下关注资产、不关注收入的现象对于合理判断借款人的还款能力是很大的阻碍。银行或普通民众应该转变思路，将更多目光放在借款人的收入流量，而不是存量上。因此，我们建议政府从改变金融体系最重要的一环——银行入手，强调银行应该加强对借款者收入的审查，改变传统观念，以此带动生活在以银行为基础的金融体系下的普通民众的投融资观念和习惯的转变。

“互联网金融 + 公益”模式的法律规制
——以“蚂蚁森林”为例

沈刘静[*]　位甜甜[**]

依托“互联网 + 公益”的思维,绿色金融助力实体经济的实践正在出现新的趋势,形成了新的公益发展模式——“互联网金融 + 公益”。蚂蚁金服对旗下支付宝平台的4.5亿用户全面上线个人碳账户“蚂蚁森林”,其在全球碳市场有独一无二的实践意义,被称为是绿色金融探索的标杆。互联网金融与公益相结合,从虚拟网络推行到现实生活中,面临缺乏相关针对性法律制度加以规范的挑战,直面这一现实问题,并从现行法律规范体系中寻找解决措施,方能保障新兴的“互联网金融 + 公益”模式走上良性发展的轨道,并真正发挥其对公益事业和经济发展双重作用。

一、“互联网金融 + 公益”

(一)“蚂蚁森林”——“互联网金融 + 公益”新模式

“蚂蚁森林”是中国民间发起的一次自下而上的绿色金融的尝试,已成为全球最大的个人碳账户平台。在生态环保领域,它以独特的互联网方式,使虚拟互动和真实行为发生连接与转换。

其实早在2004年,国家环保总局就牵头推动“绿色GDP”项目,尝试经济发展与环境保护协调发展。项目于2005年进行试点,经过3年研究最终搁浅,其中一个重要因素在于中央指导政策(绿色GDP的核算方式)受到地方政府的阻力,从而影响政策目标达成的效率。实际上,当时我国各地区经济发展的不平衡是“绿色GDP”项目试点失败的主要原因。而如今,互联网产业高速发展,有相对开放的市场环境,且组织低成本、低门槛和很强的规模效应,相较于传统商业模式,其信息化程度更高,使个人投资者参与投资活动的边际成本几乎为零,也为公益事业及“绿色GDP”理念提供了新的发展路径。

简单地说,“互联网金融 + 公益”是指网民们通过使用互联网金融产品,参与到互联网金融企业的公益活动中,进行公益善款资源整合的方式,其门槛更低、资源整

---

* 上海师范大学学生。

** 上海师范大学学生。

合的方式更加便捷，激发了民间公益活动的发展，使公益资源整合的效果更加突出。[1] 2016年7月联合国内知名公益机构“免费午餐基金”推出了专门的公益金融产品——随手记，为贫困山区学龄儿童提供营养午餐。随手记通过开放理财市场作为公益募捐入口，用户购买公益理财产品且投资成功后，随手记即出资以用户的名义进行捐赠，捐赠金额为用户购买公益金融理财产品收益部分的1%年化收益。[2] 2016年8月27日蚂蚁金服宣布，为其旗下支付宝平台中的4.5亿实名用户，推出“碳账户”（一款应用于个人碳交易市场管理的产品）——“蚂蚁森林”。用户步行替代开车、在线缴纳水电煤、网络购票等行为节省的碳排放量，被计算为虚拟的“绿色能量”，用来在手机里养大一棵棵虚拟树。虚拟树长成后，蚂蚁金服和公益合作伙伴就会在地球上种下一棵真树，或者保护相应面积的保护地。因此，“互联网金融+公益”运作机制可以归纳如图1所示。

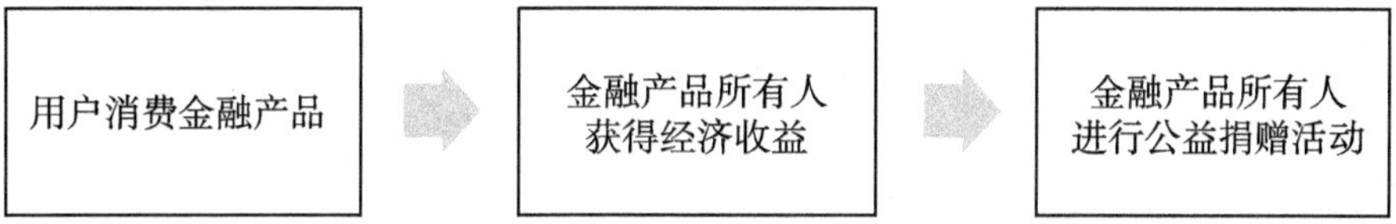

图1

（二）“蚂蚁森林”具体运行方式

“蚂蚁森林”项目模式是将“种树”分为线上和线下两个部分：（1）线上部分由用户完成，用户通过每天走路、骑共享单车、线下支付、网购火车票、使用电子发票等绿色环保的生活方式，可以在第二天产生相应的“绿色能量”（计算方式是由北京环交所、大自然保护协会等提供的碳减排、碳汇量科学算法），在收取完自己低碳行为所产生的能量之后，还可以收取他人产生的能量，类似于多年前腾讯公司推出的线上小游戏“QQ农场偷菜”。当用户积攒到17.9kg能量（一颗梭梭树一生平均能够吸收的二氧化碳）后，就能在我国环境问题严重的荒漠地区“种”下一棵树，如阿拉善、库布其、甘肃武威等地。（2）线下部分是由不同的公益组织来具体实施，用户在线上“种”下一棵树后，由蚂蚁金服将支付宝用户碳账户里的绿色能量转化为具有实用价值的资金注入基金会，如中国绿化基金会、阿拉善SEE基金会、亿利公益金会，而后基金会和蚂蚁金服共同与当地政府部门进行对接，在线下寻找合适的民营企业进行投资。这些捐助费用主要包括树苗采购、工人工资、后期维护、树苗补种等，由民营

[1] 参见付楚涵等：《浅析“互联网金融+公益”新模式之资源整合》，载《中国国际财经》（中英文）2018年第2期。

[2] 参见《互联网金融+公益：随手记公益金融送“免费午餐”》，载站长之家：http://www.chinaz.com/news/2016/0711/549913.shtml，最后访问日期：2018年5月12日。

企业具体实施种植计划与技术指导,从而在荒漠地区为线上用户真正地种下一棵树,并为这棵树苗进行编号,用户可以从支付宝客户端直接看到线下种树的航拍视频和卫星图像。蚂蚁简要流程如图 2 所示。

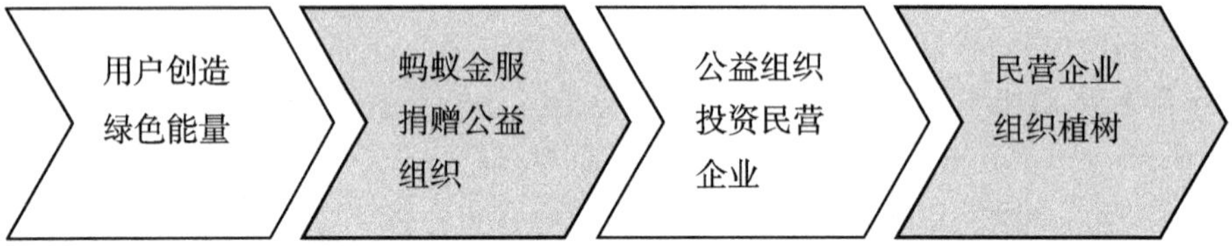

图 2　蚂蚁森林运行

(三)"蚂蚁森林"成果

在联合国防治荒漠化公约(UNCCD)第 13 次缔约方大会上,"蚂蚁森林"宣布未来将在资金、技术和资源方面进行持续投入,包括不低于 2 亿元资金用于"一带一路"沿线地区的荒漠化防治工作,以真金白银打造青山绿水。因此,"蚂蚁森林"成功入围行动者联盟 2017 公益盛典"年度公益创意"。[1]

据蚂蚁金服最近公布的数据显示,截至 2017 年 8 月底,"蚂蚁森林"激发了世界 3% 的人口参与进"种树"事业,用户超过 2.3 亿个,累计减排 122 万吨,累计种植真树 1025 万棵。科技力量的参与,开掘了个体的行动力,让公益效果实现爆发式增长,也让参与公益的人,有了更直观的获得感。目前,这些树遍及内蒙古阿拉善、鄂尔多斯、甘肃武威等地区,主要用来防止风沙和水土流失,种植面积超过了 16 万亩,其中包括 925 万颗梭梭树、100 万颗沙柳。[2]

当地的人们更是切切实实感受到了变化:沙尘暴在减少,降水量在增多,绝迹多年的野生动植物重新回归,为当地居民也提供了更多的就业机会。最近两年,库不其的沙尘天气减少了 95%,降雨量增长了 6 倍,这里的沙漠生态环境已经发生了根本性的改变。

二、"互联网金融 + 公益"属性分析

以"蚂蚁森林"与"随手记"为基本运行模式的"互联网金融 + 公益"在现实运行中,很明显地分为两个阶段的行为。首先,金融产品所有人与用户(金融产品使用人)之间是一种商事法律行为;其次,金融产品所有人与公益组织之间是一种捐赠合

[1] 参见凤凰网公益:《"蚂蚁森林"入围行动者联盟 2017 公益盛典"年度公益创意"》,载凤凰网:http://gongyi.ifeng.com/a/20171115/44762391_0.shtml,最后访问日期:2018 年 5 月 10 日。

[2] 参见《全球 3% 的人在蚂蚁森林"种树""中国绿"引世界关注》,载中金在线:http://news.cnfol.com/chanyejingji/20171207/25732573.shtml,最后访问日期:2018 年 5 月 10 日。

同法律行为。下面以"蚂蚁森林"为例进行分析:

(一)商事法律行为——"收取绿色能量"

蚂蚁金服在推出"碳账户"理念时,是将用户的特定行为(低碳行为)作为其向基金会捐赠的"虚拟资金",用户不必投入自己金钱,而仅需绿色消费、绿色行动即能参与到公益事业中,使用户对其产生信赖,因此而受到广大支付宝用户的追捧。有学者研究表明陌生人的信任度是唯一显著影响公益平台访问量的因素。[1] 但是,回顾"蚂蚁森林绿色能量"产生的途径(步行、地铁出行、在线缴纳水电煤气费、网上缴交通罚单、网络挂号、网络购票等),我们会发现,除了步行和地铁出行,其余途径均需通过支付宝平台支付,才能取得"绿色能量"。这就说明了,"蚂蚁森林"看似是一种"免费"公益,支付宝平台在其中只起到了中介的作用,但是,实质上,用户如果想要获取更多"绿色能量"以达到规定的捐赠数额,必须更多使用支付宝平台进行线上线下支付,且据蚂蚁金服官方表示,希望把支付宝"碳账户"打造成全球最大的低碳生活衡量、交易、共享平台,等未来条件成熟,可以实现碳资产买卖、投资。如此看来,现阶段"碳账户"的理念只是未来碳资产的雏形及初步发展的产物。诚然,蚂蚁金服推出"蚂蚁森林"金融产品的最初目的是让人们重视环境,提倡低碳生活,实现其公益目的,但从长远发展来看,蚂蚁金服通过"蚂蚁森林"公益也能够提高用户使用频次、吸引更多用户,获得更高关注度,从而获得良好社会评价,为今后"碳资产"能够实现买卖、投资奠定一定的基础。从这一意义上说,"蚂蚁森林"收集用户"绿色能量"的过程实质上有一定的商业性。

第一,商事行为是商主体所为的行为。"蚂蚁森林"是由蚂蚁金服推出,故在蚂蚁金服与支付宝用户的关系中,蚂蚁金服更多的还是商主体的属性。

第二,商事行为是营利性行为。"蚂蚁森林"最初的提出目的虽然是鼓励人们保护环境,低碳生活。一方面,"蚂蚁森林"虽是以公益为目的开展捐赠活动,其设计"蚂蚁森林"产品的手段上,又带有一定的营利性,即用户的活跃度及关注度在潜在意义上便是一种无形的利益;另一方面,"蚂蚁森林"相关联的生活号中开设有"withant 旗舰店"售卖"蚂蚁森林"周边产品,在一定程度上属于一种营利性行为。

第三,商事行为是以营利为目的的行为。在实践中,若按照行为主体推定行为是否具有营利性,那么"蚂蚁森林"的运行通常推定为具有营利性;[2] 若根据其行为的客观目的和商事习惯等来确定,"蚂蚁森林"的运行在客观上有促进支付宝平台的适用频率,提高其商业价值的间接作用,在一定程度上也是为推动蚂蚁金服金融产品发展的一项措施,故其也能够被推定为具有营利目的。

---

〔1〕 P. Raghavendra Rau, Law, Trut, and the Development of Crowdfunding, 2017, https:/ /papers. Ssrn. com/sol3 /papers. cfm? abstract_id = 2989056.

〔2〕 参见《日本商法典》第503条。

综上可以认定,蚂蚁金服通过“蚂蚁森林”回收用户“绿色能量”的行为带有一定的商业性,其与支付宝用户之间也是一种商事法律关系。

(二)捐赠法律行为——“捐出一棵树”

尽管“蚂蚁森林”是蚂蚁金服与公益组织合作的产物,但是双方的法律权利与义务也是十分明确的,蚂蚁金服以其自己的名义用其获得来自于用户的“碳资产”(虚拟财产),为公益机构提供其种树所需要的资金,由公益机构履行规划与执行的义务。因此,蚂蚁金服向公益组织捐的行为实质上是蚂蚁金服的公益捐赠法律行为,带有很强的公益性。

1999 年我国《公益事业捐赠法》的出台虽然在一定程度上规范了公益捐赠行为,但是并没有规定什么是公益捐赠行为。关于公益捐赠的法律含义,德国《税务法典》规定,在物质、精神或道德领域无私地资助公共事业,这里所指的对公共事业的资助必须是普遍性的,即不能将资助局限于封闭的、有限的人群。[1] 在美国,公益事业捐赠的受赠主体是公益事业团体。根据美国国内税收法有关条款规定,公益事业团体是以推进宗教、慈善、科学文化、公共安全测试、教育事业的发展,保护儿童、动物不受虐待,资助国际、国内业余体育竞赛为宗旨,成立的非营利公司、共同基金会、特别基金会财团基金会等。[2] 故国内有人这样定义:公益捐赠行为是指自然人、法人或其他组织为发展社会公益事业或资助不特定的社会成员而做出无偿地向公益性社团法人、事业法人或代表资助不特定人利益临时机构捐赠财产、权利的意思表示,经受赠主体作出接受捐赠的意思表示,而成立并履行的合同行为。据此定义,蚂蚁金服以其法人名义,为环境公益的发展向公益组织做出单方捐赠行为的意思表示,并经其同意后成立的合同行为,在法律意义上即属于公益捐赠法律行为。

(三)商事行为与公益行为结合

“蚂蚁森林”所体现的公益模式,是对传统公益模式的又一创新,从此项金融产品的发展来看,其将商业行为与公益行为相结合,利用互联网思维,将用户纳入公益活动中,为个人见证自己的公益成就提供了可能,但是用户需要借助支付宝平台及其他金融产品(如生活缴费、ETC 缴费等),实质也在从事一种商事行为。从蚂蚁金服方面来说,用户使用“蚂蚁森林”产品并不需要任何资金交易与成本,其设计只是为了将用户纳入公益活动的范畴,但实际上,除了上述能够体现其商业性的特征外,“蚂蚁森林”的推出也能为蚂蚁金服带来一定的商业价值。

由此可见,“蚂蚁森林”公益模式中的商事行为与公益行为是不可分割的,一旦离开商业行为,那么蚂蚁金服仅成为连接支付宝用户与公益组织的中介,而不能体现其作用;离开公益行为,“蚂蚁森林”也就失去了它存在的必要性。公益行为与互

---

[1] 参见[德]邓冲:《捐赠的概念与优惠》,载《法制日报》1997 年 1 月 25 日。

[2] 参见[美]付蓉:《受赠主体与捐赠者》,载《法制日报》1997 年 1 月 25 日。

联网金融行为相结合,借助互联网金融的发展,使公众个人更加充分参与到具有公益性质的相关金融业务中,为公益事业发展引入了大量的社会公众资本,此种新的公益模式在互联网环境下也将互联网金融推向了新的发展阶段。

"互联网金融+公益"新模式的创新性在法律上也体现为其在运行过程中的商事行为与公益行为需要分别加以界定以及如何适用相关法律规范。

三、"互联网金融+公益"的优势分析

"公益"一词的历史由来已久,且随着时代的发展其含义也发生了不同的变化。我国学者先后对"公益"的概念进行理解。有人从伦理学的角度进行理解,认为公益是公益救助的简称,主要是指以非政府或民间的形式对社会弱势群体实施人道救助的社会活动。有人从法学的角度,认为公益是公共利益的简称,是针对某一共同体内的少数人而言的,客体对该共同体内的大多数人所存在的意义。有人从哲学的角度,认为公益是一定的社会群体存在和发展所必需的并能为他们中不确定多数人所认可和享有的内容广泛的价值体。[1] 本文所讨论的"公益"是作形容词使用,即具有民间性、自愿性、非营利性、社会价值等特征兼具的社会活动或行为。

表1 各公益模式对比分析

	传统公益模式	"互联网+公益"模式	"互联网金融+公益"模式
性质	捐赠型公益	捐赠型公益	非捐赠型公益
捐赠者捐赠模式	现场募捐实物	网络募捐	募捐"虚拟财产"
实际捐赠形式	实物→资金	实物→资金	"虚拟财产"→资金

(一)捐赠型公益模式

在我国,传统意义上的公益是针对"不幸者"的救助,故其实施公益的手段较为传统和单一,只针对特定区域,使用现场捐赠的方式筹集"善款或实物"捐赠给困难地区的群众。随着互联网的发展,"互联网+公益"概念逐渐兴起,即"社会化媒体推动公共事业的发展,关键是链接、参与和改变",它推动了人人公益时代的到来,用户不再被动地接受信息,更多的是作为信息的传播者。而在早期的"互联网+公益"阶段,互联网还只是一个媒介平台,将捐赠者与被捐赠者相连接,其模式可分为"自主模式"和"第三方模式"。

---

[1] 参见杨超、唐亚阳:《"公益"概念辨析》,载《伦理学研究》2015年第6期。

1. 自主模式

最早被视为现代意义上的众筹就是采用这种模式,采取该模式的如美国的Watsi。[1] Watsi通过自己创设的网络众筹平台,[2]为通过其审核的有医疗需求的病人筹集资金,资助者可从该网站上浏览相关病人的情况并提供一对一的资助,Watsi通过筹集这些资金为相关病人提供低成本和高效的服务。

此种模式最大的优势在于能使公益更具专业化、针对性,且自主性强,不受第三方约束,但是该模式的弱点也显而易见,主要是项目发起人无力承担大量的运营费用;项目发起人与筹集善款平台角色混同,无法进行有效的监管;此种众筹平台影响范围较小。我国2016年3月16日通过的《慈善法》禁止了个人开展公开募捐,[3]意味着在我国,个人不能通过网络平台开展募捐活动。

2. 第三方模式

在此种模式下,公益项目发起人(公益组织)完全借力第三方平台(如新公益、腾讯公益等)合作,项目的发布、资金的筹集和划拨均需通过第三方平台。[4] 此种模式最大的优点在于项目发起人可以选择一些有影响力的平台发布和筹集资金,而且在选择时会对对方身份加以审核,并在项目进行时和完成后,就项目的完成和资金的使用情况接受该平台一定程度的监督。美国的"Giving Tuesday"(星期二回馈日)在每年感恩节之后的第一个星期二举行,旨在鼓舞大众、慈善机构、企业通过网络社交平台捐献出自己的时间、金钱或者献出他们的声音等力所能及的方式去帮助任何需要帮助的人。[5] 该种模式虽然与自助模式相比更加节省平台筹建成本、推广成本和信息偏差带来的成本等,但也存在明显的缺点,主要体现为发起人发起的项目不一定能够通过第三方平台的审核。而且目前许多第三方平台在发布公益项目时会收取额外的推广费用,否则便不会被重点推荐,即有可能会丧失潜在的资助者。在项目完成后,第三方平台均会要求从筹集的资金中抽取一定比例的资金作为平台提供服务的费用。[6]

(二)非捐赠型公益模式——"互联网金融+公益"优势

"互联网金融+公益"模式即属于非捐赠型公益。从金融产品使用人角度来看,

---

〔1〕 Jordana VIOTTO,"Competition and Regulation of Crowdfunding Platforms: A Two-sided Market Approach", *Digiworld Economic Journal*, 2015, No. 99, 3rd Q: 33 – 50.

〔2〕 Building technology to finance healthcare for everyone—https://watsi.org/.

〔3〕 参见我国《慈善法》第26条。

〔4〕 参见柯湘:《互联网公益众筹:现状、挑战及应对——基于〈慈善法〉背景下的分析》,载《贵州财经大学学报》2017年第6期。

〔5〕 #Giving Tuesday: https://www.givingtuesday.org/.

〔6〕 参见柯湘:《互联网公益众筹:现状、挑战及应对——基于〈慈善法〉背景下的分析》,载《贵州财经大学学报》2017年第6期。

其虽与金融产品发起人的关系实质为一种商事法律关系，但其与公益组织的关系也属捐赠法律关系，只是在此种模式下，用户并不是实际捐赠实物或金钱，而捐赠其特定的行为（如"蚂蚁森林"模式中用户的低碳行为）。因此，在"互联网金融+公益"模式下，用户与公益组织之间形成了一种"非捐赠型"公益关系。从2016年的"随手记"金融产品的推出到2017年"蚂蚁森林"的成功实践，都能体现此种模式的特点。

"互联网金融+公益"与传统的公益运行方式相比，有显著的优势，主要体现在如下几个方面：

一是"互联网金融+公益"有助于提高公众对公益事业的参与度。有别于传统公益的筹集资金方式，"互联网金融+公益"免于收取公众的现实物资，形成了一种"非捐赠型公益"，且打破了界域和成本限制，公众通过自己的日常行为参与到公益事业中，全程深入了解、见证自己的公益成果，并且还可在现实生活中真真切切看到自己的参与给社会公益带来的变化，此种"用户体验"模式提高了公众的参与性，增强了普通大众的参与感和公益体验感。[1]另外，公众也不用与公益组织进行资金往来，使其更有意愿参与到互联网金融发起的公益活动中，这些都有助于挖掘、释放和提高整个公益行业的活力。

二是"互联网金融+公益"有助于推动传统公益事业的创新。有研究表明，创新对于公益活动非常关键，而且对人群驱动项目中参与者的影响很大。[2] 以"蚂蚁森林"项目为例，其将传统老套的种树行为嫁接于支付宝平台，打造了激活全民低碳行动的创新模式。

三是"互联网金融+公益"有助于增强互联网金融企业的社会责任感和公众对公益事业的信任度。与"捐赠型公益"中的第三方模式不同，"互联网金融+公益"模式中的互联网金融企业不仅是与公益组织合作发布项目及筹集资金的第三方平台，同时也是实行公益捐赠行为的当事人，避免了第三方模式中第三方平台对公益项目的审核过严及索取服务费的现象，也能使互联网金融企业响应全民公益的号召，增强其社会责任感；同时，由于互联网平台的开放性，互联网金融企业在推出金融公益产品时，向用户披露其项目意义、项目进展、完成情况、执行情况，在各个阶段进一步让公众介入项目中来，采取多种方式鼓励公众为公益事业的发展提供建议与意见，且采用激励及现实参观体验的方式，使公众与持续保持参与感，有助于提高公众对公益事业的信任度。正如Sang-Heui Lee等所称，Web2.0的开放性（Openness）、

---

〔1〕 参见杨睿宇、马箫：《公益网络众筹的现状及风险防范研究》，载《学习与实践》2017年第2期。

〔2〕 SunghanRyu, Young-Gul Kim, Money is Not Everything: A Typology of Crowdfunding Project Creator, Working Paper, 2017. https://papers.ssrn.com/sol3/papers.cfm?abstract_id=2964639.

合作性(Collaboration)和参与性(Participation)三大属性提高了创新的能力。[1]

四是“互联网金融 + 公益”有利于提高公益事业的透明度。对于公益活动的监督,主要采取了公众监督、政府监管、捐赠人监督三种途径,主要由我国《慈善法》及《公益事业捐赠法》进行调整与监管,在信息披露、沟通与反馈、互动与反馈方面均有比较完善规定。在比较法上,美国并没有一部专门独立的《慈善法》,联邦层级规范的慈善活动只有《税法》,各州自行制定规范慈善组织的州法。由此可见,美国对慈善公益的管理与监督主要依靠政府执行《税法》,也就是政府监督,同时,其引入了“第三方机构的监督”。例如,由在慈善组织监督领域地位最重要、组织网络最发达、信息发布最权威的美国全国慈善信息局(National Charity Informatio Bureau,NCIB)制定慈善组织行为标准(standards of conduct charity),针对慈善组织的董事会管理、组织目标、组织活动、信息、财政资助、资金使用情况、年度报告等 9 个方面共 29 项指标进行了详细的规定并每季度都公布对全国数百家慈善机构的测评结果,宣布“完全符合规范”和“未完全符合规范”的组织名单,以引导社会及个人慈善捐赠、规范慈善组织行为、保证慈善组织的公信力。[2]

四、“互联网金融 + 公益”相关法律规制

基于对“蚂蚁森林”公益项目的性质界定、公益活动具体实施状况,“互联网金融 + 公益”作为一种新生事物,从互联网空间走向现实世界如何适应现行相关法律制度成为目前面临的首要问题。在现有的法律制度体系下,尚未有针对性、特定性的专门法律来规范此类公益模式,而又需要解决其法律调整缺失问题,就必须解释适用现行相关法律制度加以规范。

在实地调查后,本文将对甘肃省武威市民勤县的“蚂蚁森林”公益模式进行具体剖析,并根据现行法律解释适用,以达到将其纳入已有规范体系并对规范调整缺失部分进行完善的目的。

(一)界定合同性质

1. 蚂蚁金服与基金会——捐赠合同

“蚂蚁森林”与基金会之间成立的是公益捐赠法律关系,其签订的协议应是捐赠协议。公益捐赠既不是单方行为,也不是赠与,公益捐赠就是公益捐赠,是一类独立

---

[1] Lee Sang Heui, D. Dewester, S. R. Park, “Web 2.0 and Opportunities for Small Businesses”, Service Business, 2008, 2(4): 335 - 345.

[2] 资料来源:https://greatnonprofits.org/org/national-charities-information-bureau,最后访问日期:2018 年 5 月 15 日。

的法律关系。[1] 如果通过红十字会、慈善机构、基金会、学校、医院等社会公益中间机构来捐献,那就是公益捐赠,适用我国《公益事业捐赠法》的调整。蚂蚁金服通过中国绿化基金会实施了捐赠行为。慈善组织接受捐赠,捐赠人要求签订书面捐赠协议的,慈善组织应当与捐赠人签订书面捐赠协议。[2]

从法律关系的主体角度来看,公益捐赠的主体一般有三方,包括捐赠方、受赠方和受益方。也就是说受赠方与受益方不是同一个主体,是一个由三方主体形成的法律关系。结合“蚂蚁森林”公益模式,捐赠方为蚂蚁金服,受赠方为中国绿化基金会,受益方为甘肃省武威市民勤县。

从法律关系的内容来看,在公益捐赠中,由于受赠方不是受益方,其接受财产的法律性质是受赠与方的委托替受益方接受,其对受赠财产的处分必须基于受益方的利益,在赠与方的意图范围内进行有限的支配,不享有独立、充分的处分权。我国相关法律明文规定,捐赠方可与受赠方就捐赠的具体内容在协议中进行约定,这不但体现了意思自治,还充分保障了捐赠方的意愿。例如,书面捐赠协议包括捐赠人和慈善组织名称,捐赠财产的种类、数量、质量、用途、交付时间等内容。[3] 捐赠人可以与受赠人就捐赠财产的种类、质量、数量和用途等内容订立捐赠协议。捐赠人有权决定捐赠的数量、用途和方式。[4]

在实地考察中了解到,民勤县林业局是从2017年开始接触“蚂蚁森林”植树造林项目,主要职能是作为蚂蚁金服和中国绿色基金会与实施单位的中介。造林季节主要是3~4月这两个月,除非有特殊情况要求必须种植外,在秋天一般不会种。秋天种下的树的成活率不是很高,大概只有40%~50%,这种情况下是需要在春天大量补种的。因为根据相关要求,植树造林的树木成活率一般要达到80%~90%,所以造林的季节性比较强。

“除非有特殊情况要求必须种植”,这个“特殊情况”值得思考。是因为线上种植的树木过多,因而在开春来不及种完?还是因为要进行航拍、卫星拍照等留下图像资料,从而上传到“蚂蚁森林”客户端的需要?如果是前述两种原因,是否能够与内蒙古、新疆等地区的公益林相协调,将超出种植数量规划的树苗进行统一合理分配?既然秋季在民勤地区种树的成活率很低,且大多需要在开春后进行补种,这是否是对资金的浪费?“蚂蚁森林”和基金会可在聘请专家对这些问题进行评估后,在捐赠协议中对具体事项和内容进行约定,如如何确保树木种植的质与量,线下部分

---

〔1〕 参见梁知博:《浅析公益捐赠的法律规范问题》,载法律快车:http://www.lawtime.cn/info/minshi/msslunwen/2011083150599.html,最后访问日期:2018年5月11日。

〔2〕 参见我国《慈善法》第39条。

〔3〕 同上。

〔4〕 参见我国《公益事业捐赠法》第12条。

的实施方依何种标准确定等,以此更好地推进“蚂蚁森林”公益目的的实现。

2. 基金会与实施单位——委托合同

受托方实施单位为委托方基金会办理线下种植树木的委托事务,委托方基金会支付约定报酬,这显然成立了委托法律关系,基金会与实施单位之间签订的是树木种植委托合同。

受托方处理事务,除法律另有规定外,不是以自己的名义和费用,而是以委托方的名义和费用进行的,委托合同的受托方处理受托事务的后果,直接归委托方承受。经实地调查后证实,受托方实施单位是以中国绿化基金会的名义进行树木种植,从“蚂蚁森林”客户端所授予用户的证书中也能够看到,“该树木已被中国绿化基金会认领”。

3. 基金会、实施单位、政府——混合合同

中国绿化基金会与“蚂蚁森林”第二批项目7家实施单位、当地林业管理监管单位签订了三方项目实施协议。[1] 此种合同并不属于我国合同法中规定的15种类型,但从其签订主体能够推知该合同包含的内容是几个有名合同内容的综合合同,如前述已经分析过的基金会与实施单位之间的委托关系等,故其为无名合同中的混合合同。

基于有政府作为主体参与,且公益种植树木的行为涉及公共利益,在此将行政合同也纳入讨论范围。在行政合同中,行政主体并非以民事法人的身份而是行政主体的身份与行政相对人订立关于民事权利义务的协议,以合同的方式来达到维护与增进公共利益的目的。[2] 政府在此三方协议中作为监管方参与进来,其性质属于以行政主体的身份与行政相对人基金会和实施单位订立关于民事权利义务的协议。

由于我国合同法没有规定民事合同与行政合同不能形成于一个混合合同,因此,基金会、实施单位和政府之间签订的三方协议,本文中将其定性为包含有委托合同、行政合同的无名合同中的混合合同。

(二)明确监管事项

1. 捐赠人监督

捐助人就是向捐助法人无偿实施捐助行为的主体。[3] 《民法总则》赋予了捐助人以下三项对捐助法人(基金会)进行监督的权利:一是查询捐助财产的使用、管理

---

〔1〕 参见《中国绿化基金会“蚂蚁森林”项目实施签约仪式在京举行》,载中国绿化基金会:http://www.cgf.org.cn/dongtai/dt_detail.asp? id=840,最后访问日期:2018年5月11日。

〔2〕 参见《行政合同》,载360百科:https://baike.so.com/doc/5417772-5655920.html,最后访问日期:2018年5月11日。

〔3〕 参见王利明:《民法总则》,中国人民大学出版社2017年版,第200页。

情况。[1] 二是提出意见和建议，以使捐助财产的使用更符合捐助人事先确定的目的。即使财产已经捐助，捐助人对财产的使用和管理有权提出意见和建议。三是请求人民法院撤销捐助法人的违法决定。[2] 但捐助人行使该项权利，必须符合一定条件。捐助人所实施的捐助行为是以设立捐助法人为目的；捐赠人是在捐助法人设立之后向其实施捐助行为。两者在本质上是有区别的，但可以依据现行法律解释适用，与捐赠人最为相近的规范就是对捐助人所赋予的权利，故可以在特别法我国《慈善法》第42条规定："慈善组织违反捐赠协议约定的用途，滥用捐赠财产的，捐赠人有权要求其改正。"在没有规定具体如何实施捐赠人权利方式的情况下，适用我国《民法总则》对捐助人的相关权利赋予的规范来调整捐助人的权利义务，给予捐赠人以捐助人相同的监督权利，相当于一个兜底性方式。

捐赠人捐赠财产兴建公益事业工程项目，应当与受赠人订立捐赠协议，对工程项目的资金、建设、管理和使用作出约定；捐赠的公益事业工程项目由受赠单位按照国家有关规定办理项目审批手续，并组织施工或者由受赠人和捐赠人共同组织施工；工程质量应当符合国家质量标准；捐赠的公益事业工程项目竣工后，受赠单位应当将工程建设、建设资金的使用和工程质量验收情况向捐赠人通报。[3]

"蚂蚁森林"是蚂蚁金服基于植树造林目的向中国绿化基金会捐赠特定款项后，由中国绿化基金会线下组织实施。该种方式不同于以前公益捐赠目的，其具有长期性、稳定性和发展性等特点。蚂蚁金服不仅是捐赠一两笔款项，而且是为了实现"蚂蚁森林"的种植目的长期进行捐赠，这种捐赠行为在一定意义上与公益事业工程具有相同的性质，即为了公益目的由捐赠人向受赠人捐助财产，由受赠单位按照国家有关规定办理项目审批手续，并组织施工。因此，本文将"蚂蚁森林"界定为一种公益事业工程，那么蚂蚁金服作为捐赠人，其完全可以行使公益事业工程项目捐赠人相同监督权利的内容。

综上所述，蚂蚁金服与基金会在捐赠协议中约定相关事项后，其还可以在基金会对该笔款项的实行过程中进行监督，以确保实现捐赠人的捐赠目的，防止专款滥用。受赠人与捐赠人订立了捐赠协议的，应当按照协议约定的用途使用捐赠财产，不得擅自改变捐赠财产的用途，如果确需改变用途的，应当征得捐赠人的同意。[4]

2. 政府部门监管

我国《民法总则》第94条规定："捐助法人的决策机构、执行机构或者法定代表人作出决定的程序违反法律、行政法规、法人章程，或者决定内容违反法人章程的，

---

〔1〕 参见我国《民法总则》第94条。

〔2〕 同上。

〔3〕 参见我国《公益事业捐赠法》第13条。

〔4〕 参见我国《公益事业捐赠法》第18条。

捐助人等利害关系人或者主管机关可以请求人民法院撤销该决定,但是捐助法人依据该决定与善意相对人形成的民事法律关系不受影响。”由此可知,主管机关可以作为监管单位对捐助法人(基金会)的决定进行监督。受赠人每年度应当向政府有关部门报告受赠财产的使用、管理情况,接受监督。必要时,政府有关部门可以对其财务进行审计。[1] 前述已论证过将“蚂蚁森林”公益项目看作公益事业工程项目,受我国《公益事业捐赠法》相关规范调整,此处不再赘述。在基金会、实施单位和政府签订的三方协议中,应当对政府如何进行监管作出约定,即使没有相关约定,此项法律规范也属于强行性规范,可以直接援用。

3.社会公众监督

“蚂蚁森林”项目将互联网金融与环境公益相结合,推动了绿色金融进入了一个新的时期。虽然互联网“线上种树”已成为人们热议的话题,但是在实施过程中是否像蚂蚁金服官方宣传的那样仍有待考证,以及相关制度的配套措施是否完善也还未披露。现阶段相关的公示措施主要是在“蚂蚁森林”客户端查看线下种植区的航拍视频和卫星地图;组织部分用户实地进行考察;通过微博平台对种植中遇到的难题等相关情况公布。

对于蚂蚁金服来说,“蚂蚁森林”可能只是其企业推广的一部分,但是对于广大的西北部沙漠地区来说,这个项目意义重大。笔者在对甘肃省武威市民勤县实地调查过程中了解到,“蚂蚁森林”作为一个新兴项目,无论是武威市政府林业局还是当地民营企业还处于探索阶段,对项目相关的制度和配套措施还不甚完善。

受赠人应当公开接受捐赠的情况和受赠财产的使用、管理情况,接受社会监督。[2] 我国现行法律虽然明确了基金会应当接受社会监督,但却没有规定公众如何去进行监督,本文提出以下两点建议:

一是完善社会公示制度。“公民、法人和其他组织依法享有获取环境信息、参与和监督环境保护的权利。各级人民政府环境保护主管部门和其他负有环境保护监督管理职责的部门,应当依法公开环境信息、完善公众参与程序,为公民、法人和其他组织参与和监督环境保护提供便利。”[3]将对实施单位参与公开招标的相关材料予以公开(除涉及国家秘密、商业秘密的部分),如植树造林计划、每一阶段的实施情况、参与种植的民营企业名单、项目合同内容、资金利用情况等,不仅体现了公众参与环境保护的原则,而且发挥了公众监督的作用,使项目在更具有规范性和可操作性的同时,提升了公众对项目的信任度。

二是拓宽公众反馈渠道。“公民、法人和其他组织发现任何单位和个人有污染

---

[1] 参见我国《公益事业捐赠法》第20条。

[2] 参见我国《公益事业捐赠法》第22条。

[3] 参见我国《环境保护法》第53条。

环境和破坏生态行为的,有权向环境保护主管部门或者其他负有环境保护监督管理职责的部门举报。公民、法人和其他组织发现地方各级人民政府、县级以上人民政府环境保护主管部门和其他负有环境保护监督管理职责的部门不依法履行职责的,有权向其上级机关或者监察机关举报。"[1]充分调动人民群众的积极性,对此项目全过程进行监督后,更重要的是打开数条反馈通道,让老百姓的监督能够发挥实际作用,而不是流于形式。

(三)划分利益归属

笔者在实地调查中了解到,目前还没有明确"蚂蚁森林"种植树木的权益归属,对此,现有三种主流意见:一是属于蚂蚁金服和线上用户共同所有;二是属于基金会所有;三是应当归国家所有,即既然是在国家所有的土地上种植树木,那么国有土地上的附着物当然归国家所有。

1. 归属不同主体的利弊分析

(1)所有权归蚂蚁金服

支持此种观点的理由主要是考虑到树木养护的资金来源问题。笔者在实地调查中了解到,树木种植前期由实施单位负责养护,养护资金由蚂蚁金服捐助给基金会,在树木养护至两年后,将其养护权转交至政府部门(林业局)。如果树木所有权归蚂蚁金服所有,那么后期的养护费用也将继续由其支付。

但这种模式将会带来一个很大的问题,即如果所有权归蚂蚁金服所有,那么是否为表面公益、实际谋取私利?利用公益减免税收的优惠政策的同时,不但得到了极高的社会信誉,还拥有在国有土地上所种植树木及其孳息的所有权。但这种情况是不会出现的,因为"捐赠人与慈善组织约定捐赠财产的用途和受益人时,不得指定捐赠人的利害关系人作为受益人"。[2] 此条规定为法律强行性规范,有效避免了上述情况的出现,故此种观点并无任何法律上的依据。

(2)所有权归基金会

提出此种观点主要是基于贯彻公益性的考虑,便于对树木及其孳息的有效循环利用,更好地实现公益目的。但是资金来源是很大的问题,除此之外,还存在基金会是否有如此多数量的工作人员去进行实地管理,这些人员是否具有相关的专业性等诸多问题。

(3)所有权归国家

此为笔者所持观点。在树木养护到第2年后,实施单位要将养护权转交给政府,树木种植的土地为原本规划为林场的土地和国有未利用地,且由前述蚂蚁金服与基金会订立的分批种植协议,可以推知蚂蚁金服所捐助的资金并不包括后期的养

[1] 参见我国《环境保护法》第57条。

[2] 参见我国《慈善法》第40条。

护费用。

如果所有权归属于国家,那么养护资金来源、管理养护人员的专业性、树木及其孳息的循环利用等方面都得到了保障,可以由国有林场进行树木后期的养护管理工作,国家财政拨款,聘请专家对树木的循环利用情况评估等,但我国现行法律没有提供明确的法律依据。

2. 所有权归属国家的法律依据

(1)解释适用占有的权利推定

占有的权利推定是指占有人主张其对占有的动产享有某种以占有为内容的物权的,推定占有人享有该物权。系一种证明规则,旨在通过减轻动产占有人的证明责任,来保护动产占有人,推定自主占有人随着占有的取得而取得所占有之动产的所有权。

此处引用该法律规范旨在为树木与土地分离成为动产后的所有权归属提供法律依据,但其局限之处在于不能类推适用于树木作为不动产时的权利归属。

(2)解释适用从物随主物归属

所谓主物是指能够独立发挥效用的物,也就是说主物要发挥自己的效用,不需要借助于从物,只需要依靠自己就足以发挥效用。[1]

所谓从物是指非主物的组成部分而附着于主物,并且对主物发挥辅助效用的物。[2]

在我国,不动产亦可为从物,如(作为偏房的)厨房、(房屋之外独立的)厕所、猪圈、(无独立产权证的)车库、(无独立产权证的)地下室、(无独立产权证的)阁楼属于房屋的从物。

根据我国台湾地区的相关规定,非主物之成分,常助主物之效用,而同属于一人者,为从物。由此可知,从物的要件主要有以下四点:

一是从物非主物之成分。[3] 因为从物如果是主物的成分,则无论它是物的重要成分还是非重要成分,均被包含于主物而成为一个物,则不可能有主物和从物这两个独立的物存在。树木并非土地之成分,两者为两个独立的物。

二是常助主物之效用。[4] 所谓常助主物的效用,就是说非临时性的补助主物之经济目的而言。故从物与主物长久地具有功能性的关联,从而才居于从属关系。树木长期生长在土地上,并且有助于土地发挥其经济价值。

---

〔1〕 参见孙宪忠:《中国物权法总论》,法律出版社2003年版。

〔2〕 同上。

〔3〕 参见王泽鉴:《民法总则》,中国政法大学出版社2001年版。

〔4〕 同上。

三是从物与主物同属于一个人。[1] 也有学者将此项要件作为主观的关系。[2] 日本的民法、韩国的民法等均承认此项要件，而德国民法、法国民法和瑞士民法均不以从物与主物同属于一个所有人为要件。我国不承认此构成要件，故在此不作分析。

四是须交易上没有特别习惯。[3] 如手机与手机壳、钥匙与钥匙链、眼镜和眼镜盒均具有主物与从物的关系，而汽车的发动机、房屋的门窗则均不认为其为从物。

处于生长阶段的树木属于不动产，且依附于土地（主物），对土地发挥辅助效用，其固然也可以适用我国《物权法》关于主物和从物的相关规范。主物转让的，从物随主物转让，但当事人另有约定的除外。[4] 也就是说，主物与从物在对外关系上是一体的。在此处也可以类推适用内蒙古地区的“蚂蚁森林”项目树木的所有权归属，“树木种在牧民的土地，所有权当然也归属牧民”，[5] 那么树木种在国有土地上，所有权也归属国家，这也是适用主物和从物相关规范的体现。

五、结语

本文立足于当下新兴金融产品支付宝中“蚂蚁森林”公益项目，结合实践，总结出“蚂蚁森林”公益模式的运行方式，创新性地定义出一种新型公益模式——“非捐赠型公益”。通过对传统公益、“互联网＋公益”和“互联网金融＋公益”三者在性质，资金筹集方式及具体实施方面的比较分析，突出了“互联网金融＋公益”模式的创新性及优势。

基于“蚂蚁森林”模式在不同地区实施过程中遇到的问题具有地域性特征，故本文只针对甘肃省武威市民勤县的具体情况来进行相关法律思考分析，从现行法律解释适用，分别从界定合同性质、明确监管事项、划分利益归属三大方面进行细致剖析，以达到将其纳入已有规范体系并对规范调整缺失部分进行规制目的。

社会发展必然快于法律规范，在运用现行法律解释适用对“蚂蚁森林”公益模式进行调整之后，相信“互联网金融＋公益”的发展必然会愈加繁荣。

---

〔1〕 参见王泽鉴：《民法总则》，中国政法大学出版社2001年版。

〔2〕 参见史尚宽：《民法总论》，中国政法大学出版社2000年版。

〔3〕 参见王泽鉴：《民法总则》，中国政法大学出版社2001年版。

〔4〕 《中华人民共和国物权法》第115条。

〔5〕 蚂蚁金服客户中心：《蚂蚁森林的树，属于我么，我能砍了么？》，载知乎：https://www.zhihu.com/question/60560609，最后访问日期：2018年5月12日。

浅析互联网金融平台类资产证券化监管的法律问题

张瀛舟*

近年来,互联网金融平台(以下简称互金平台)上出现了大量不属于我国法定资产证券化类型的类资产证券化(以下简称类ABS)产品。在网络借贷信息中介平台(以下简称P2P平台)上的这些产品已经被禁止,但是对于其他平台上的产品至今却缺乏具体的监管措施。

本文主要以实证研究的方法,对多个该类典型产品与监管实践进行分析,并与法定企业资产证券化进行比较,总结产品与监管中的主要问题。本文进而分析该类产品的实质为证券,且具有如成本较低、快捷、适合个人投资者及主体信用较低的原始权益人等价值,因此提出对该类产品的法律监管应当以金融效率为优先,通过市场竞争机制及适度的监管引导如通过重视信息披露等,在允许其继续发展创新的同时兼顾金融安全价值。

一、互金平台类ABS产品特点

本文将以近年实践中互金平台上出现的一些典型的类ABS产品为例,以产品页面的相关介绍及公开的相关合同等作为基础,并与场内企业资产证券化进行对比,分析该类产品在产品结构设计方面所具有的特点及发展趋势。

具体的典型产品包括但不限于百度理财平台的西安春禾资产管理有限公司资产收益权转让产品(以下简称百度理财产品)、网金社平台的来分期实物抚州小贷资产权益转让产品(以下简称来分期)、人人贷平台的安心盈产品(以下简称安心盈)、开鑫金服平台中的鑫财富产品(以下简称鑫财富)、凤凰金融中的凤溢盈产品(以下简称凤溢盈)、PPmoney平台中的安稳盈产品(以下简称安稳盈)以及乐视金融的乐享其成产品(以下简称乐享其成)等。这些产品均来自国内知名度较高的互金平台,且这些平台均有大量在结构设计方面极为相似的类ABS产品存在。在产品的时间跨度上,既存在处于发展较为初期的产品如2014年已经大量存在的安稳盈,也存在

* 上海通力律师事务所律师助理。

经过一定发展的产品如安心盈，以及经过2016年的整治期后的近期产品如来分期。

（一）交易主体要求较低

在投资者标准方面，起投金额较低，而合格投资者标准本身较低，且通常仅为名义标准。平台近年逐渐引入了合格投资者的概念与风险测试，也较大幅度地提高了起投金额，从以百元为单位上升至以普遍以万元为单位。不过这些所谓的合格投资者要求过于宽泛、缺乏量化标准，也基本没有实质性审查。而在企业资产证券化中，合格投资者标准参照私募基金标准，起投金额门槛为100万元人民币。

在原始权益人方面，不可否认的是，在互金平台进行类ABS融资的主体信用通常低于在场内发行资产证券化产品的企业。在现有的企业资产证券化实践中，能够在证券交易所发行产品的企业仍较少，在互联网金融领域中，仅有少数的企业如蚂蚁金融服务集团、京东金融集团及宜人贷等能够在场内发行。相对于场内企业资产证券化通常较低的募集金额和较高的利率，也从侧面体现出了这些主体融资的难度较场内企业资产证券化的原始权益人更大。不过近年来随着行业发展，互金平台上的原始权益人本身的主体实力也有所提升。如来分期中的原始权益人其背后就是趣店集团，而平台关联公司则可能有类似百度等庞大的集团支撑。近年来，互金平台上募集金额相对增加，而利率相对降低，甚至在利率方面能够接近于一些同期的场内资产证券化产品，这些都从侧面体现了原始权益人本身实力或者是基础资产价值的提升。当然，多数原始权益人本身的实力仍难以与蚂蚁金融服务集团这般估值已近千亿美元的主体比肩，且对于资金的渴求也更为强烈也仍是不争的事实。

（二）风险转移程度较低

在这些类ABS产品中，最基本的结构设计均是将基础资产本身或是基础资产的收益权转让给投资者，并由基础资产的原始权益人或者平台的关联公司将这些基础资产或是基础资产的收益权进行回购，并无独立的特殊目的载体设计。

若本身仅转让收益权而非基础资产本身，则基础资产仍属原始权益人或者平台关联公司所有，收益权的转让仅赋予了投资者与基础资产的所有者之间一种债权性质的权利，投资者通常难以直接向基础资产所涉的相对方主张权利。加之具体的基础资产在投资者投资之时不够清晰、透明，从而导致在平台仅作为信息中介而非直接购买基础资产之时，投资者或是平台等原始权益人以外的主体对于资产几乎没有任何的实际控制，较为容易出现基础资产现金流与原始权益人其他财产混同等情况。不过近年来由于监管要求，平台基本都有合作的资金存管银行，因此这方面的风险相对早期已经有所减低。从破产隔离的角度来看，若破产程序开始，由于基础资产的所有权仍属于原始权益人，这些基础资产应会被认定为破产财产的一部分。因此，对于投资者而言，这种结构设计无法使基础资产的风险与原始权益人完全隔离。

另外,对于原始权益人而言,这种结构设计也使其通常需要继续承担基础资产的风险。除了来分期的合同以外,在这些合同中所规定的回购义务即使有提及基础资产所得,却未将回购义务限制在基础资产所得范围内,因此即使基础资产出现了巨大的损失,就合同的角度而言,原始权益人等主体仍然有对主体其他部分所得等进行回购的义务。而纵使来分期的产品合同中列明了两个层次的还款来源,但是也未明确约定原始权益人仅有以基础资产所得进行兑付的义务,在实践中仍有要求以原始权益人其他资产进行兑付的可能性。此外,这类产品的增信措施相对较多且覆盖面较广,如原始权益人以其他资产或其所在集团进行无限责任担保较常见,导致风险隔离的效果进一步降低。如安稳盈在推出之时最大的卖点之一就是其所谓的"八重保障机制",其中就列明了一些增信措施如小额贷款公司的股东提供连带责任保证,平台关联公司提供担保,同时平台承担最后一层的补充担保责任。而在鑫财富中,与原始权益人实际控制人同为淮安市政府的淮安市淮阴区城市资产经营有限公司提供连带责任保证担保。一些产品如凤溢盈则只简单提及原始权益人所在集团即中南集团将提供兑付保障,也存在百度理财等并无明确约定任何增信措施的产品。

但是在百度理财产品、凤溢盈以及安稳盈等中,由于基础资产已经转让给了平台的关联公司,因此若转让真实,则基础资产的风险从原始权益人处转移,但是具体是否能够做到从基础资产原始权益人一方完成真正的风险转移仍然需要视乎原始权益人与平台关联公司之间的合同如何约定等。且即使这种风险能从原始权益人方转移,却将由平台或其关联公司承担相应风险。

在企业资产证券化中,虽然资产支持专项计划这一特殊目的载体本身的独立性仍然有一定的不确定性,但是基础资产需要被转移给资产支持专项计划这一与原始权益人相隔离的主体,并有专业机构作为管理人及提供中介服务,显然有助于增加其风险隔离程度。不过这并不代表企业资产证券化就达到了高度的风险隔离。根据第三方统计,自2016年至2017年7月,有35笔由原始权益人或其关联方承担了差额补足义务。〔1〕以最典型的增信措施之一的优次级结构为例,原始权益人通常认购10%以上的次级证券,仍然保留了一定的风险。而某些企业资产证券化产品的真实出售则更加存疑。如在"南山租赁一期资产支持专项计划"中,原始权益人出具了《回购承诺函》,南山集团为差额支付及回购提供流动性支持并提供担保,且资金不会直接打入专项计划的账户,而是先打入原始权益人的账户。不过在"京东金融—华泰资管保理合同债权资产支持专项计划"等项目中,没有规定追索权,优次级结构中原始权益人的持有比例也非常低,较为符合真实出售的标准。

〔1〕 参见张琦:《全面解析资产证券化对企业杠杆的影响(附案例)》,载 http://bond.jrj.com.cn/2017/08/28135523013225.shtml,最后访问日期:2018年4月4日。

总言之，企业资产证券化在风险隔离方面更为成熟，但是通常也无法做到理想的风险隔离。虽然互金平台的该类产品确实在风险隔离方面问题更为突出，但其中的差距可能并不如许多学者所想象的这般巨大。

（三）信息披露较少

即使投资合同在投资者和平台关联公司而非原始权益人间签订，这几个产品中的基础资产权益人的名称均可特定化。对于原始权益人的信息，部分平台只提供了名称，而更多平台则提供了法定代表人、注册资本、经营范围、联系方式以及实际控制人等信息。诚然，这些信息由于公示系统的存在等而易于获得，但是实际控制人等信息仍然帮助了非专业的投资者等作出更好的投资决策。

相对于原始权益人的信息，基础资产的信息则更不透明。如百度理财及风溢盈仅披露基础资产为债权资产，安心盈仅披露基础资产为融资租赁租金债权。这些描述难以使投资者对于基础资产进行了解。而乐享其成披露基础资产为原始权益人通过向债务人提供电子产品及服务所获得的应收账款，来分期则披露基础资产为发行人通过来分期平台和趣店平台为购物付款提供的小额贷款，并列举了 6 条标准。相对而言，这类描述能至少使投资者对于基础资产的类型有一定的认识。而相对完善的安稳盈提及基础资产为 4 笔未到期债权，借款本金余额约为 1270 万元，且提供了标的清单、支付转让价款的流水单以及原始权益人的小额贷款公司的股东会决议，不过原始的小额贷款合同等信息则并未公开。虽然存在产品上线之时基础资产尚未确定或因为募集规模而进行调整，甚至是循环购买等安排，但总体来说，这些产品仅大致描述了基础资产的类型以及预期的转让金额，信息披露程度较低。且由于不似在企业资产证券化中，缺少评级机构、会计师事务所、律师事务所等中介机构的介入，对于基础资产的真实有效性更难核实。而对于理想化的资产证券化而言，基础资产本身应当比原始权益人的主体信用等更为重要，[1] 因此这些平台的基础资产信息披露过少会降低投资者对于其真实性的认可，也使投资者不得不聚焦于原始权益人或是平台的主体信用而非基础资产，与理想的资产证券化的目的相悖。

而在其他方面的信息披露中，由于这类产品大量存在和地方金融交易所进行合作的情况，因此平台基本都会披露这些地方金融交易所的名称以及相关的公告。此外，这些平台基本均提供了增信措施的担保方名称等，而来分期还提供了增信函的扫描件。在产品相关协议方面，除风溢盈等产品在购买前仅可看到格式合同之外，大多数产品均提供了产品合同、产品说明书以及风险提示书等文件。

对于投资后的信息披露，进行详细规定的平台更少。其中，鑫财富以及来分期等的产品协议中约定了在重大事项发生时应当进行信息披露。而安心盈、百度理财

---

[1] 参见李健男：《次贷危机与资产证券化信息披露制度的重构》，载《时代法学》2011 年第 6 期。

等产品则引用了合作的地方金融资产交易所的信息披露规则,并且约定由这些交易所进行形式披露的督促等。其他一些产品则并无对于信息披露的专门约定。但即使有相关约定,平台本身或者地方金融资产交易所等也难以进行或约定不进行实质性的审核,且相关合同等均表明其对基础资产等的真实性不作出任何的保证。而不进行披露或者披露不实等的违约责任等后果也难以从产品协议等发现,实践中的效果存疑。

在企业资产证券化产品中,有些产品如宜人贷公开了成立公告、计划说明书、信用评级报告及风险揭示书等,而很多产品仅向大众公开了成立公告,而其他材料均属备查状态,不过这些备查的材料仍然是可以通过与管理人联络而获取的,对于机构投资者等而言并无太多障碍。而在具体披露的信息方面,在计划说明书中通常会详细描述资产支持专项计划的交易结构、基础资产的情况、相关主体如原始权益人等的业务经营和股东持股情况、资产与现金流的管理安排、原始权益人风险自留的情况、信息披露安排等。与互金平台上的产品相比,其信息披露的范围是更加丰富的,特别是其中的交易结构、基础资产情况以及相关主体的关联情况等能够帮助投资者更好地针对基础资产以及结构设计等进行判断,而非是仅仅根据主体的名称和非常模糊的基础资产信息,并依赖增信措施进行投资选择。

二、互金平台类ABS产品监管的总体缺失

(一)监管现况

1.互金平台及产品的监管

互金平台曾长期处于监管真空状态,随着一些社会影响恶劣的事件发生,互金平台的监管开始逐步被强调,但是至今仍缺乏一部专门用于规范互联网金融发展的层级较高的法律法规,[1]在一些适用于传统金融的法律法规如我国《证券法》中,也未将互联网金融领域的类ABS明确包含。

2015年7月18日的《关于促进互联网金融健康发展的指导意见》(以下简称《指导意见》)设定了功能监管的框架,但是并未明确列入类ABS,也未列出任何的具体措施。[2] 2016年4月12日《互联网金融风险专项整治工作实施方案》中再次强调了功能监管的框架并提及"P2P网络借贷平台和股权众筹平台未经批准不得从事资产管理、债权或股权转让、高风险证券市场配资等金融业务"及"不得将私募发行的多类金融产品通过打包、拆分等形式向公众销售"。我国在2016年8月17日发布的《网络借贷信息中介机构业务活动管理暂行办法》中,规定由国务院银行业监

---

〔1〕 参见宁夏兴业律师事务所:《互联网金融监管专题系列(一)——我国互联网金融监管模式》,载http://www.weixinso.com/document/BnanSc.html,最后访问日期:2018年4月4日。

〔2〕 参见尹海员、王盼盼:《我国互联网金融监管现状及体系构建》,载《财经科学》2015年第9期。

督管理机构及其派出机构负责制定P2P平台业务活动监督管理制度并实施行为监管,省级人民政府负责辖区内的机构监管,且明确规定这类机构不得从事或者接受委托从事类ABS业务等,并给出了一年的整改期。这一法规虽然层级较低,但是由中国人民银行、中国银监会、国家互联网信息办公室等10部门共同发布,因此在实践中得到了较为切实的执行。

2. 地方金融资产交易所的监管

根据近期发布的《中共中央关于服务实体经济、防控金融风险、深化金融改革的若干意见》(以下简称23号文),地方各类交易所等类金融机构的监管职能被划给地方政府的金融监管部门。2011年和2012年发布的《关于清理整顿各类交易场所切实防范金融风险的决定》和《关于清理整顿各类交易场所的实施意见》确立了交易所不得将任何权益拆分为均等份额公开发行,以及权益持有人累计不得超过200人等原则。而《关于对互联网平台与各类交易场所合作从事违法违规业务开展清理整顿的通知》(以下简称64号文),针对地方金融资产交易所及互金平台在类ABS等方面的合作,再次强调不得将任何权益拆分,并要求"严控增量,化解存量",体现了对于这一合作模式的明显否定。

(二)监管中的主要缺失

1. 监管主体不明

在实践中,地方金融办甚至是地方的消费者权益保护委员会等一直以来都是互联网金融平台主要的监管主体。23号文发布之后,地方金融监管部门也成为地方金融资产交易所的机构监管者。由于互联网金融类ABS基本均采用与金融资产交易所合作的模式,因此这对于监管主体明晰显然有所助益。但与此同时,对于其他类型的互金平台无论是从法律法规的层面还是实践中具体执行的层面,都仍然缺少相应的具体机制。而即使规定由地方金融相关部门作为所有互金平台的机构监管主体,但又难以确定该由何处的政府进行监管。如在钱宝网的例子中,监管职责该由地方金融办还是证监会等中央金融监管机构的某个部门承担并不明确,而由于区域性的监管,在注册地、实际经营地不一样的情况下,该由何地的金融监管部门来监管也陷入僵局。[1]

2. 以名义而非实质为标准监管

如上文所述,网络借贷信息中介机构从事类ABS的行为在2016年就被明确禁止了,且其一年的整改期也早已到期。从对于众多互金平台的类ABS产品的产品

---

〔1〕 参见李彦丽:《钱宝网披创新外衣钻监管空子,互金骗局为何难了?》,载http://finance.sina.com.cn/roll/2018-02-05/doc-ifyreyvz9106915.shtml,最后访问日期:2018年4月4日。

列表观察以及相关的报道来看,[1]现今在较为纯粹的 P2P 平台的类 ABS 已经较为罕见。但是整个互联网金融行业内却仍然不缺乏类 ABS 产品,且其中包含了百度理财等知名度高且实力雄厚的平台。这其中的一个突出问题是监管之时仅以名称监管,而非以行为实质进行监管。从实质而言,在其他互金平台所发布的类 ABS 产品与在 P2P 平台所发布的同类产品并无实质的区别,但是仅禁止后者。因此,当乐视金融被曝出乐享其成涉嫌违反类 ABS 产品监管之时,乐视金融方面回应称因乐视金融不是 P2P 平台,所以与相关监管要求没有直接关系。[2] 诚然,从字面来看,该解释确实合法,但是其自然会被质疑是通过逃避监管以套取"监管红利"。

3. 监管方式的极端性

如前所述,从监管真空至对于 P2P 平台的该类产品的"一刀切"禁止是较为突然的。此前,虽然行业内有过相关的传言等,但一直没有正式的规定文件对于类 ABS 产品进行一些监管的指导等。因此,突然的完全禁止对于当时大量开展类 ABS 业务甚至想直接转型做资产证券化平台的诸多平台产生了重大的影响。

有些学者可能会提及这些实践本来就游走于监管的红线内外,因此对于平台而言均有这类产品会被禁止的预期。诚然,对于变相拆分私募收益权以及信托受益权的产品而言,由于私募以及信托等行业本身有严格要求,对于平台而言这些产品的被禁止是可预期的,而监管部门在相关内容上的屡次表态和中国证券投资基金业协会发布的《私募投资基金募集行为监督管理办法》等也增加了该类产品被禁止的可预期性。但是对于整个互金类 ABS 产品而言,是否要严格遵守场内的资产证券化相关限制其实是并不明晰的,至少从字面看来,场内的相关规定并不能直接适用于互金平台的产品之上。而若辅以法不禁止则可为的思想进行推论,监管真空增加了实践的可想象空间也是合理的甚至是合法的。

另外,从监管实践的发展以及现状来看,监管的方式并没有根据互金平台的这些产品自身的突出特点,如其面向的投资群体的不同、其所服务的基础资产的原始权益人的层级的不同以及本身具有的互联网金融的优点如小额快捷等,给予针对性的监管,也似乎不曾明确区分其实质是属于理财产品还是属于证券而改变其监管方式,而更是因为一些个体性的事件等给予极端性的监管措施。

---

〔1〕 参见王海梅:《整顿来袭:46 家互金平台仍与金交所合作》,载 https://www.wdzj.com/news/yc/242947.html,最后访问日期:2018 年 4 月 4 日;傅苏颖:《多家平台已下架金交所产品,业内呼吁严苛监管》,载 https://www.wdzj.com/news/hangye/397350.html,最后访问日期:2018 年 4 月 4 日。

〔2〕 参见边万莉等:《乐视金融涉嫌违规发行类资产证券化产品,资产不透明》,载 http://finance.sina.com.cn/money/bank/bank_hydt/2017-09-06/doc-ifykpysa3546355.shtml,最后访问日期:2018 年 4 月 4 日。

三、互金平台类ABS产品实质及监管优先价值

(一)互金平台类ABS产品属于证券的一种

根据我国现行《证券法》规定,“在中华人民共和国境内,股票、公司债券和国务院依法认定的其他证券的发行和交易,适用本法”,证券的定义较为狭窄。而在2015年4月20日人大审议的《证券法》修订草案中,不仅明确列举了资产支持证券为证券的一种,并给出了一个较为广泛的一般定义即“本法所称证券是指代表特定的财产权益,可均分且可转让或者交易的凭证或者投资性合同”。[1] 但这一定义由于《证券法》的修改陷入停滞期而仍停留于草案中。

对于互金平台类ABS而言,除了P2P平台的禁止规定外,本身并无任何明确的监管规定,其自然无法被列入“国务院依法认定的其他证券”,而若其不被认定为资产证券化的一种类型,则即使根据修订草案中证券的定义,也难以直接落入列举的类型范畴。有学者提出短期内不应将互联网金融产品等纳入证券的定义,因为纳入证券定义“就必须配套相关的信息披露与发行监管措施,考虑到互联网金融产品的新兴性和复杂性,短期内实现配套规定难度较大”。[2] 诚然,我国现下没有对于类ABS的完善的监管制度,且真正要推出这般的制度可能需要较多的时间,但是这并不影响类ABS产品在理论上属于证券的一种,甚至是其在日后被纳入《证券法》的“证券”定义中。实质是否属于证券与有无具体的监管主体以及相应制度无关,与其发行主体等所存在的行业等也无关,也不应与法律中的定义直接画上等号,且如发行者不属证监会监管的证券公司等不代表产品本身不属于证券。正如某些学者所言,证券法的出现并不意味着之前的产品均非证券,而是更多地意味着“通过行政性监管机构的‘公共执法’模式的确立,以往通过法院的‘私人执法’模式不再是投资者权利救济的唯一渠道”。[3] 实质是否属于证券应取决于其是否具有证券所应有的性质,而证券与一般的债权转让的主要区分即在于其具有较高的流通性如可以较为便利地再次转让且人身依附性低,以及能够达到风险转移的效果[4]等。

而在互金平台类ABS中,虽然在二级市场转让方面仍通常限制于平台之内,但是将原有的基础资产进行打包甚至拆分并向200人以下的不特定投资者进行初始转让,并允许在平台上向不特定人进行二级转让等,已经足以证明其流动性远较通

---

〔1〕 参见朱锐、吴超:《〈证券法〉新政或将解放“股权众筹”》,载http://www.grandwaylaw.com/Content/2015/06-24/1031174361.html,最后访问日期:2018年4月4日。

〔2〕 参见吕成龙:《我国〈证券法〉需要什么样的证券定义》,载《政治与法律》2017年第2期。

〔3〕 参见黄韬:《私募投资基金立法的两个基础性问题》,载http://www.thepaper.cn/newsDetail_forward_1820731,最后访问日期:2018年4月4日。

〔4〕 参见郑观:《P2P平台债权拆分转让行为的合法性之辨》,载《法学》2017年第6期;李晓安等:《资产证券化与法律监管》,载《法律适用》2015年第4期。

常合同法下的债权转让为高,而人身依附性则很低。在风险转移方面,虽然受制于特殊目的载体等的缺失,难以做到完全的风险隔离,但是这并不是判断其是否是证券的决定性因素。如有学者言,"此种简化后的交易模式,并不能改变其发行证券化产品的本质属性",失去特殊目的载体这样的风险隔离机制,"仅是弱化了对投资者权益的保护,却并不影响投资人作为权利人的本质属性"。[1] 也有学者提出真实出售并非是资产证券化的本质特征,尤其是以未来现金流为支持的情况下实现完全隔离是不可能的,而这类产品所应着重考虑的是资产的特定化和现金流的稳定性。[2]即使现有的结构模式以回购为主,并且辅以较多的增信措施,但是仍然将部分基础资产的风险转移给了投资者,如一些产品合同中的明确约定、原始权益人因无法从基础资产中获得足够的收益进行回购等。因此,该类产品仍然具有这些证券的主要特征,且其也符合《证券法》修订草案中对于"证券"的定义。而一些国家如美国对于"证券"的定义则更加广泛如包含"投资合同"等。我国的互联网金融类 ABS 产品若是参考美国的 Howey 检验等,[3]则自然会落入"证券"的定义中。实际上,SEC 就曾将 P2P 平台上的借款凭证等定义为"证券化产品"。[4]

根据我国《证券公司及基金管理公司子公司资产证券化业务管理规定》,资产证券化被定义为"以基础资产所产生的现金流为偿付支持,通过结构化等方式进行信用增级,在此基础上发行资产支持证券的业务活动"。在美国的规则 AB 中,则将资产证券化定义为主要以特定资产的现金流支撑以在一定的期限内确保向证券的投资者偿付投资收益的产品。[5] 总言之,关于资产证券化的定义,其核心在于使原本流动性较低的基础资产获得流动性,并且以特定的基础资产所产生的现金流作为偿付投资收益的支持。虽然现有的互联网金融类 ABS 并不属于法定的类型之一,也还缺少规范的结构设计等,但是其仍然达到了使基础资产获得较高流动性,并且以基础资产获得的现金流为偿还投资收益的重要来源的目的,因此其至少已经具有了资产证券化的雏形。

---

〔1〕 参见郑观:《P2P 平台债权拆分转让行为的合法性之辨》,载《法学》2017 年第 6 期。

〔2〕 参见林华:《FinTech 与资产证券化》,中信出版社 2016 年版,第 171 页。

〔3〕 See SEC v. W. J. Howey Co. ,328 U. S. 293(1946). 转引自黄韬:《我国金融市场从"机构监管"到"功能监管"的法律路径——以金融理财产品监管规则的改进为中心》,载《法学》2011 年第 7 期。1946 年美国联邦最高法院在 SEC v. W. J. Howey 案中,提出判断一项合同是否构成了《证券法》所定义的"投资合同",应判断四个要素:(1)利用钱财进行投资;(2)投资于一个共同事业;(3)仅仅由于发起人或第三方的努力;(4)期望使自己获得利润。

〔4〕 See Administrative Proceeding File No. 3 – 1329,Release No. 8984 / November 24,2008.

〔5〕 See Regulation AB Form S – 3.

（二）监管中应以金融效率价值为优先

金融市场的效率、安全与公正是证券交易法律规制的基本导向。[1] 由于互联网金融的高速发展，金融市场经常出现市场失灵，[2]总是会出现政府干预过度或不及等问题。[3] 必须承认在现在的相关行业中，因处于法律灰色地带，一些产品为了追求高收益而游走于法律边缘，不可避免地导致泡沫的积累，[4]造成了监管者等对于金融安全方面的忧虑，也因此禁止了P2P平台类ABS业务，且近来对于互联网金融其他领域如现金贷等的监管也是日趋严厉。[5] 虽然对于其他互金平台的类ABS产品监管方式仍不明晰，但是以监管历史与趋势来看，仍有在未来“一刀切”禁止的可能。

但如果将该类产品视作一种证券而非理财产品，对于P2P平台该类产品的监管等显得过于偏向金融安全。有学者提出，由于我国现实国情和投资者风险零容忍度的心态，绝大多数互联网金融产品通常会保证投资者本金安全，使其模式设计看上去更似商业银行和信托等金融机构的产品。[6] 但与之相对，投资者风险零容忍度这种情况在股票市场等环境中却不再成为常态。究其背后成因，互金平台本身通过平台担保等方式导致投资者将其作为保本的理财产品等自然是原因之一，但是政府以类似银行理财产品的方式而非证券的方式对于互联网金融产品进行监管，并且在碰到e租宝等事件时也试图使平台等主体尽量进行刚性兑付也是重要的原因。如在64号文中专门提及了“可能影响社会稳定”，政府的这种考量就可见一斑。对于个人投资者而言，其风险承受能力可能确实相对机构投资者更低，且易于在出现平台危机时上门投诉、走访等造成重大的社会影响，但是若政府一直过于重视金融安全则会造成投资者继续保持保本的心态，与这类产品的实质即证券不相匹配。根据风险定价模型，既然投资者希望能够在互金平台上获得更高的回报，就理应承受更高的风险。当然，从近期的法规中，我们已经可以看到政府试图打破刚性兑付的潜规则，如禁止平台再以保本等进行宣传以及由平台进行担保等。其实互金平台本身的主体信用有限，即使有来自原始权益人或者第三方担保公司等的担保，对于投资者造成的保本确定性的印象也相对有限。特别是在经过多次互联网金融领域的相

---

〔1〕 参见粟明辉：《金融衍生品交易法律规制研究》，载《商业研究》2012年第8期。

〔2〕 参见王雅丽、毕乐强：《公共规制经济学》（第3版），清华大学出版社2011年版，第297页。

〔3〕 参见蓝寿荣：《试析美国金融危机中的政府行政干预》，载《太平洋学报》2011年第1期。

〔4〕 参见武长海：《论互联网背景下金融风险的衍变、特征与金融危机》，载《中国政法大学学报》2017年第6期。

〔5〕 如《关于规范整顿“现金贷”业务的通知》，互联网金融风险专项整治工作领导小组办公室、P2P网贷风险专项整治工作领导小组办公室于2017年12月1日印发并实施。

〔6〕 参见武长海：《论互联网背景下金融风险的衍变、特征与金融危机》，载《中国政法大学学报》2017年第6期。

关事件且平台也不再以保本进行主要宣传点等之后,在实践中已经对于投资者完成了一定程度的风险教育,不易为投资者造成刚性兑付的错觉,对于监管者以及投资者的心态转变打下了一定基础。

而当年禁止P2P平台的类ABS业务时,行业本身处于野蛮生长期,并出现了多个影响非常恶劣的社会事件,而又处于几乎零监管的状态。且类ABS等相关产品的实践也起步未久,在产品结构设计方面等仍在最初的探索期,如所谓的100元即可投资信托或私募基金产品等就风靡一时,[1]而PPmoney等平台的产品本身也存在平台资金池等问题。但经过了数年的实践发展,整个互联网金融行业包括类ABS等在产品的结构设计的合规性等方面比初期有了较大的提升,如在参与主体、增信措施等方面也呈现出向场内的资产证券化标准逐步靠拢的趋势。因为市场竞争机制的存在,许多互金平台自发地对于原始权益人等主体有了更高的要求,并且引入了金融资产交易所等主体以吸引投资者。在这种趋势下,市场竞争等自然会促进该类产品的金融安全的提升,而不需要监管者过于偏向该价值。

关于资产证券化相关的金融安全,有两个常被提及的观点。一个观点,在于连续的资产出表导致的杠杆过高问题。但是根据现在的监管要求,通过资产证券化进行资产出表已经很难,而通过类ABS要达到资产出表更是难以做到,因此不必担忧此点。另一个观点,在于资产证券化可能被认为会使原始权益人不再审慎,如小额贷款公司贷款完后可立即将资产卖给普通投资者。但是如果在信息披露完善等情况下,如果基础资产本身有问题,如坏账率过高等,则不会有投资者购买,因此原始权益人通常需要持续对基础资产进行比较良好的管理,以吸引本次的投资者和未来的投资者。并且在类ABS产品中,通常一个原始权益人会多次发行产品,而不是仅仅进行一次交易,即使原始权益人有卷款潜逃的想法,经过一定时间的优胜劣汰之后已经进入较为稳定时期的这些互金平台也可以起到"看门人"的作用。

此外,互金平台的这些实践是有场内的资产证券化中所不具有的价值的,而若是将金融安全价值置于金融效率价值之前,这些价值将会受到很大的减损。对于整个互联网金融领域,有的学者认为,互联网金融可以极大提高效率如加快信息传递速度、降低成本、挖掘广大低端消费群体,而若过度追求安全,则成本低廉等优势将会消失。[2]具体到类ABS方面,互金平台最重要的是能够使更多的企业获得成本合理的宝贵的融资渠道,也有能使个人投资者增加投资渠道等其他优点。我国现有的企业资产证券化门槛过高,一是仍然主体重于资产,与资产证券化本身理念不符;

---

[1] 如二手信托交易平台高搜易等就曾通过创设信托"收益权"这一概念代替"受益权",以规避法律法规中对于信托受益权拆分转让的限制性规定。

[2] 参见汪振江等:《互联网金融创新与法律监管》,载《兰州大学学报》(社会科学版)2014年第5期。

二是能进行证券化的都是优质资产,对于这些企业来说本身即可获得融资,导致了以基础资产为重的资产证券化丧失了意义。特别是在互联网金融领域,是否能够发行及证券的评级、利率等与企业本身的关系更加紧密,对于主体的要求也过高,如消费金融资产证券化刹车后,仅有蚂蚁金融服务集团等能够通过审批。根据我国现在的状况,小微企业受到传统金融覆盖率很低且短期内可能很难有实质性的改善,〔1〕若对于整个互联网金融领域的类 ABS 产品在短期甚至长期进行"一刀切"的禁止,会导致众多主体信用较低的企业如小微企业以及一些新兴产业的企业丧失一个宝贵的融资渠道,并非是最好的监管选择。此外,互金平台虽看似利率稍高,但是现时的融资成本却因原始权益人不需承担管理费等企业资产证券化的费用而更低。以"中金—蚂蚁小贷 2015 年第七期小额贷款资产支持专项计划"为例,其管理费、托管费、跟踪评级费、审计费等相关运作费用为 0.4%/年,基数为未偿本金规模;流动性支持费按照 2%/年计算,基数为优先级及次优级本金规模的 30%。因此,即使互金平台的募集利率看似较高,在综合了管理费等费用之后可能反而较场内的企业资产证券化为低。而即使引入平台作为管理人和第三方服务商等,其收费相对于一些传统的证券公司等仍是低廉很多的。因此即使是增加一些适度的监管要求,对于这些企业而言仍应可以承受的。另外,互金平台类 ABS 产品若能得到适当的监管,其小额、快速等特点都非常适合标准难以达到私募基金合格投资者标准等高门槛的个人投资者,在当下银行存款仍占主流的我国来说,对于这些投资者而言也是一个新的投资选择。若投资者的标准能够适当放宽,则可以增加融资的规模、降低利率,有助于降低企业的融资成本。

总言之,现今我国在互联网金融类 ABS 等领域的金融监管中过于偏重维护投资者权益。对于一个刚起步的行业,本就不应按照业已成熟的产品进行规范,而是可以依靠市场竞争机制和适度的监管以提高效率并鼓励创新。要求每一种新的产品、每一个人的融资都要获得监管许可并有完善的监管规则是不现实的。一方面,监管资源不够、效果难以保证;〔2〕另一方面,对于快速发展的事物本身就难以在初期就制定完善的规则以保证效率与安全的兼顾。在现在的风险社会中,对于仍处于发展期的互联网金融类 ABS 而言,监管部门应当给予一定的宽容度甚至试错期。正如有些学者所言,应当充分发挥市场的决定性作用,减少对民间金融的法律性制约,〔3〕监管部门在初期应更为包容。〔4〕

---

〔1〕 参见林华:《FinTech 与资产证券化》,中信出版社 2016 年版,第 7 页。

〔2〕 参见赵渊等:《论互联网金融监管》,载《法学评论》2014 年第 6 期。

〔3〕 参见蓝寿荣:《论金融法的市场适应性》,载《政法论丛》2017 年第 5 期。

〔4〕 参见李玫等:《我国 P2P 网络借贷的法律监管探究》,载《电子科技大学学报》(社会科学版)2017 年第 5 期。

当然,金融安全仍然是一个重要的政策目标,也是通过互联网为想要融资的企业和投资者两者提供一个程序相对简化,门槛较低的直接融资平台的必需。从实践来看,在信息披露等对于投资者权益保护的重要方面,行业的进步仍然有限,而由于个人投资者相对更难负担信息核实等成本,因此为了保障金融安全以及金融效率等价值目标的平衡,可以考虑在这些方面进行适度的监管引导,在市场竞争机制的基础上,引导行业成长与进化。

四、互金平台类 ABS 产品监管的具体问题及完善

(一)对交易主体要求或无或过高

在我国现有的监管中,其实并没有有关互金平台类 ABS 产品交易主体方面的正式监管标准,因此可以说无交易主体标准。此外,近年来的监管导向和对于地方交易所的相关规定中,对于该类产品的监管,特别是对于现在基本成惯例的与地方交易所的合作模式的监管中,长期将焦点放在交易主体方面,具体体现在:(1)要求人数严格遵守 200 人的限制;(2)达到场内资产证券化中的合格投资者标准;(3)提高起投金额,与场内资产证券化所要求的 100 万元人民币的门槛相靠拢。这些直接照搬了场内资产证券化的标准,与互金领域该类产品的特点并不吻合。

在互金平台上,合格投资者的标准宜适当放宽,而人数限制等也并不需要过于严格。所谓的合格投资者限制以及 200 人的人数限制,本身即来源于私募投资基金领域,而在公募基金中则无这般的限制。若要坚持 200 人的人数限制,则变成私募产品,无须过多程序等方面的限制,由交易主体之间相互协商即可。但是基于我国现行产品的实践,多数并不符合私募的特征,而机构之间的私募资产证券化近年虽已获得了一定的发展,但是短期内在本文重点的互金平台上发生的可能性不高。

其中,合格投资者标准的存在是为了达到保护投资者利益及降低企业融资成本的平衡,[1]其背后的理论基础在于对于风险承受能力、专业知识、信息获取能力及财力等较高等的投资者而言,其受到证券法保护的必要较低,[2]导致了信息披露的程度要求不再那么重要,而对于这类群体更多的是风险自负及政府的适度干预。当信息披露完善时,如在股票投资中,则不存在合格投资者的要求。与此同时,我国现有的资产证券化中的起投金额标准与合格投资者标准基本将个人投资者挡在了门外。但是在我国的资产证券化相关规定中本就存在较为详细的信息披露要求,尤其是其中所涉及的基础资产以及结构设计等内容如能如实公开,已经能够提供较完善的信息,并且为了信息披露所引入的中介机构等的成本以及实质上的审批制等已经

---

〔1〕 郭雳:《美国私募基金规范的发展及其启示》,载《环球法律评论》2009 年第 4 期。

〔2〕 参见黄韬:《私募投资基金立法的两个基础性问题》,载 http://www.thepaper.cn/newsDetail_forward_1820731,最后访问日期:2018 年 4 月 4 日。

与私募投资基金中降低企业融资成本以便利企业融资的本意有一定的冲突，而过于偏重对于金融安全的保护。[1] 类推在互联网金融类 ABS 中，其本身是在互金平台这一非常开放的平台进行融资，且现在各个平台的产品就已有了信息披露的一些自我要求、合格投资者的定性标准以及风险测试等，考虑到在这些平台融资的原始权益人本身很难在法定的资产证券化等渠道进行较高金额而较低利率的融资，监管中若维持这般的高标准将会导致投资者人数急剧下降，而使这些企业丧失这一融资渠道或者需要以远高的成本进行融资，使另一重要目标即便利企业融资被空置。

再论起投金额的限制，相较其他类似产品中的起投金额如银行的资管计划仅为 5 万元的起投金额，资产证券化中 100 万元的起投金额其实是过高的。实际上欧美多个国家如美国、英国等对于高净值个人或组织的界定都限定在对该个人或组织本身净资产的评定上，而不从出资金额的角度考量。[2] 由于个人投资者和机构投资者的风险承受能力不同，对于个人投资者而言，若是起投金额低并设定投资额度占资产比限制等可以起到降低投资者风险的目的，但是 100 万元的起投金额却仅能够起到提升投资者门槛的作用，反而因为过高的投资金额门槛增加了投资者的风险，从而不利于投资者利益的保护，也不利于企业的融资，因此起投金额的限制并非必要。

由于我国的互金平台现在基本都与各式的交易所进行合作，因此若将对交易所的监管要求严格执行，则作为之后转让环节的类 ABS 中也不得超过 200 人。而人数限制的存在本意是为了维持投资者与私募基金管理人等的信赖关系。[3] 但是对于互金平台该类产品而言，基本可在平台转让给非特定人，与私募投资基金及其他如公司非公开发行证券等有人数限制的情况有较大差异。国外中以美国为例，对于合格投资者的人数就没有限制，而是仅将其他类型投资者限定在了 35 人。[4] 因此，有的学者提出若是合格投资者，即应放宽人数限制。[5]

鉴于我国的实践特别是初期对于金融安全的考量，本文认为，可以设定一定的合格投资者标准，由平台或是合作的金融资产交易所等对于合格投资者的资质进行实质审查，并对投资者进行风险测试，但标准应该远低于现在的资产证券化中的标

---

〔1〕 参见闫夏秋：《股权众筹合格投资者制度立法理念矫正与法律进路》，载《现代经济探讨》2016 年第 4 期。

〔2〕 参见梁清华：《论我国合格投资者法律制度的完善——从法定条件到操作标准》，载《证券市场导报》2015 年第 2 期。

〔3〕 李惠：《走进私募基金》，经济科学出版社 2001 年版，第 90 页。

〔4〕 17 CFR 230.506(b).

〔5〕 参见梁清华：《美国私募注册豁免制度的演变及其启示——兼论中国合格投资者制度的构建》，载《法商研究》2013 年第 5 期。

准,具体可以考虑与个人的金融资产财富额[1]等挂钩。还可以在初期考虑引入投资限额制度,[2]防止自我保护能力较低的个人投资者投资过高等风险,并在投资者教育逐渐完成后放开限额。而在人数限制与起投金额方面,则可以考虑对合格投资者人数以及其起投金额不进行任何的限制。

(二)对于信息披露的忽视

如果能够形成较为完善的信息披露,有助于提升基础资产以及项目本身等的真实性。且相对于信息披露极有限的银行理财产品等,在互金平台上的主体信用较银行等远低,由于个人投资者的局限以及考虑到投资金额和信息核实成本之间的比例,提升主动信息披露的程度以帮助投资者进行理性的投资,对于保护投资者的利益是较为重要的,也能有助于降低禁止该类产品的必要,允许该类产品在竞争中发展。

在现在的产品实践中,信息披露确实是各平台相对忽视的一点,监管中也尚未对信息披露方面体现足够的重视。诚然,信息披露绝非是类ABS才存在的问题。由于资产证券化一般属于直接融资,金融机构只是起到了信息中介的作用,因此投资者本身需要承担很大的风险,信息披露的重要性就更为突出。[3] 虽然市场竞争等已推动近年的进步,并有理由期待会在未来进一步推进信息披露,但是这方面存在的问题仍较为明显。基于现状,为了能够在金融效率和金融安全中达到一定平衡,将信息披露作为监管的核心,并进行一定的监管引导应是适宜的。

其实对于互金平台而言,在信息披露方面是具有先天性的优势的。如平台作为管理人等时,平台可以直接在其网上公布相关内容,通过平台私信等方式及时传递信息,且平台通常有处理大数据的经验,因此即使所涉及的基础资产较多且涉及循环购买,仍然可以比较快速地进行处理并呈现给投资者,使信息得到更为及时的更新。而近年来区块链技术的产生以及资产证券化云服务商等的出现也为信息披露带来了新的可能性。如平台自身或者第三方服务商等利用区块链技术可以有效防止相关的基础资产信息被篡改,可以及时、方便地向投资者提供进行一定隐私化处理的基础资产如小额贷款的金额、期限等信息,也可以通过仅提供相应的密钥给潜在投资者等进一步减少隐私泄露以及商业竞争等问题。

对于具体提供的信息,有学者主张,信息不仅需要真实,且要使信息为一般投资

---

〔1〕 参见高如星、王敏祥:《美国证券法》,法律出版社2000年版,第273页。

〔2〕 参见闫夏秋:《股权众筹合格投资者制度立法理念矫正与法律进路》,载《现代经济探讨》2016年第4期。

〔3〕 参见黄韬:《中国互联网金融:市场、监管与法律》,载《东南大学学报》(哲学社会科学版)2017年第4期。

者所理解,[1]本文认为,所谓"过多的"信息披露并不会导致个人投资者在信息中迷失。从理论上而言,若投资者本身是理性的,则其自然可以对信息进行筛选,而信息较多并不会影响投资者对于其所认为的关键的、想要获知的信息进行分析的能力。从现实来看,股票等涉及的信息很复杂,但是普通投资者仍然被允许进行投资,其中的重要原因在于信息的披露已较为完善,而分析能力并不是限制投资者的标准,也并非是减少信息披露范围的理由。并且在现有的产品实践中,产品结构的复杂程度相对有限,因此即使是一般投资者也可以理解。在具体措施方面,由于互联网金融类 ABS 中基础资产而非主体为应有的重点,而实践中基础资产的公开信息较主体更少,因此宜提倡将信息披露聚焦于基础资产。另外,现在有些平台如凤凰金融等,要求投资之后才能获得较为完善的相关信息,但如果投资之后才能披露,对于投资本身难有助益,因此应要求平台在投资者投资之前就提供相关信息。

(三)不宜将真实出售作为现时监管重点

如前所述,该类产品实践与理想的资产证券化相比较之时,最突出的是未能做到真实出售,而其中的关键点就是缺少了特殊目的载体的设置以及增信措施仍然与发行人或其关联公司等过于密切。以理想的资产证券化标准来看,真实出售应当是现时对于该类产品监管的重点,而在资产证券化的实践中,监管机构也确实对于真实出售较为重视。如 2017 年中国证券投资基金业协会就以管理人未能阻止专项账户中资金混同等,而影响了专项计划资产的独立性为依据处罚了管理人。[2] 如何认定基础资产是否进行了真实出售非常复杂,这一方面已经有许多学者从国际条约及比较法等角度进行了探讨,总体而言应从风险转移及实际控制两方面判断真实出售,[3]其具体标准并非本文的探讨重点。

对于仍处发展较初期的互金平台类 ABS,监管机构若是以理想的资产证券化中的真实出售标准作为必须达到的标准,其实并不适宜。我国许多的场内企业资产证券化产品现在也无法达到真实出售的标准,很多产品存在关联性的增信措施,如差额补足等,且无法做到资产出表。而我国的互金平台产品近年来已经在风险隔离方面有所努力。而要突然放弃关联性的增信措施则因为其可能导致的对于投资者的吸引力降低等在短期内存在实践操作中的难度,对于投资者而言,无论是个人投资

---

〔1〕 参见李晓安等:《资产证券化与法律监管》,载《法律适用》2015 年第 4 期。

〔2〕 参见中国证券投资基金业协会:《纪律处分决定书(恒泰证券股份有限公司)》,载 http://www.amac.org.cn/xxgs/jlcf/392263.shtml,最后访问日期:2018 年 4 月 4 日。

〔3〕 参见许凌艳:《韩国〈资产流动化法〉评说》,载《社会科学》2010 年第 8 期;阳东辉:《我国音乐版权证券化的法律困境及其破解之道——基于美国经验的启示》,载《法商研究》2014 年第 1 期;陶海峰:《论版权证券化的风险隔离机制》,载《法学杂志》2015 年第 8 期;张春丽:《信贷资产证券化信息披露的法律进路》,载《法学》2015 年第 2 期;徐海燕等:《资产证券化中的超额担保制度研究》,载《法学论坛》2012 年第 1 期。

者还是机构投资者,都希望能有更多的增信措施来进行保障。相比完全禁止,不妨鼓励从由原始权益人直接全额担保等逐步变成其他有助于真实出售的措施,如第三方担保公司进行担保或优次级结构。

对于意图在互金平台上融资的企业以及投资者而言,从长远来看,真实出售对于双方均是有益的。否则这些产品将停留在以原始权益人或是平台的主体信用及覆盖极广的多层增信措施进行的担保融资为卖点的水平上,而又因互金平台上的主体信用等较之场内企业有先天性的不足,增信措施可能又难以由个人投资者等真正强制履行等问题,使互金平台的产品对风险投资偏好相对较低的投资者缺乏吸引力,进而使企业只能增加募集利率等,增加融资成本。

而特殊目的载体的引入则可以作为第一步。特殊目的载体最重要的是独立性。由于其本身通常不进行除资产证券化相关交易以外的活动,管理和控制也均委托他人进行,并不需要复杂的组织结构。为了达到破产隔离,并考虑税收等问题,特殊目的信托相对更为优越。对于原始权益人而言,信托可以有效做到风险隔离,且仅仅增加一层信托的设计也会使成本维持在较为可控的层面。对于投资者而言,相对于回购这种不稳定的结构,信托能够带来更高的确定性与可控制性。

诚然,真实出售、风险隔离等概念需要在这些产品中更深地被引入,但是本文认为,监管中也不宜因未达到真实出售标准而对于该类产品全盘否定,而是应给予发展的时间与空间,逐步引入真实出售即可。

(四)监管主体混乱

如前文所述,许多互金平台很多都在借助监管主体不明等盲目发展。而对于互金平台,无论是真正想要在平台上融资的企业还是投资者来说,都不希望在类ABS中再次重演e租宝等事件。因此,为了上文所述的适度监管引导,确定监管主体是必要的。我国《证券法》第6条表明了我国采用分业监管的体制。而现今的监管主体不明原因的核心就在于机构监管的不适应性以及中央及地方的冲突。

对于监管体制,主张从机构监管转向功能监管的学者占主流,[1]但具体措施上,有的学者坚持大金融一体化的监管体系,[2]有的学者认为功能监管强调的是以

---

〔1〕 参见黄韬:《我国金融市场从"机构监管"到"功能监管"的法律路径——以金融理财产品监管规则的改进为中心》,载《法学》2011年第7期;杨东、陆徐元:《我国金融业统合监管体制的实现路径分析》,载《社会科学研究》2000年第6期;杨东:《后金融危机时代金融统合法研究》,载《法学杂志》2010年第7期。

〔2〕 参见蓝寿荣:《论金融法的市场适应性》,载《政法论丛》2017年第5期。

不同的金融功能划分监管者权力，而非不同的金融机构，[1]并以英国金融服务局为例，[2]认为我国现今是监管者之间的联动机制而不是分业监管体制出了问题。[3]因此，有的学者认为，应由银监会、证监会联合管理而非设置全新的职能部门，[4]并且应当使监管机构协调职责法定化以提高监管机构协调的主动性；[5]而有的学者则认为，功能监管有其内在缺陷，应当引入矩阵方法，同时适用功能监管与机构监管；[6]也有的学者提出，在资产证券化中应运用不一样的监管体制，如建立统一信用平台进行信息监管。[7] 对于互联网金融，有的学者认为，互联网金融其本质是"金融而不是互联网"，只是在互联网上的延伸，[8]因此可以直接沿用同样的思路；也有学者认为，互联网金融的特殊性导致了统业监管和分业监管均不适宜，而应根据互联网金融的特性进行专业性的多中心化复合型监管、回应型监管。[9] 无论是建立一个统业监管的统一机构，还是仍保持现有的多机构分立等基础不变而只是增加沟通机制，抛弃单纯的机构监管并迈向功能监管仍是必需的，而具体的方式非本文的重点，并不详述。

如前所述，我国现有的互联网金融相关法规其实已经体现出了功能监管的框架，但在实践中却仍因为缺乏细则等导致功能监管并未真正落实，机构监管又无法完全实施，反而造成了更大的监管真空。在机构监管中，地方金融监管按属地监管，即按注册地为准进行监管，而互金平台却普遍跨地区经营，实际经营地和注册地也常存在分离的情况，因此监管难度很大。[10] 如前所述，该类产品仍属于证券的一种，因此根据原有的各机构的职责，在现行框架下则理应由证监会及其下属机构等监管，以证监会作为统一的上层监管主体也可以减少各地监管部门的冲突。在短期

---

〔1〕 参见黄韬：《我国金融市场从"机构监管"到"功能监管"的法律路径——以金融理财产品监管规则的改进为中心》，载《法学》2011年第7期。

〔2〕 参见约瑟夫·J、廖凡：《全球金融改革视角下的单一监管者模式：对英国FSA经验的评判性重估》，载《北大法律评论》第7卷第2辑。转引自肖韵：《中央金融监管冲突的法律规制研究——以资产证券化监管为分析样本》，载《西南民族大学学报》（人文社科版）2016年第8期。

〔3〕 参见沈伟：《风险回应型的金融法和金融规制——一个个面向金融市场的维度》，载《东方法学》2016年第2期。

〔4〕 参见李晓安等：《资产证券化与法律监管》，载《法律适用》2015年第4期。

〔5〕 参见肖韵：《中央金融监管冲突的法律规制研究——以资产证券化监管为分析样本》，载《西南民族大学学报》（人文社科版）2016年第8期。

〔6〕 参见姜立文：《金融功能监管模式新论》，载《华北金融》2008年第2期。

〔7〕 参见许多奇：《信息监管：我国信贷资产证券化监管之最优选择》，载《法学家》2011年第1期。

〔8〕 参见陶娅娜：《互联网金融发展研究》，载《金融发展评论》2013年第11期。

〔9〕 参见靳文辉：《互联网金融监管组织设计的原理及框架》，载《法学》2017年第4期。

〔10〕 参见财新网：《非法集资泛滥成灾地方监管能力告急》，载 http://finance.caixin.com/2018-01-21/101200678.html，最后访问日期：2018年4月4日。

内,可以确定由证监会等以监管法定的资产证券化或是其他证券的方式对于此类产品进行主要的监管。由于现有的互金平台仍主要由地方人民政府进行监管,因此需在地方和中央之间建立适当的沟通机制以逐步完成权力的过渡。而对于互金平台的类 ABS 产品或是其他产品可能涉及不同功能监管的部门,可通过已存在的国务院金融稳定发展委员会或互联网金融风险专项整治工作领导小组办公室等作为协调的桥梁。此外,还宜充分利用行业自律组织如全国以及各地的互联网金融协会等进行自律监管,作为补充。

五、结语

互金平台的类 ABS 产品从诞生之初便游走在监管的红线内外,其确实存在信息披露以及风险转移程度较低等问题,因此,对于金融安全特别是投资者权益保护方面的担忧也是可以理解的。但是"一刀切"的禁止并不必要,其中所存在的金融安全问题并未如想象这般巨大,且近年已经获得了长足的发展。凭借市场竞争机制和以金融效率价值为优先的监管引导,这类产品在合规性方面的发展进化是十分可期的。有理由相信在未来,这一类产品在可以为诸多难以通过现有常见的融资渠道进行充足融资的企业们一个较优越的融资渠道的同时,为投资者提供更多的保障。

广闻篇

中国金融消费纠纷解决机制的完善

——陕西省与台湾地区的比较

安嘉仪*

在金融事业快速发展、金融创新不断深化、金融产品日新月异的今天,金融消费者权益被侵害的情况普遍存在。信息不对称、缺乏立法保护、监管不到位等问题激化了金融消费者与金融机构之间的矛盾,纠纷数量日益增加,金融消费者维权难度大,严重影响了金融稳定和金融市场健康发展。自英国经济学家 Michael Taylor 1995 年提出著名的金融监管“双峰”理论(Twin Peaks)以来,[1]金融消费者保护已经和审慎监管并行成为监管机构的主要目标而被越来越多的国家和地区纳入金融监管规则的设计之中。对于金融消费者而言,权利受到侵害后的救济机制比监管者对于金融机构的事前监督显得更有价值与意义。[2] 金融非诉讼纠纷解决机制(ADR)作为一种由第三方主持并取得当事人合意的非诉纠纷解决机制,以其高效、便捷、低成本的制度优势,成为处理金融消费纠纷、维护金融消费者权益的主要途径。金融 ADR 在域外已发展得相当成熟,而我国尚未建立起一套普适的金融非诉讼纠纷解决机制。因此,如何通过完善金融消费纠纷解决机制来维护金融消费者权益已成为各界关注的问题。2011 年 6 月我国台湾地区颁布“金融消费者保护法”,2012 年 1 月以该“法”为基础设立了金融消费评议中心(Financial Ombudsman Institution,FOI),正式拥有了金融消费纠纷解决专门机构。我国台湾地区的相关规定及机构创设举措值得参考和借鉴。两岸同根同源,基于此,本文分析了我国现行金融消费者权益保护机制的不足,详细介绍了我国台湾地区金融消费评议中心的组织机构及争议处理流程,为如何在陕西省内完善金融消费纠纷解决机制提出了思考与建议。

---

* 中国人民银行西安分行营业管理部。

〔1〕 See Michael Taylor,“Twin Peaks:A Regulatory Structure for the New Century”,Center for the Study of Financial Innovation,London,December 1999.

〔2〕 参见宋清华、宋一程:《香港、台湾地区金融 ADR 的发展及对中国内地的借鉴》,载《武汉金融》2015 年第 7 期。

一、我国金融消费纠纷解决机制的现状及不足

(一)立法体系方面的缺陷

尚未出台金融消费者保护法。我国现行立法在金融消费者权益保护方面主要有两种表现:一是散见于《消费者权益保护法》《中国人民银行法》《商业银行法》《证券法》《保险法》《银行业监督管理法》等法律之中的有关金融消费者权益保护的相关内容;二是中国人民银行、证监会、银保监会等监管机构制定的相关规章制度。这种模式显然不能适应金融市场发展状况。主要表现在:

1. 金融消费者具有特殊性。金融消费者的消费行为具有一定的风险性,有别于为生活之需购买、使用商品或者接受服务的一般消费者。我国现行《消费者权益保护法》对金融消费者而言适用性不足,金融消费者在现行法律框架内身份不明,援引《消费者权益保护法》维护自身的权益受限。2013 年修订的《消费者权益保护法》第 2 条并未对 1993 年的旧法进行任何改动,对消费者的定义依旧是"为生活消费需要购买、使用商品或者接受服务"。当金融消费者依据《消费者权益保护法》维护自身权利时,"为生活消费需要"成为金融消费者身份识别时难以跨越的法律障碍。[1]法律自身的模糊性,增加了金融消费者维权时的不确定性风险。

2. 现行金融法律制度将国家对金融机构的监管作为基础,重点放置在如何强化金融机构外部监督机制和内部治理结构改革。[2] 我国金融监管的显著特征之一就是监管的主要目的在于维护金融机构与金融系统的稳定与安全,金融消费者只是附带受益。[3] 近年来,监管部门的理念正逐步发生转变。中国人民银行于 2012 年成立了金融消费权益保护局,并制定了《中国人民银行金融消费权益保护工作管理办法(试行)》(以下简称《管理办法》)和《中国人民银行金融消费者权益保护实施办法》(以下简称《实施办法》)。虽然加大了对金融消费者的重视程度和保护力度,但大多数规定仍停留在"原则性"规定层面,可操作性仍显不足。如《实施办法》第四章虽对金融消费者投诉的受理与处理进行了规定,但对金融消费者投诉处理的具体流程、处理结果的保障、投诉处理的时限等均未进行详细说明。

3. 分业经营、分业监管、分业立法的模式造成了监管漏洞与监管真空地带。许多金融创新的产物游离于监管之外,如 2017 年 9 月被中国人民银行等 7 部委紧急叫停的 ICO。我国已从"互联网 +"时代正式迈入金融科技时代,新型的金融商品与

---

〔1〕 参见黎四奇:《对我国金融领域消费者争端解决机制的检讨与反思》,载《政法论丛》2015 年第 6 期。

〔2〕 参见邱锦添、胡胜益、林克宪:《金融消费者保护法与案例解析》,台北,元照出版公司 2014 年版,第 92 页。

〔3〕 参见柴瑞娟:《监管沙箱的域外经验及其启示》,载《法学》2017 年第 8 期。

服务层出不穷，但由于法律规制的缺失，使金融消费者处于劣势且难以通过法律及制度维护自身权益。

（二）非诉讼解决机制滞后，尚未建立完善的金融 ADR 机制

金融 ADR 机制的缺位已经成为我国金融消费者权益保护立法滞后的突出表现。[1] 金融消费纠纷专业性强，对纠纷处理的效率也有很高的要求，我国现行的诉讼机制过于强调公平而忽视效率，不能适用于金融纠纷的解决。而我国现存的金融纠纷解决机制也存在较大问题：

一是金融机构内部投诉受理机制存在缺陷。我国多数金融机构将客户投诉作为制度建设的重点，如兴业银行 2016 年 12 月修订的《兴业银行零售客户投诉管理实施细则》中规定对于客户的投诉要进行管理、处理、跟踪、监督，逐个分析问题原因，提出整改计划和要求，并为客户投诉确定了“95561”电话渠道、网点渠道（网点现场、客户服务评价器、客户意见簿）、电子渠道（网上银行、手机银行、微信银行、微信公众号、自助银行）、信访渠道、舆情渠道等方式。但由于客户投诉均由机构内部解决，存有立场偏颇，故难以取信于消费者。就算处理结果达到了实质的公平，在形式上，也难免会在金融消费者心中留下是否公正的疑虑。金融机构内部争议处理机制不能真正取信于金融消费者也从另一个侧面说明，金融消费纠纷解决机制的构建，单纯依靠投诉处理这种模式远不能达到迅速有效、公平合理处理金融纠纷的效果，独立且中立的外部第三方机构作为纠纷调解的核心力量是确保金融消费纠纷解决机制正常、有序、高效运行的保障。[2]

二是外部投诉受理机制尚显不足。外部投诉受理机制主要由监管机构及金融行业协会的投诉处理机制构成。虽然上海成立了金融仲裁院、金融法院，各行业协会的投诉热线和上海等各地银监局牵头的金融消费者投诉处理工作联动机制得以初步构建，[3]“一行两会”也成立了金融消费者保护的内部机构，但作为监管机构对于金融消费纠纷的解决多采用行政方式，无论在效力还是效率方面均尚显不足。行业协会的纠纷处理以调解为主，此种投诉处理机制的出现虽然多样化了非诉解决途径，但效果不甚明显。原因在于：金融行业协会以促进成员集体利益为主要宗旨，纠纷解决只是其职能之一，在化解金融消费矛盾时作用不彰。[4] 此外，各投诉受理机

---

[1] 参见刘辉：《论我国金融 ADR 机制的完善——金融消费权益保护视阈下的考察》，载《海峡法学》2017 年第 3 期。

[2] 参见黎四奇：《对我国金融领域消费者争端解决机制的检讨与反思》，载《政法论丛》2015 年第 6 期。

[3] 参见杨东：《政府主导型金融申诉专员制度评介》，载《政法论坛》2013 年第 3 期。

[4] 参见樊永升、杨勇、王晓红：《探索我国金融消费类纠纷非诉讼解决的多元化模式》，载《北方金融》2015 年第 1 期。

制之间相互隔离,缺乏系统连接,难以妥善解决金融纠纷。[1]

二、陕西金融消费调解中心现状及存在问题

自 2013 年起,中国人民银行在上海、陕西、广东、黑龙江 4 省市开展省级金融消费纠纷 ADR 试点。按照中国人民银行关于开展金融消费纠纷非诉第三方调解组织试点工作的要求,陕西金融消费纠纷调解中心(以下简称调解中心)于 2015 年 6 月 30 日正式成立。调解中心的主要业务范围包括:(1)调解和评议金融消费纠纷;(2)协助金融机构处理投诉案件;(3)指导金融消费者依法维权;(4)开展金融消费权益保护领域的金融知识宣传、教育、培训、咨询、研究与交流。调解中心依据章程对成员金融机构与其客户之间的民事纠纷进行调查调解。截至 2018 年 3 月末,调解中心共有成员机构 90 余家,涵盖银行、证券、保险、信托、第三方支付、财务公司等。目前,调解中心拥有 5 名专职调解员和 89 名兼职调解员。截至 2018 年 3 月底,中心共受理投诉纠纷案件 96 起,成功调解 44 起,纠纷类型主要集中在银行卡盗刷、存取款纠纷、理财基金纠纷。调解中心尚处在发展初期,主要存在以下问题:

(一)调解案件来源较少

调解中心的角色定位是专门处理金融消费纠纷、服务金融消费者的第三方机构,但从成立至今受理案件数量不足 100 起,对比我国台湾地区评议中心的案件数量,调解案件数量严重不足。分析原因,主要有以下几点:

1. 由于缺少立法支持,调解中心这一“舶来品”在我国缺少法律根基与民众认可度,加之调解中心自身力量有限、宣传渠道狭窄,许多金融消费者并不知道这一专职纠纷处理机构的存在。

2. 目前,调解中心业务虽覆盖至全省 10 个地市,但并未将分中心下设至各地市,而是采取在各个地市设立联络员的形式,受理的投诉转至调解中心处理。这种形式上的覆盖并未能起到在陕西全省建立金融 ADR 机制的作用。

3. 中国人民银行与调解中心职责分工不清。中国人民银行的“12363”电话是对外公开的金融消费者投诉热线,金融消费者在遇到纠纷时习惯于选择“12363”投诉热线处理纠纷。而目前,中国人民银行与调解中心的衔接机制尚未建立,大量的金融消费争议不能直接从中国人民银行转至调解中心处理。

(二)人员数量严重不足且缺乏相应的专业背景。

FOS 人员一般分为内部行政人员、业务主管人员、纠纷调解人员。将陕西省的人员结构与我国台湾地区对比,就会发现人员数量严重不足这一现状,如表 1 所示。

---

[1] 参见宋清华、宋一程:《香港、台湾地区金融 ADR 的发展及对中国内地的借鉴》,载《武汉金融》2015 年第 7 期。

表1　FOS人员自足情况对比

机构	内部行政人员	业务主管人员	纠纷调解人员
中国台湾地区FOI	完全自足	完全自足	调解员完全自足
陕西省FOS	完全自足	完全自足	调解员均为兼职(视案件情况调解中心内部工作人员有时会担任案件调解员);评议员均为兼职

调解中心目前的人员构成如下:主任、副主任各1人,综合部2人,业务部4人。由于金融消费纠纷的特殊性,其调处需要很强的专业能力,这就要求调解员具备丰富的法律、金融方面的知识与经验。在调解中心6名专职工作人员中,1人为法律专业,2人为语言文学及新闻传播类专业,3人为会计及财务管理类专业。在从业经验方面,6名人员中,只有1人具有较强的会计从业经验,其余5人工作经验都在3年以下。[1] 无论是从人员数量还是专业匹配度上,都无法满足陕西省FOS的发展需求。

(三)调解程序有待完善

调解中心目前的调解程序分为调前调查、事实调查、在宣布调解结果三个部分。开始调解主要是核对人员身份及询问双方调解意愿和是否申请回避。事实调查分为申请人陈诉、被申请人陈诉、事实调查、背对背调解、拟定调解方案这五部分。在宣布调解结果阶段,共有三种情况:一是调解成功,签订《调解协议书》;二是调解中止,签署《中止小结》;三是调解失败,调解员出具《调解意见》,中心在5个工作日内将该意见送达双方当事人。上述调解程序只是对调解双方面对面调解时流程的规定,对于金融消费者从投诉到调解到出具调解协议的全流程尚未制订详细程序,关于从受理投诉开始到出具调解意见的整体期限也未进行明确规定。

(四)小额纠纷快速解决机制和诉调对接机制尚未全面建立

2017年11月21日调解中心与西安市新城区人民法院建立了诉调对接机制,调解中心出具的调解协议可以申请司法确认,法院也可以经当事人同意将争议案件委托调解中心处理。此外,调解中心建立了小额纠纷快速解决机制,根据该机制,金融在5000元以下的调解决议一经做出就对金融机构产生单方面的约束力。这两项机制的建立对于金融消费争议公平合理、迅速有效的解决具有重要意义。但遗憾的是,目前上述两项机制尚未完全发挥作用,现阶段,只有1家商业银行愿意受小额纠纷快速解决机制约束。

---

[1] 参见岳金禄:《论我国金融申诉专员机构员工的匹配性》,载《浙江金融》2017年第11期。

三、我国台湾地区金融消费评议中心的运作及其借鉴意义

(一)设立源起

在财团法人金融消费评议中心(以下简称评议中心)成立以前,我国台湾地区的金融消费纠纷调解机制是散见于各个单位的。与银行业相关的消费争议向银行公会、信托公会寻求救济。与保险业相关的消费争议若是非理赔争议向保险局申请,若是理赔争议则向财团法人保险事业发展中心申请。与证券业相关的消费争议有四种解决途径:一是向投信投顾公会投诉;二是向期货商公会投诉;三是反映至证券商公会,按照有价证券交易纠纷调处办法处理;四是团体诉讼诉至财团法人投资人及期货交易人保护中心。其他类型的金融纠纷向消保官、乡镇市调解委员会提起调解、仲裁、诉讼等。在这种机制之下,发生金融纠纷时由相关同业公会或周边单位处理,缺乏单一专责机构,不利于金融消费纠纷专业、快速、合理的解决。为了达到维护金融消费者权益、增强金融消费者对市场的信赖度以及促进金融市场健康有序发展的立法目标,我国台湾地区成立了评议中心这一由相关机构主导,以相关机构的资金、人事、业务领导等为支撑的专职负责金融消费纠纷解决的新机构。

(二)评议中心的法律地位和组织结构

评议中心是在我国台湾地区"金融消费者保护法"出台后,以其第13条第1款"为公平合理、迅速有效处理金融消费争议,以保护金融消费者权益,应依本'法'设立争议处理机构"为依据并由相关部门捐助设立的,属于"先立'法'、后组建"的模式。[1] 评议中心的成立是建立金融消费争议处理机制、落实强化金融消费者保护各项措施的重要举措。经过发展,形成了完善的金融消费争议处理体系和专业的调解员队伍,畅通了纠纷解决渠道。评议中心的组织架构由上至下分别为:董事会,董事长、评议委员会主任委员,总经理、副总经理、三业务处(评议处、管理处、教育宣导处)。其中,教育宣导处、管理处归属副总经理层级下,评议处是独立的业务处。

评议处是处理金融消费争议的核心部门,下设评议一组、评议二组、评议三组、申诉组、调处组,主要负责:(1)办理金融消费争议调解处理事宜;(2)协调金融服务业处理申诉事宜;(3)协助评议委员会处理评议事件的各项审查准备事宜;(4)制作及撰写各种评议相关文书;(5)办理评议书及卷证送请争议处理机构事务所所在地的管辖地方法院核可事宜。[2] 管理处分为行政组和财务组,主要负责评议中心内部人事、会计、总务、资讯等相关事宜,保障评议中心整体的正常运作。教育宣导处

---

〔1〕 宋清华、宋一程:《香港、台湾地区金融ADR的发展及对中国内地的借鉴》,载《武汉金融》2015年第7期。

〔2〕 参见孙天琦:《港台加拿大金融消费纠纷第三方调解机制及启示》,载《西部金融》2013年第8期。

下设教宣组、对外事务组、服务组,主要职能为:(1)提供金融消费争议相关事项的咨询服务;(2)办理金融教育的训练、宣导、研究与推广事项;(3)办理涉外业务的合作及交流相关事项。

(三)金融消费争议处理流程

评议中心处理金融消费争议需通过申诉前置程序。金融消费者应先向金融服务业者申诉,在申诉期间,评议中心会协调金融服务业处理申诉并提供咨询服务。金融服务业处理申诉并应于30日内将处理结果回复金融消费者,金融消费者不接受处理结果或金融服务业逾30日未回复处理结果的,金融消费者于60日内向评议中心申请评议。金融消费者向评议中心提出申请后,评议中心得试行调处,如果调处不成立或双方任何一方不愿接受调处,则进入预审环节。由3名以上评议委员进行预审出具审查意见报告并提送评议委员会做成评议决定。被申请人接受的评议决定将送至法院,法院进行司法确认后与判决具有相同效力。若申请人拒绝接受评议决定,则评议决定对金融服务业者不具有约束力,金融消费者可寻求其他救济途径。评议中心的案件从申诉到调处到评议至结案整个争议处理流程均由评议中心同一位专责人员负责服务,金融消费者针对申请案件有疑问时仅须向其案件专员询问即可得到答复。

(四)我国台湾地区金融消费纠纷解决机制的借鉴意义

评议中心的构建使有专职机构处理金融消费争议,为处于弱势的金融消费者提供了维权途径。其借鉴意义如下:一是评议专业化。评议中心评议委员均为具备相关专业知识或实务经验丰富的学者、专家、公正人士,保证了案件处理的专业性。二是案件处理的时效性。所有评议案件原则上自受理评议申请之日起3个月内做出决定,保证了纠纷处理的时效性。三是评议决定具有强制性。我国台湾地区金融消费纠纷解决机制是具有公信力的诉讼外替代性纠纷解决机制,其评议决定在法院核准后具有与判决相同的效力,对评议双方均具有约束力。自2012年1月2日正式受理业务以来,评议中心已成为我国台湾地区金融ADR机制的核心,截至2017年第4季度已累计受理24,428件申诉及12,299件评议。其职能定位已不单单是纠纷发生后处理金融消费争议的专职机构,还承担着教导金融服务业者及金融消费者的职责,协助金融消费主体建立正确的消费观念以及了解金融消费关系中的权利义务分配,有效减少金融消费争议的发生。

四、完善陕西省金融消费纠纷解决机制的建议

(一)加快金融消费者权益保护相关地方性法规的立法进程

法律法规及相关配套制度的建立,不仅可以为金融消费者维护自身权益提供法律上的保障,还可引导金融机构规范自身经营行为,保障金融市场整体健康发展。

然而,我国尚未建立健全金融消费者权益保护法律体系,陕西省金融消费者保护的地方性法规也尚未出台。为了弥补法律制度层面的空白,现阶段应尽快出台金融消费者权益保护、金融消费纠纷解决这两方面的地方性法规。首先应确定立法的原则,对于金融消费者保护的立法原则,理论界有“三原则说”和“四原则说”两种观点。“三原则说”认为,立法应贯彻对金融消费者倾斜保护原则、全面保护原则、适度保护原则;[1]“四原则说”认为,金融消费者保护应确立国家保护原则、社会保护原则、依据金融规律保护原则、信息公开原则。[2] “四原则说”具有以下优势:一是对于金融消费者需要在国家的支持下进行倾斜性保护,并由相应的政府机关承担消保职责;二是社会保护原则认为保护金融消费者权益是全社会的共同责任,除政府监督之外,还需社会舆论、行业协会等多方主体共同参与;三是依据金融规律保护原则认为,对金融消费者的保护应适度,必须遵守金融市场于长期发展中所形成的规律,对金融消费者的过度保护会扰乱市场的正常发展,应将有限的资源用到真正处于弱势地位的一方;四是强调金融机构的信息披露义务,便于金融消费者掌握更多信息,做出合理判断。建议陕西省制定地方性法规时可采“四原则说”为立法原则,建立一套金融服务、金融商品提供与消费规制法规,为所有金融商品与服务的提供者制订共同的行为准则,为金融消费者维护自身权益提供法律依据。

(二)多途径扩大调解中心案件来源

1. 拓展调解中心业务覆盖面。按照总行关于在省一级开展金融消费纠纷非诉第三方调解组织试点要求,将中心业务扩大至全省范围,充分发挥中心第三方调解机构的专业优势。[3] 与各地市中支合作建立分中心,专职负责各地市辖区内金融消费者纠纷调解工作,将调解中心的业务覆盖面辐射至全省。

2. 建立调解中心与中国人民银行的互通机制。在明确中国人民银行对调解中心指导作用的前提下,可由调解中心承担“12363”金融消费权益保护咨询投诉电话的运行维护工作。同时,建立金融消费者投诉案件登记管理系统,可由中心调解处理的直接进行移交,形成良性传导与互通。陕西省 FOS 在定分止争、保护金融消费者方面的作用仍停留在“调解效果”层面,以中国人民银行的监管力量作为威慑,可以巧妙地让金融机构自觉接受调解结果并履行相应义务。

(三)建立专业的调解员队伍

相比于传统的争端处理机制,金融申诉专员(FOS)制度具有以下优点:(1)具有较强的弹性和灵活性,可调节案件范围广泛,能为各类金融消费者提供全面的保护;

---

[1] 参见何颖:《论金融消费者保护的立法原则》,载《法学》2010 年第 2 期。

[2] 参见吴弘、徐振:《金融消费者保护的法理探析》,载《东方法学》2009 年第 5 期。

[3] 参见邱锦添、胡胜益、林克宪:《金融消费者保护法与案例解析》,台北,元照出版公司 2014 年版,第 92 页。

(2)纠纷处置高效,争端处置程序透明、灵活、方便、快捷;(3)兼顾公正与效率,调解结果充分体现并尊重当事人意思自治,一裁终局且具有法律约束力。无论是从保护金融消费者的角度还是从提升金融行业的服务质量和形象的角度出发,金融申诉专员制度都是一种不错的选择。[1] 将这项移植而来的制度用好的关键在于金融申诉专员的选拔与培养。“一个纠纷解决机构的生命力和公信力建立在公正高效的争议解决能力上,其核心是有一支具备良好职业操守、丰富专业知识的专业人员队伍。”[2]陕西FOS人员模式的调整与优化可参考以下路径:

1. 从调解员“兼职化”模式转变成“专职化”模式。目前,调解中心的调解力量主要集中在兼职调解员身上,当金融消费者和调解中心共同选定了某位兼职调解员担任案件申诉专员时,调解员可根据其自身情况选择是否进行此次纠纷调解。这种模式无疑降低了纠纷解决的效率,难以保障金融消费者的权益。因此,必须确保调解员的专职性。鉴于专职调解员薪资水平较低的现实情况,建议提高专职调解员的待遇水平,吸引更多高水平的专业人才投身金融消费纠纷评议事业。

2. 实现调解员的专业化。不断提高陕西金融消费调解中心调解员的业务能力,是调解中心可持续发展的重要保障。陕西金融消费调解中心存在人员知识结构、专业结构、年龄结构等不符合业务发展需求的突出问题。为了适应金融消费纠纷需要专业且高效裁决的特点,建议在调解中心成立专家团,作为金融消费争议调解和评议的人员库。[3] 建立长效培训机制,通过邀请专家学者进行讲座、参加相关学术会议、定期举行培训等形式丰富调解员的知识储备、完善理论体系,提高其纠纷解决处理能力。

(四)全面建立与法院相衔接的金融消费纠纷诉调对接机制

《中共中央关于全面推进依法治国若干重大问题的决定》中提出,要健全社会矛盾纠纷预防化解机制,完善多元化纠纷解决机制。[4] 诉调对接机制的建立,正是贯彻落实这一原则的体现。陕西省FOS的尴尬之处在于所做出调解决定对金融机构与金融消费者双方均不具有约束力,调解决议能否履行取决于双方,尤其是机构一方的自愿性。缺乏强制力的《调解意见》会影响交易双方选择调解中心解决纠纷的主动性。针对这一问题,通过调研学习我国台湾地区先进经验,建议赋予调解决议强制执行力。具体操作为:一定金额内的金融调解决议一旦做出就对金融机构产生

---

[1] 参见宋清华、宋一程:《香港、台湾地区金融ADR的发展及对中国内地的借鉴》,载《武汉金融》2015年第7期。

[2] 岳金禄:《论我国金融申诉专员机构员工的匹配性》,载《浙江金融》2017年第11期。

[3] 参见王兆有、辛积金、岳金禄:《建立金融申诉专员制度 完善金融纠纷解决机制》,载《金融时报》2015年7月20日,第12版。

[4] 参见蔚文华、章礼强:《金融消费纠纷诉调对接机制论析——以上海市金融消费纠纷调解中心为例》,载《法制与经济》2016年第9期。

单方约束力;超过一定金额的决议依据金融机构的所在地移送有管辖权的人民法院,得到法院核准后具有和法院判决一样的约束力。在这一方面,济南分行的做法值得陕西省学习和借鉴。山东省高级人民法院与济南分行共同制定了《关于建立金融消费纠纷诉调对接机制的意见》,在山东全省范围内建立了金融消费纠纷诉调对接机制。该意见明确规定,达成调解协议的金融消费纠纷案件,当事人可自调解协议生效之日起 30 日内共同向有管辖权的人民法院依法申请司法确认。经司法确认的调解协议,一方当事人拒绝履行或者未全部履行的,对方当事人可以依法向人民法院申请强制执行。[1]

[1] 参见闫继勇、董立强:《山东高院联合中国人民银行济南分行出台意见建立金融消费纠纷诉调对接机制》,载《人民法院报》2016 年 12 月 31 日,第 1 版。

大数据下金融隐私保护与信用开放的冲突与平衡

岑莉媛*

随着近现代法律制度的不断发展,隐私(privacy)保护制度亦在不断充实和完善其内容和外延。继金融业的兴起,金融信息也随之被纳入隐私的范畴。英美等国家的判例法逐渐确立了金融隐私的传统保护机制,是各个国家银行业务法中的重要构成部分。[1] 我国2015年的《商业银行法》第29条[2]中即规定了对存款人的保密义务,载明了保护金融信息的原则。

大数据(Big Data)的到来,造成信息大爆炸,引发了新一轮对隐私内涵与保护程度的讨论。大数据通常被认为是指大小超过典型数据库软件的采集、储存、管理和分析等能力的数据集。[3] 在大数据时代,信息传播速度极快,涉及范围极广,一旦信息泄露,将造成大规模的隐私侵害。但大数据时代催生的互联网金融方兴未艾,出现了传统金融业务的网络化、第三方支付、P2P网络信贷、[4]大数据金融、众筹和第三方金融服务平台等互联网金融模式,且交易额每年以指数倍增长。这些互联网金融模式依托于电子商务交易产生的海量交易信息,并对交易信息进行处理和分析,由此判断其客户的信贷能力。由此,大数据时代金融隐私保护和信用开放的矛盾不断显现。

---

* 北京中伦律师事务所律师。

〔1〕 参见谈李荣:《金融隐私权与信息披露的冲突与制衡》,中国金融出版社2008年版,导言第1页。

〔2〕 我国2015年《商业银行法》第29条规定:商业银行办理个人储蓄存款业务,应当遵循存款自愿、取款自由、存款有息、为存款人保密的原则。

〔3〕 一般认为大数据包含五个特征("5V"),即体量性(Volume)、多样性(Variety)、准确性(Veracity)、价值性(Value)、时效性(Velocity)。James M., Michael C., Brad B., Jacques B., Richard D., Charles R., Angel B., "Big Data: The Next Frontier for Innovation, Competition, and Productivity", 载https://www.mckinsey.com/business-functions/digital-mckinsey/our-insights/big-data-the-next-frontier-for-innovation,最后访问日期:2017年11月2日。

〔4〕 《关于促进互联网金融健康发展的指导意见》中提及网络信贷包括个体网络借贷与网络小额贷款。P2P网络信贷即为个体网络借贷,是指个体和个体之间通过互联网平台实现的直接借贷。P2P网络信贷平台(以下简称P2P平台)是指提供P2P网络信贷的互联网平台。

一、大数据时代金融隐私权利保护现状

金融隐私从传统隐私演化而来,属于隐私的一部分,以消费者金融信息[1]为基础。通常认为所有的金融信息均为金融隐私,是金融隐私权利保护的对象,但不应包括已经公开的金融信息及个人同意公开的金融信息,下文提及的金融信息是指剔除公开的金融信息,属于金融隐私的部分。关于金融信息的定义在法律及理论上均无定论,但亦无较大争议,一般认为其应包括金融消费者个人信息、账户信息、交易信息及相关衍生信息。[2] 笔者以马全运所述为金融信息定义的一般标准,即"以人身依附关系为基础、以个人信用信息为核心、具有财产属性的各类账户信息及动态的交易信息"。[3]

(一)金融隐私权利保护实践中信息泄露问题频发

大数据创造了更多的数据量及数据多样性,也使金融隐私的泄露更加频繁、波及面更加广泛。根据中国互联网协会2015年发布的《网民权益保护调查报告》,78.2%的网民个人身份信息被泄露过,其中63.4%的网民在网络上的活动记录曾被泄露,信息泄露的涉及范围已蔓延至互联网领域。常见的现象有以下两种:

第一,第三方恶意攻击。第三方恶意攻击主要表现为网络信息泄露。央视曾曝光工商银行和招商银行等网上银行存在用户金融信息被恶意窃取的现象。2014年3月携程网络支付日记因存在漏洞,大量用户银行卡信息被泄露,包括持卡人姓名、身份证号、银行卡号、卡CVV码、6位卡Bin,黑客通过漏洞将大量信息直接保存到本地。除银行信息的泄露外,P2P平台因自2013年以来的高速发展及其存储更多具有个性化的数据,而使其遭受黑客攻击的频率大幅增加。此前,人人贷、拍拍贷、翼龙贷、有利网、网贷之家等多家P2P平台都有被黑客攻击的经历。2015年4月芝麻金融8000个高净值客户资料遭黑客攻击而被泄露。[4] 系统防护措施弱、攻击门槛低、抵御能力差是其遭受黑客攻击的主要原因。

第二,信息收集机构滥用信息。除了第三方恶意攻击之外,各金融机构或网络平台由于其自身原因造成用户信息泄露的事件亦层出不穷。2010年第三人与招商银行、工商银行和农业银行的员工串通,通过银行内部获得大量的征信报告,并据此信息非法获利;[5]2013年阿里支付宝前员工将支付宝用户的资料公然出售,总量高

---

〔1〕 参见周仲飞:《银行法研究》,上海财经大学出版社2010年版,第440页。

〔2〕 参见罗传钰:《金融消费者保护:监管优化和国际合作》,法律出版社2014年版,第201页。

〔3〕 马运全:《个人金融信息管理:隐私保护与金融交易的权衡》,山东大学2014年博士学位论文。

〔4〕 《"芝麻金融"P2P平台被曝超8000投资者信息泄露》,载 http://money.163.com/15/0413/00/AN1TEBPQ00253B0H.html,最后访问日期:2017年10月2日。

〔5〕 参见杨江:《谁把我"卖了"?!》,载《新民周刊》2012年第47期。

达20G;[1]2015年7月“来这投”与“金联储”针对客户隐私信息展开争夺大战,大量客户信息被泄露。[2] 此外,诸如P2P平台等信息中介机构,滥用个人信息或将个人信息标价出售的案件亦大量存在。除了信息收集机构内部对于信息的泄露外,近年来出现机构或第三方平台非法滥用个人金融信息用于催债的现象。

(二)我国金融隐私权利保护法律制度发展的滞后

国内金融隐私保护未有专门的法律规定,而是散见于各法律法规之中。1992年我国《储蓄管理条例》最早以成文法条的形式提出储蓄机构对储户信息的保密原则。[3] 1995年我国《商业银行法》也进而确立了银行对存款人的保密义务。[4] 随着经济的发展,我国金融隐私法律制度亦在逐步演进,现有30余部法律法规[5]对此有所涉及。但随着大数据带来的改变,我国现存的金融隐私法律制度仍然处于相对滞后的状态。

1.法律保护规则分散且流于原则性保护

对于金融机构的保密义务,2011年我国《储蓄管理条例》中保留了原条例确立的保密原则;2015年我国《商业银行法》第29条、第53条均规定了金融机构的保密义务;[6]2015年我国《保险法》第116条、第131条分别对保险公司及其工作人员,以及保险代理人、保险经纪人及其从业人员规定了对金融消费者的保密义务。[7] 除了法律行政法规之外,金融监管机构及其他相关部门也出台了相应的部门规章进

[1] 《支付宝转账信息泄漏事件》,载https://baike.baidu.com/item/%E6%94%AF%E4%BB%98%E5%AE%9D%E8%BD%AC%E8%B4%A6%E4%BF%A1%E6%81%AF%E6%B3%84%E6%BC%8F%E4%BA%8B%E4%BB%B6/511946?fr=aladdin,最后访问日期:2017年10月2日。

[2] 《两P2P平台公开撕逼!投资人信息遭泄露为哪般?》,载http://www.vccoo.com/v/3a15f1,最后访问日期:2017年10月2日。

[3] 1992年《储蓄管理条例》第5条规定:储蓄机构办理储蓄业务,必须遵循为储户保密的原则。现2011年《储蓄管理条例》第5条仍规定了保密义务,第5条第2款表述为:“储蓄机构办理储蓄业务,必须遵循‘存款自愿,取款自由,存款有息,为储户保密’的原则。”

[4] 1995年《商业银行法》第29条规定:商业银行办理个人储蓄存款业务,应当遵循存款自愿、取款自由、存款有息、为存款人保密的原则。

[5] 本部分所述“法律法规”包括法律、行政法规、部门规章及其他规范性文章。

[6] 2015年《商业银行法》第29条规定:商业银行办理个人储蓄存款业务,应当遵循存款自愿、取款自由、存款有息、为存款人保密的原则;第53条规定:商业银行的工作人员不得泄露其在任职期间知悉的国家秘密、商业秘密。

[7] 2015年《保险法》第116条规定:保险公司及其工作人员在保险业务活动中不得有下列行为:……(十二)泄露在业务活动中知悉的投保人、被保险人的商业秘密;第131条规定:保险代理人、保险经纪人及其从业人员在办理保险业务活动中不得有下列行为:……(十)泄露在业务活动中知悉的保险人、投保人、被保险人的商业秘密。

一步加强金融信息的保护,[1] 如中国人民银行发布的《人民币银行结算账户管理办法》第9条规定了银行对银行结算账户信息保密的义务。[2] 其中,《关于金融机构进一步做好客户个人金融信息保护工作的通知》中具体强调了关于金融信息的收集、使用、保护,进一步规范金融机构对个人金融信息管理。[3]

大数据与互联网技术带动下的互联网金融的发展也吹响了互联网金融隐私保护的号角。中国人民银行于2010年发布的《非金融机构支付服务管理办法》首次规范了第三方支付机构对客户金融信息的保密义务。[4] 2017年生效的我国《网络安全法》成为网络安全保护的框架性法律,为网络信息安全保护奠定了基础,其中针对个人信息保护,规定网络运营者不得泄露其收集的个人信息,且未经被收集者同意,不得向他人提供该信息。[5] 针对征信业的发展,2013年我国《征信业管理条例》(以下简称《条例》)的出台解决了征信业发展中无法可依的问题,其对金融信息的保护范围限定为企业或个人的信用信息。《条例》对征信机构的设立要求,信用信息的采集通道、方式和范围,信用信息的保存时间、保护措施,以及监管机构、征信机构的法律责任作出了规定,是现行较为全面的法律依据。

虽然各法律法规的相继出台体现我国对金融隐私保护的法治理念,但我国相关规定与美国或欧盟的法律保护模式相比,多为概括性表述金融机构或互联网平台的保密原则或义务,未有明确具体实施细则。[6] 对于金融隐私的保护义务散见于各类法律行政法规之中,且随着互联网金融的发展,部门规章等法律文件相继出台,通常对隐私保密义务进行规范,但未有高位阶法律规范数据保护及规定相应的具体

---

[1] 包括2006年《金融机构反洗钱规定》、2007年《金融机构客户身份识别和客户身份资料及交易记录保存管理办法》、2005年《个人信用信息基础数据库管理暂行办法》(以下简称《信用信息管理办法》)等,其中强调了金融信息的保护原则,且具体规范了保护措施和期限等。

[2] 《人民币银行结算账户管理办法》第9条规定:银行应依法为存款人的银行结算账户信息保密。对单位银行结算账户的存款和有关资料,除国家法律、行政法规另有规定外,银行有权拒绝任何单位或个人查询。对个人银行结算账户的存款和有关资料,除国家法律另有规定外,银行有权拒绝任何单位或个人查询。

[3] 《关于金融机构进一步做好客户个人金融信息保护工作的通知》具体规定包括:(1)依法合规收集、保存、使用和对外提供个人金融信息,不得向任何单位和个人出售客户个人金融信息,不得违规对外提供客户个人金融信息;(2)各银行业金融机构应采取有效措施确保客户个人金融信息安全,防止信息泄露和滥用;(3)各银行业金融机构应当对本机构贯彻落实个人金融信息保护相关法律法规的情况进行全面检查,形成报告;(4)中国人民银行及其分支机构开展客户个人金融信息保护工作的专项检查。

[4] 《非金融机构支付服务管理办法》第33条规定:支付机构应当依法保守客户的商业秘密,不得对外泄露。法律法规另有规定的除外。

[5] 2017年的《网络安全法》第40条规定:网络运营者应当对其收集的用户信息严格保密,并建立健全用户信息保护制度。

[6] 参见朱宝丽:《金融隐私保护与信息披露制度平衡的法律研究》,载《经济法论丛》2014年第1期。

措施。

2. 行政监管方式难以适应数据大规模流通

我国《税收征收管理法》《行政监察法》中规定了税务机关、行政监察机关查询的权利。[1] 2014年《证券法》中也规定了国务院证券监督管理机构查询相关人员或单位账户信息的权利。[2] 在《条例》中亦有国务院征信业监督管理部门及其派出机构对征信机构的监管。[3]

我国法律法规赋予了各监管部门监管的权利,但对于监管形式仍然处于以现场检查为主,各机构定期汇报为辅的方式。但随着数据大规模的流通,此类监管模式具有一定的局限性。大数据及网络技术的发展,使信息的泄露一旦爆发即快速、大规模,现场检查往往难以应对此类事件的发生,恐难以发挥重要作用。而各机构的被动汇报属于自我监督,亦难以保证各机构的诚信问题。

3. 运用大数据的新型监管模式造成二次泄露

许多监管机构也意识到现行的监管制度无法满足对各机构或平台的监管要求,为更好地履行其监管职能,小部分监管机构开始尝试运用大数据提高金融监管能力。监管机构可通过信息系统,运用模型进行监管,通过对于海量信息的多角度分析,可以实现多维度的实时监管。但因新型监管模式的不成熟,在尝试和发展运用大数据监管时,容易产生信息"二次泄露"的问题。由于大数据监管需要,要收集大量的金融信息。虽然监管机构出于监管的目的,亦为保护个人的金融隐私,但在监管机构收集信息并运用信息的过程中也会存在隐私泄露的问题,从而违背保护个人金融隐私的初衷。

4. 侵权罚则不完善

对于侵权罚则,我国的法律法规针对各机构和平台主要以行政处罚为主,具体

---

[1] 《税收征收管理法》第17条第3款规定:税务机关依法查询从事生产、经营的纳税人开立账户的情况时,有关银行和其他金融机构应当予以协助。《行政监察法》第26条规定:监察机关对监察事项涉及的单位和个人有权进行查询。

[2] 《证券法》第180条规定:国务院证券监督管理机构依法履行职责,有权采取下列措施:……(六)查询当事人和与被调查事件有关的单位和个人的资金账户、证券账户和银行账户;对有证据证明已经或者可能转移或者隐匿违法资金、证券等涉案财产或者隐匿、伪造、毁损重要证据的,经国务院证券监督管理机构主要负责人批准,可以冻结或者查封。

[3] 《征信业管理条例》第4条规定:中国人民银行(以下称国务院征信业监督管理部门)及其派出机构依法对征信业进行监督管理。

处罚措施有停业整顿、罚款、吊销执照等行政处罚手段。[1] 除此之外,我国《刑法》设“出售、非法提供公民个人信息罪”及“非法获取公民个人信息罪”,以刑法的方式保护公民个人信息。但对于民事方面的处罚,如实际经济补偿的数额计算及精神赔偿等缺乏具体的规定,往往造成被侵权者无法实现经济或精神上的实质赔偿。

二、大数据背景下信用开放的新动向

我国目前金融隐私的保护还存在上述种种问题,但大数据推动下的信用开放已越来越普及。信用(credit)是市场经济的基础,其来源于拉丁语“credio”,为“我相信”的意思。在法律意义下,信用通常有广义和狭义之分。广义的“信用”通常等同于诚实信用原则,是以道德内涵为基础正当行使权利与履行义务;[2]狭义上的“信用”更贴近市场经济中的商誉,[3]是授信人如果认为受信人的偿债能力符合预期,向受信人做出贷出货币或赊销商品的决定,而受信人偿付债务能力的相应的信赖与评价。[4] 信用信息是以信用为基础产生的各类信息,如还贷信息、是否存在逾期还贷等,本文采用我国《信用信息管理办法》[5]对信用信息的定义,即信用信息为反映个人信用状况的各类信息。

(一)信用开放的必然趋势

在大数据背景下,如何有效地深度挖掘和分析用户的信息并转化为利益,成为互联网金融乃至所有金融机构发展的关键。当信用信息被赋予了潜在的商业价值,将导致信用从封闭走向公开。21 世纪以来,金融业不断创新和发展,金融机构混业经营已在欧美等发达国家成为基本的金融体系,而我国各金融机构涵盖越来越多的金融产品,正朝着金融混业经营的趋势发展。在庞大的金融运营集团及混业经营模

---

[1] 如 2011 年的《储蓄管理条例》第 34 条规定:违反本条例规定,有下列行为之一的单位和个人,由中国人民银行或其分支机构责令其纠正,并可以根据情节轻重处以罚款、停业整顿、吊销《经营金融业务许可证》;情节严重,构成犯罪的,依法追究刑事责任;《反洗钱法》第 30 条规定:反洗钱行政主管部门和其他依法负有反洗钱监督管理职责的部门、机构从事反洗钱工作的人员有下列行为之一的,依法给予行政处分;《保险法》第 161 条规定:保险公司有本法第 116 条规定行为之一的,由保险监督管理机构责令改正,处 5 万元以上 30 万元以下的罚款;情节严重的,限制其业务范围、责令停止接受新业务或者吊销业务许可证;等等。

[2] 参见蔺翠牌:《市场经济主体信用的缺失与补救》,载《法学杂志》2005 年第 6 期。

[3] 参见史尚宽:《债法总论》,台湾荣泰印书馆 1978 年版,第 147 页。

[4] 参见吴汉东:《论信用权》,载《法学》2001 年第 1 期。

[5] 《信用信息管理办法》第 4 条规定:本办法所称个人信用信息包括个人基本信息、个人信贷交易信息以及反映个人信用状况的其他信息。前款所称个人基本信息是指自然人身份识别信息、职业和居住地址等信息;个人信贷交易信息是指商业银行提供的自然人在个人贷款、贷记卡、准贷记卡、担保等信用活动中形成的交易记录;反映个人信用状况的其他信息是指除信贷交易信息之外的反映个人信用状况的相关信息。

式下,信息能否自由共享成为发展的重要部分。此外,迅速发展的互联网金融更使金融信息不单单存在于一个金融机构,而是随着业务的开展动态地反映到各个环节的网络中,[1]如第三方支付平台收录的交易信息。互联网和数据处理技术的发展使金融隐私大量、快速的共享成为可能。无论是在线上还是线下,金融隐私的共享是金融大融合的必要前提,而信用信息作为金融隐私的重要组成部分,其开放亦是必然趋势。

(二)信用开放的新形式

大数据的爆发催生了互联网金融的发展,互联网金融的发展又进而推动了信息共享。2015 年 10 个部委联合下发的《关于促进互联网金融健康发展的指导意见》中鼓励信用信息共享平台的建设,推进信息共享。[2] 目前,一些地区已经建立起了的网贷行业协会,试图使会员企业之间先实现信息共享。[3] 现行的互联网信用信息共享模式可归纳为以下几种:

1. 内部共享与授权共享

内部共享主要是指机构内部、分支机构或各业务部门之间的信息共享。随着公司等组织机构的壮大发展,形成越来越大的集团模式,尤其在推进混业经营模式过程中,同一金融机构涉及多个领域的经营,在机构内部的共享是保障其整体效率、减少审核成本的重要举措。对金融隐私的内部自由支配未在法律法规中明确禁止,这也是实践中开展业务的必要共享方式。授权共享是服务协议中与用户(会员)达成一致,确定机构或平台收集的信息的共享范围,或经用户授权的共享。授权共享的范围通常是为开展业务的需要或为金融活动的便利而与关联方、合作伙伴进行信息交互。内部共享与授权共享一般都是在较小的范围内发生共享。

2. 行业信息共享平台

在互联网金融行业,现存较大的共享平台是由中国支付清算协会推行建立的互联网金融风险信息共享系统(以下简称互金系统),首批签约接入系统的为 13 家 P2P 平台,[4]随后第二批、第三批正在逐步扩大,系统已累计接入企业 60 多家。互

[1] 参见马运全:《个人金融信息管理:隐私保护与金融交易的权衡》,山东大学 2014 年博士学位论文。

[2] 《关于促进互联网金融健康发展的指导意见》:……(六)推动信用基础设施建设,培育互联网金融配套服务体系。支持大数据存储、网络与信息安全维护等技术领域基础设施建设。鼓励从业机构依法建立信用信息共享平台。推动符合条件的相关从业机构接入金融信用信息基础数据库。允许有条件的从业机构依法申请征信业务许可。支持具备资质的信用中介组织开展互联网企业信用评级,增强市场信息透明度。鼓励会计、审计、法律、咨询等中介服务机构为互联网企业提供相关专业服务。

[3] 参见刘芸、朱瑞博:《互联网金融、小微企业融资与征信体系深化》,载《征信》2014 年第 2 期。

[4] 13 家会员单位,分别是宜信、人人贷、红岭创投、翼龙贷、拍拍贷、网信、开鑫贷、合力贷、积木盒子、财路通、玖富、信而富、有利网。

金系统与征信机构不同,该系统本身不保存、整理或分析数据,只作为信息流通和共享的平台,充当纽带角色。互金系统实行7×24小时不间断运行,[1]其运行模式为通过联机方式在系统和参与机构间发送和接收风险信息,参与机构向系统发起查询申请时,系统会及时响应并处理。[2] 该平台的建立极大地促进了P2P平台等互联网金融运营机构之间信息沟通的能力,创造了良好的信息互动方式。

3. 通过征信系统共享

通过征信系统实现信息共享是互联网金融另一种信息共享模式,《网贷中介管理办法》中亦积极鼓励网贷中介与征信机构的合作。[3] 互联网征信的建立和发展能够使得依靠互联网数据推动其商业利益的机构或平台,获得更多更加全面的其用户金融活动信息及其资信状况,进而做出更准确的审查结果。[4] 征信与上述信息共享平台不同,其本身具有分析和处理数据的能力,提供征信报告等信用服务,能够增加信息共享的便捷性及有效性。其中,上海资信网络金融征信系统最为典型,其为中国人民银行征信中心控股的上海资信有限公司创立,主要收集网络借贷、小额贷款等互联网金融及非银金融信用信息。现累计签约机构1064家,其中有信贷记录的自然人超过1400万人。[5]

(三)大数据背景下信用应用的多样化

信用开放是大数据时代信息交互的新趋势,而信用开放的终端表现即为各种信用产品。从初级的传统金融行业的信用产品(如银行信贷记录)、公共信用信息体系的联合奖惩平台,到征信体系发展形成的企业及个人的较为完整的信用报告,再到互联网时代涌现的各种信用评分,如芝麻分、考拉分、猪猪分等,大数据将信用的概念和产品推向了金融和生活的各个领域。信用产品及相应的信用服务越来越多样化,使信用渗透到生活的方方面面。

信用现不仅服务于传统的银行借贷,更触及生活的方方面面。以芝麻分为例,芝麻信用管理有限公司(以下简称芝麻信用)开展蚂蚁花呗的服务即基于芝麻分,为用户提供小额免息贷款的服务。芝麻信用除本身利用其信用分开展业务外,其还积

---

[1] 参见《中国支付清算协会支付清算综合服务平台行业风险信息共享系统业务管理办法(试行)》第3条。

[2] 参见《中国支付清算协会支付清算综合服务平台行业风险信息共享系统业务管理办法(试行)》第8条。

[3] 我国《网贷中介管理办法》第21条规定:“网络借贷信息中介机构应当加强与金融信用信息基础数据库运行机构、征信机构等的业务合作,依法报送、查询和使用有关金融信用信息”。

[4] 参见李真:《互联网金融征信模式:经济分析、应用研判与完善框架》,载《宁夏社会科学》2015年第1期。

[5] 《上海资信有限公司官网截至2017年7月31日的数据统计》,载http://www.shanghai-cis.com.cn/cisgrzx.aspx,最后访问日期:2017年9月30日。

极与其他领域的企业合作,进一步扩大信用服务的范围。芝麻信用与神舟租车、OFO共享单车、阿里旅行等机构合作,对到达特定信用分的用户提供免押金的便利。随着信用服务的深入,生活中的衣食住行及金融活动都渐渐与信用挂钩,信用开放带来便利的同时,也使个人对其自身信用的意识提高。

三、大数据时代金融隐私与信用开放的冲突

随着大数据深入金融及生活的各个领域,金融隐私和信用开放两者的矛盾亦更加凸显。

(一)冲突之现实反映

1. 大量的金融隐私泄露事件与信息孤岛的低效

基于第三方恶意攻击和信息收集者滥用金融信息导致的大规模金融隐私泄露。随着互联网技术的发展,为促进个体生活和金融活动的便利,个人纷纷将金融信息录入各机构或平台中,或因各种金融活动或交易活动在各机构或平台留下金融信息,个人的隐私空间正被一点点侵占。各个社会主体,包括企业和个人,仿佛都处于无隐私的状态之中,接收推销短信和电话已经成为个人生活中的平常事。

即便在互联网的高速发展下,信息孤岛依旧大量存在。虽然对于个人金融隐私的收集和滥用导致大数据下"无隐私"的生活状态,但是金融市场中却仍然存在信息孤岛的现象而导致总体效率低下。如企业内部的信息系统的独立,使业务效率低下;政府机构之间的系统联网还不完善,导致行政效率低下,政府信息公开力度不够;各网络金融机构之间信息的分离(如P2P平台),导致多头贷款和逆向选择的现象频频发生。而各信息孤岛又对征信带来了更大的难度,使征信机构亦陷入信息孤岛的困境。大量信息被泄露,而信息需求方又面临"信息孤岛"的困境,两者的冲突是对如何加强金融隐私保护,而又进一步促进信用开放的拷问。

2. 信用应用的多样性与个人征信机构牌照难产

信用在金融领域与个人生活应用的越来越广泛,各互联网公司推出的信用评级方式与信用服务使信用的概念迅速普及。在信用开放的阶段,个人对于自身的信用越来越重视,也更关注个人征信。但8家首批个人征信机构试点企业的个人征信牌照却"难产",且短期内发放个人征信牌照的可能性并不大。2017年4月21日在北京召开的"个人信息保护与征信管理国际研讨会"中,中国人民银行征信管理局局长万存知表示:"目前开展个人征信业务的8家机构均不合格,在未到达监管标准的情况下不能把牌照发出去。"个人征信更多地涉及个人隐私,出于对个人征信的谨慎,个人征信牌照还未发放,但8家机构仍纷纷出台各自的信用产品。这是信用开放的需要与隐私权益的保护之间的博弈。

(二)冲突之具体原因

1. 价值保护不同

金融隐私的保护与信用开放的矛盾在于其本身体现的价值不同。金融隐私的保护是人类文明中演进的社会规则,是维护社会秩序的一部分。社会或法律逐渐形成的人与人之间的距离,以及保护个人私密空间和信息的状态。而信用开放是数据大爆发下为了减少成本[1]而产生的信息自由流动,其体现为对信息自由、无成本流动的商业驱动力。信息持有者对于利益的追逐与信息被收集者对于自身权利的维护,标志着自由与秩序的冲突。在金融隐私的法律保护下,越严苛的制度规定,会使信息持有者增加交易成本,亦会因信用信息的缺失而提高决策的时间成本。但利益驱使下的信息持有者渴望信息共享或自由流动是对其自身利益及市场整体效率的追求,在此过程中容易滥用信息的"自由"流动或利用其市场交易的优势地位过度"消费"信息。价值保护的不同是金融隐私保护与信用开放之间不可避免的内在矛盾,任何法律制度的构建和社会规则的选择都是两种价值的偏向而已。如何平衡这两者之间的关系,是各国金融发展中关注的焦点。

2. 金融隐私产权界定不明

两者的冲突除其本身内在价值选择不同外,外在制度如何调和两者的内在冲突也至关重要,其中对于金融隐私本身产权的界定不明是两者冲突的外在原因之一。

互联网将隐私带到了数据信息时代。在某种程度上,数字科技的运用不仅改变了个人的生活及行事方式,还极大影响了个人之间及群体之间的互动关系,[2]对于数据化的金融隐私产权也提出了新的挑战。一般认为,金融隐私的产权属于个人,但 P2P 平台、第三方支付机构等拥有海量的信息,其将收集到的信息进行处理、加工,转化为所需的信息。例如,P2P 平台将收集到的信息进行处理以评判用户的还款能力;阿里分析大量数据以了解其用户的消费偏好和习惯。信息收集者对信息进行了再加工,消耗了大量的成本,其是否对二次信息拥有所有权是值得思考的问题。由于信息的产生与交互通常伴随着多个主体间的传递,对于金融隐私产权的界定存在一定困难。科斯定理表明在交易成本为零或者很小的情况下,无论产权分配给谁,在市场上都能达到效率的最大化。但现实中,该理想状态难以达到。在市场规则中,还未形成合理的具有实践意义的金融隐私产权划分规则,在法律法规上亦无明确的产权界定,这导致在冲突爆发时没有良好的制约机制。

3. 法律保护的缺漏与征信机制的困境

金融隐私保护法律制度的滞后导致了金融隐私保护的力度缺失,使侵犯金融隐

---

〔1〕 此处的"成本",不仅是指金融机构收集与加工信息而产生的产本,还包括个人或其他企业因信息不对称造成的金钱、时间、机会等成本。

〔2〕 参见周佳念:《信息技术的发展与隐私权的保护》,载《法商研究》2003 年第 1 期。

私的案例频发。而征信机制的困境造成了信息流动的困难。我国征信法律制度尚处于初期建设状态,但在大数据时代,互联网金融对征信又提出了更高的要求。面对金融隐私保护与信用开放,征信机制还存在诸多问题:

第一,征信法律制度稚嫩。我国征信业正处于发展的初期阶段,对其规制的立法还在探索,我国的征信法律制度以《征信业管理条例》为主,加之早期颁布的法律法规,构成初步的法律制度。与美国征信法律制度相比,我国的初步征信法律制度还处于框架性规定的阶段。对于征信业的法律依据主要为《征信业管理条例》及《征信机构管理办法》,虽然对于征信机构的建立有初步的准入和监管规定,但监管方式单一(仅为现场检查和自主申报)、监管内容滞后。此外,征信的相应配套制度还亟待建立,对于信息采集、信息权益保护、法律责任等规定还未完善,金融隐私侵权发生时的权责及救济难以快速准确地确认。由于互联网金融活动,尤其是基于P2P平台产生的金融交易所产生的金融信息,多为个人金融信息,但专门针对个人征信的相关法律法规未出台,在法律制度上征信业还未准备好应对大量金融数据的冲击。

第二,互联网金融与征信融合困难。面对大数据背景下互联网金融的发展,互联网金融产生了大量的金融信息,但现存央行征信中心负责金融机构的信贷数据的上传、共享和查询,互联网金融机构还无法接入该征信中心。但互联网金融与征信的全面结合仍存在许多制约因素。

首先,社会信用基础薄弱。与西方成熟的市场经济国家相比,我国目前仍处于国家信用比例过高、市场信用基础尚未建立的局阶段。[1] 信用信息的共享也需要社会信用文化,但我国的社会信用的建立仍然处于初级阶段。我国传统社会的信用建立在人际关系的基础之上,现随着市场经济的发展与金融活动的活跃,人际信用渐渐转化为以契约为基础的信用关系。[2] 目前,我国还未形成成熟的市场经济,契约信用关系还未能在市场经济的冲刷中建立,大部分欠发达地区依旧沿袭着人际信用关系。

其次,信用评级缺乏统一标准。自《证券法》将资信评级机构作为证券服务机构开始,信用评级才开始建立,现已形成各类评级业务,包括基金评级、贷款企业评级等。但现主要评级都针对企业评级,对个人信用评级尚未有规范化的方式,各评级机构多采用各自的评级方式给予信用评价,这难以实现互联网金融下的信用信息共享。

最后,个人征信机构未达标。个人征信机构牌照发放放缓,其中重要的原因即

---

〔1〕 参见谈李荣:《金融隐私权与信用开放的博弈》,法律出版社2008年版,第165页。

〔2〕 参见刘益:《信用、契约与文明——基于契约经济学和契约文明的角度》,西南财经大学2007年硕士学位论文。

各机构对于互联网征信的应对还未达标。以芝麻信用为例,其存在信息来源相对单一,信用评级能力不足,第三方征信机构的独立性无法满足等问题。民营个人征信机构还未到成熟的阶段,互联网金融与征信的结合还没有适合的培育土壤。

四、大数据背景下金融隐私保护与信用开放的平衡

大数据爆炸引发的金融隐私与信息开放在相互试探与对抗中博弈。信用开放是全球化的趋势,对金融隐私的过分保护会引发信息共享机制失灵,增加金融机构对信用的判断和审查成本,不利于金融市场,尤其是互联网金融市场的灵活发展。而缺乏对金融隐私的保护,会大大压缩个人的私密空间,造成信息的滥用,不但对个人的生活造成困扰,亦不利于金融市场长期健康的发展。笔者认为,金融隐私与信用开放作为相互博弈的双方,永远无法达到静态或固定的平衡状态,法律法规及制度建设只能不断调整以适应市场经济的发展和保障公民基本权利。基于现行的社会经济发展状况,金融隐私权需要进一步让渡或授予一部分权利以适应新的经济形势,达到与信用开放之平衡,并促进更加规范、健全的共享机制以保护金融隐私。

(一)确立金融隐私的产权共享

1.共享产权的合理分配

金融隐私权具有财产性,明确的金融隐私产权的界定是完善具体制度的基础。在信用开放下的金融隐私权的进一步让渡,需要更加准确的划定金融隐私权的边界。对于金融隐私的产权分配通常存在以下几种情况:

第一,主要以个人作为产权拥有者。在进行金融活动的过程中,个人通常会隐藏其负面信息以获取更优质的金融服务。此时,金融机构或信息中介机构,包括征信机构不得不增加信息收集成本或给予个人更多的利益以换取更加全面和准确的信息。此过程不仅增加了整体成本,亦存在信息评价不准确的现象。

第二,主要以金融机构或信息中介机构为产权的拥有者。但以此模式会因信息的不断披露和共享逐渐丧失金融信息的隐匿性而最终走向信息的全面透明。过度的侵占个人隐私会使个人失去对金融市场的信任,不利于长期健康的市场发展。

第三,产权共享。对于原始信息,个人在获取金融服务的过程中将其信息披露给银行或金融机构,将信用信息的产权让渡一部分;对于二次信息,金融机构及信息中介机构通过对数据分析的投入获得一部分产权。产权共享使金融机构及信息中介机构能够更自由地使用信息。合理分配的共享产权能够在市场经济发展时期更好地平衡金融隐私保护与信用开放,也更能促进个人与机构的利益最大化。在我国征信体系中,产权的分配即更趋于征信机构与个人的共享。我国的征信机构需提供每年两次免费的信用报告,但除此之外需要付费获取信用报告,则事实上法律在征信中强制将部分金融隐私产权分配给了征信机构,构成了产权共享。

法律对于共享产权的分配是调节金融隐私与信用开放的重要环节。信息时代个人与机构之间交互方式的改变,导致信用信息不再是单一固定的形式或内容。美国《金融服务现代法》(GLBA)与其各州推行的相关法律形成了两种不同的产权分配方式,即“选退”(Opt Out)和“选入”(Opt In)。“选退”方式是基于个人的默示同意,信息接收者在未有个人明示拒绝的情况下可以较为自由的处理该信息,包括推送或披露信息;而“选入”则反之,信息接受者需要获得个人的同意才可向第三方披露信息。“选退”将原始信息的产权大幅让渡,二次信息的产权更是偏向信息接收者所有;而“选入”则给予了个人较大的信息掌握权。

由于我国现存在信息泄露广泛、“选入”机制落实较差及行业自律和信息保护意识较差等现实问题,现阶段应仍然坚持“选入”的产权分配,将二次信息的产权较大程度上分配给个人。但由于信息传播发展之快,若要求信息接受者每次都需获得个人的同意将使得信息接受者的成本大大提升,不利于金融业的发展。因此,二次信息的产权仍然需要被让渡出一部分权利,如在不改变原有条款的基础上,进行一次性授权。因此,在产权共享之下,结合我国的现实情况可以形成以下的产权共享的行使方式:监管部门监督管理信息接收者对于金融隐私保密义务的履行之下,以个人授权或同意为信息共享的基础(除法律法规规定的披露之外),由个人与信息接收者对其信息披露的范围、种类、方式等进行约定,在不改变协议约定的主要意图之下,个人对信息接收者进行一次性授权或同意。

2. 金融隐私产权对公共利益的让渡

共享产权的合理分配是基于金融隐私权的财产属性,是个人与信息收集者之间的内部权利划分,但产权共享无论如何划分都需要在维护社会公共利益面前让渡。对于互联网金融的信息共享不断促进信用开放,其与金融隐私保护的平衡,亦应建立在公共利益优先的基础上。

我国的金融隐私披露的规定,也多表明司法机构及行政监管机构对金融隐私的获取权。如 2017 年我国《民事诉讼法》第 242 条规定了人民法院查询被执行人的存款、债券、股票、基金份额等财产情况的权利,确立了向司法机关进行金融信息披露的依据;在我国《证券法》《商业银行法》《反洗钱法》等法律法规中亦有金融隐私披露的相关规定。但我国对政府机关,尤其是公安机关的信息获取权未有更加细致的规定。法条中宽泛的授权,且缺乏配套的实施措施将导致权力的滥用,使政府机构以公共利益为由随意、过度地侵犯个人金融隐私。

相对完善的金融隐私披露范围及例外才能够使个人对金融隐私产权的让渡是值得的。笔者认为,可以从以下两方面考虑:首先,基于公共利益的隐私保护例外应以国家安全、公众知情权为原则。如打击犯罪,尤其是金融犯罪时的金融信息披露,以及为反腐而披露政府官员金融信息,保障公民知情权的必要。其次,公共利益应基于公共需要,且以公共利益为目的的金融隐私披露应处于法律的正当程序保护之下。程序正当是控制权利的重要手段,我国的信息披露制度中还未见详细的合法获取金融信息的程序要求。针对各行政监察机关规范其获取信息的程序规定,能够防止行政权力的滥用。

(二)实现金融隐私的多元保护

无论是法律的强制性规定还是金融关系双方的协议确定,共享产权的明确分配意味着各自权利义务的承担。而金融机构及信息中介机构虽有金融信息保护之义务,但本质上为积极促进信息共享以获得更大的利益,其自律能力可能在监管缺失的情况下而降低。仅靠信息收集者的保密义务不足以实现金融隐私的保护,需要行业自律、公力救济与个人意识的提高等多方面共同实现对金融隐私的保护。

1.信息收集者保密义务的承担

虽然基于产权共享,信息收集者享有一部分二次信息的产权,但作为庞大的信息持有者,其仍是个人金融信息保密义务的主体。由于保密义务还处于原则性规范状态,法律法规的细化是必要的。美国金融法律保护框架下重要的安全港原则就是对信息收集者保密义务的细化规定。安全港原则以商家自愿加入并遵守为前提,该原则要求金融机构建立行政、科技、实体一体化的防护,[1]做到全面保证客户资料的安全与保密,防止客户信息的安全性或完整性受到任何可能的威胁或危害,防止可能对客户造成重大损害或不便的任何未经授权访问或使用客户信息的行为[2]。

我国的信息收集者亦可借鉴美国采取的措施,通过具体的制度履行保密义务。其中可以包括:第一,完善信息收集者的内部管理制度。内部管理制度应该贯彻到信息流转的各个阶段,对各信息进行保密等级的分类,采取与保密等级相适应的保密制度和措施。第二,提高内部人员的保密意识。从金融隐私泄露的事例来看,许多泄露都从内部员工处发生,对内部员工的培训和管理及建立奖惩制度是十分必要的。第三,加强技术保护。金融隐私的泄露还有重要一部分为恶意第三方的攻击,虽然技术保护还存在局限性,但信息收集者应定时更新升级信息保护系统。如未建立数据灾备机房的P2P平台则需完善其对数据的技术保护。除法律法规或行业协会尽快完善细化的措施外,作为保密义务的主体,信息收集者应主动积极履行其保密义务,以赢得消费者或用户的信任。

2.加强行业协会的作用

在法律法规不完善的情况下,行业协会往往发挥着更加重要的作用。中国金融行业协会、互联网金融协会等协会在遵守法律法规的情况下,能够积极反映企业的

---

[1] Schriver R.:"You Cheated, You Lied: the Safe Harbor Agreement and It's Enforcement Cement by the Federal Trade Commission", *Fordham Law Review*, 2002(70).

[2] 15 U.S.C. § 6801; 16 C.F.R. § 314.3.

愿望和要求,沟通企业与政府之间的联系,推动会员单位之间的合作与交流。互联网金融协会已出台了相关的披露细则,更好地完善互联网金融运营者的披露义务。各行业协会亦可以拟定相关的保密措施细则,在法律缺位的情况下,积极发挥行业自律的作用,促进整个行业积极健康的发展。

3. 公力救济保障的完善

信息收集者的内部制度完善和行业自律是金融隐私保护的其中一个维度,仅靠自律无法保障金融隐私不被泄露或滥用,对信息收集者保密义务的监督需要公权力的介入。在金融隐私权利被侵害时,救济措施的保障亦是重要的法律防线。

第一,监管机构的保障。完善的金融隐私保护监管的建立首先应确定明确的监管机构。我国法律规范中,《条例》规定了中国人民银行作为监管主体监管征信机构的准入和信息保护;2016 年的《网络借贷信息中介机构业务活动管理暂行办法》中将国务院银行业监督管理机构及其派出机构认定为网贷信息中介机构的监管机构。[1] 由于机构的性质不同,明确不同的监管机构的职权,进行有针对性的监管是必要的。但随着金融机构和信息中介平台的交叉范围越来越广,且大数据流通的进一步增强,加强各金融隐私监管部门的合作[2]或创立统一的数据监管机构[3]能够避免权力的冲突,规范监管的标准,以防不同监管部门的职责推卸。

此外,监管方式应该亦采取除现场检查和自主申报之外的非现场监管机制。中国人民银行成立的金融科技(FinTech)委员会,便旨在加强对金融科技工作的研究规划和统筹协调,强化监管科技(RegTech)应用实践,积极利用大数据、人工智能、云计算等技术丰富金融监管手段,提升跨行业、跨市场交叉性金融风险的甄别、防范和化解能力。通过监管科技能够提升监管数据收集、整合、共享的实时性,提升风险识别的准确性和风险防范的有效性。但监管机构亦是信息收集的主体,在法律法规赋予其监管职责的同时,更应该限定监管的范围,在实施监管行为的过程中坚持金融信息保密的义务,防止因监管行为而造成的信息泄露。

第二,司法救济的保障。在隐私泄露案件的法律救济中,我国主要以侵权为司法裁定的判断依据。由于个人在司法救济中的不平等地位,在具体的诉讼制度中笔者认为有以下几个方面或可改进以加强司法救济对个人金融隐私的保护:其一,对

---

[1] 《网络借贷信息中介机构业务活动管理暂行办法》第 4 条规定:按照《关于促进互联网金融健康发展的指导意见》中"鼓励创新、防范风险、趋利避害、健康发展"的总体要求和"依法监管、适度监管、分类监管、协同监管、创新监管"的监管原则,落实各方管理责任。国务院银行业监督管理机构及其派出机构负责制定网络借贷信息中介机构业务活动监督管理制度,并实施行为监管。

[2] 《关于推进适应新常态的金融综合监管体制创新完善的提案》中提及以综合监管和功能监管为重点的新型金融监管体制。

[3] 欧盟的《一般数据保护条例》中规定各国应建立独立机构或指定专门的机构对个人数据进行监管。

金融隐私侵权采取过错推定原则。由于信息收集者实际掌握信息,个人对于实际的信息泄露情况难以明晰,更难以举证。规定信息收集者证明其在信息收集、处理、分析、使用时尽到合理的保密义务,能够更好地保障个人的金融隐私权利。其二,在金融隐私侵权的司法救济中,亦应当明确相应的赔偿金融范围及具体的赔偿措施。金融隐私权具有财产性,明确或高额的赔偿能够对信息收集者以警醒并给予被侵权者更多的保障。金融隐私权兼具传统隐私权的人格性,除经济赔偿外的更多形式的赔偿措施亦能够更好地弥补被侵权者的人身伤害。其三,公益诉讼的推广。在大数据背景下,金融隐私被侵犯的波及面更加广泛,单个人的损失可能较小且维权困难,但大规模的信息泄露是社会大事件,赋予行业协会的诉讼资格或能够更好地遏制大范围的信息泄露事件。

(三)构架完善的征信机制

金融隐私的内涵丰富,信用信息是其中最为主要的内容。在开展金融活动过程中,身份信息等是必要的基础信息,但信用信息的收集、共享等亦是重要的金融隐私保护内容,则以信用信息为基础的征信业的现状及立法亦是金融隐私保护领域的重要内容。

1.大数据背景下征信机制模式的转化

我国目前的征信模式为中国人民银行征信中心一家独大,社会个人征信牌照难以下发,但企业征信机构蓬勃发展、鱼龙混杂,造成了社会整体征信机制的混乱。征信系统的建设还有很长的路要走,对于征信机制模式的转化是其中的重要部分。

首先,征信的初步转化应从高数量征信机构向高质量征信机构转化。在征信技术薄弱的情况下,征信平台越多信息收集就越全面,但现处信息技术发达的时代,征信平台要少而精、少而强。[1] 其次,整体征信模式中应加强个人征信。首批个人征信牌证的放缓使个人征信除中国人民银行征信中心外未全面建立。在信用开放和广泛运用的时代,个人征信急需弥补和完善。中国人民银行征信管理局局长万存知亦表达了建立个人征信机构的建议,中国人民银行应与互联网金融协会共同协力积极推进个人征信系统的建立。最后,征信模式的转化应从公共征信模式向公私兼有的模式。以中国人民银行征信中心为主的公共征信模式为我国征信的建立起到了带头作用,公共征信使对信息的保护、使用、收集等更易监管,也更能减少金融隐私侵犯的风险。但互联网金融的发展及私营企业信息处理能力的增强,以及市场对信用报告需求的增大,支持并帮助私营企业进入征信领域,特别是个人征信领域,能够使个人信用信息库更加完善,也是市场化发展的趋势。

---

[1] 《央行征信管理局万存知:征信平台要做到少而精》,载 http://finance.ifeng.com/a/20170617/15462503_0.shtml,最后访问日期:2017年10月2日。

2. 征信机制的规范化

征信机制作为金融隐私保护与信用开放的桥梁,其本身制度的完善对于两者的平衡亦至关重要。征信法律制度的完善也是对整个信用管理体系良好运行的保障。

(1)征信过程中信息流转的规范

征信过程中的信息流动与其他非征信机构的信息流动方式大致相同,可依据产权共享下的方式约定具体事项。但是由于征信机构为专门的数据收集、分析机构,其提供的服务项目本身即为信息处理之后的信用报告,基于其基本数据库的广泛和专业性,对其的法定约束和限制需要更加明确。

首先,规范征信机构信息收集和使用的范围。

征信机构采集信息的方式以个人同意为原则,[1] 同时亦包括无须经个体同意即可采集信息的方式,其中包括已公开的信息、司法部门提供的失信记录等。征信机构采集的信息范围通常以个人授权或同意范围为准,但法律有除外规定,明确了禁止收集的信息范围。我国《征信业管理条例》将敏感信息分为禁止类和限制类。禁止类包括宗教信仰、基因、指纹、血型、疾病和病史信息以及其他法律法规禁止的信息;限制类信息为一般不得采集,需要告知个人提供该信息可能的不利后果及其书面同意才可收集,包括收入、存款、有价证券、商业保险、不动产的信息和纳税数额信息。[2] 敏感信息主要多为带有歧视色彩的信息,通常认为敏感信息的使用或传播会使他人对当事人产生歧视,违背社会的公序良俗。[3] 但敏感信息的范围会随着社会状态、文化程度、风俗习惯的改变而改变。因此,法律法规中对于敏感信息范围的定义应保持开放的状态,以适应社会的发展。

除信息收集范围外,对其数据使用范围的明确亦是防范金融隐私泄露的重要法律保护措施。目前,我国征信机构运营不规范、非法买卖所获取的信息的乱象依然严重。[4] 针对信息的使用范围以同意为原则,将金融隐私产权的大部分分配给个人是现阶段对隐私保护必须把握的方向。征信机构应严格在法律规定及约定范围内使用信息,杜绝信息的滥用。

我国现采取的信息收集和使用的"二元"同意模式是保护个人金融隐私的重要

---

〔1〕《条例》第13条规定:采集个人信息应当经信息主体本人同意,未经本人同意不得采集。但是,依照法律、行政法规规定公开的信息除外。

〔2〕《条例》第14条规定:禁止征信机构采集个人的宗教信仰、基因、指纹、血型、疾病和病史信息以及法律、行政法规规定禁止采集的其他个人信息。征信机构不得采集个人的收入、存款、有价证券、商业保险、不动产的信息和纳税数额信息。但是,征信机构明确告知信息主体提供该信息可能产生的不利后果,并取得其书面同意的除外。

〔3〕参见张鹏:《论敏感个人信息在个人征信中的运用》,载《苏州大学学报》(哲学社会科学版)2012年第6期。

〔4〕参见王煜:《全面提高征信管理与服务水平》,载《中国金融》2013年第6期。

方式。有学者认为,采取信息采集(除敏感信息外)无须经过个人同意,仅在信息使用环节取得同意的“一元”同意模式更适合金融隐私保护与信息共享的平衡。[1] 笔者认为,在私营征信机构还未成熟、征信信息使用还未规范的阶段,采取“一元”同意模式容易进一步加深信息采集和使用的乱象,造成对金融隐私的侵犯,因此采取“二元”同意模式在金融隐私侵权现象严重的情况下是仍然需要维护的。

其次,明确个人在征信活动中的权利。

虽然征信机构的收集与使用遵循个人同意原则,但个人在征信活动中提供信息之后,该信息将不再处于个人的掌控之中,实则仍处于劣势。除同意权之外,法律法规应该在限制征信机构权限的同时明确和赋予个人更多的权利,使其能维护自身的金融隐私权,亦能够监督征信机构的征信活动。

其一,知情权。知情权不仅包括个人有权查阅自己的信用档案,了解信用状况及信用评级的权利,还包括了解征信机构对其信息披露、保存方式的权利等。保证其知情权能够充分了解信息使用和流转的状况以更好的监督征信机构的运营,且能够使个人更加了解自身信用状况。其二,查询权。个人有权依照正当程序,查询自身的信用报告。征信机构应在核实个人身份后,及时为其提供所查询的信息。其三,异议权。异议权建立在知情权和查询权的基础上,是个人维护自身信用信息正确,通过救济途径修正其错误的重要方式。《条例》中对于信息主体的异议权进行确认,对征信机构处理异议的时限、回复方式等作出了具体规定。其四,删除请求权。我国法律仅规定了征信机构对于不良信用信息保存5年后的删除义务,并未赋予个人删除请求权。国外涉及信息删除的情形包括收集途径不当或已完成特定目的的信息的删除,此类信息事实上因程序违法或目的达标而失去了保存的意义,若继续保留此类信息反而会存在信息被泄露而侵犯金融隐私的风险。赋予个人删除请求权能够更好地监督征信机构对信息的管理,使信息的保存更合理,亦减少信息的泄露风险。

最后,建立统一的信用评估标准。

信用评估是信息流转中的重要环节,也是征信活动最终指向的内容。美国很早便开始对信用评估指标的探索,已经形成了较完善的信用评级方法。[2] 我国的信用评估尚处于起步状态,关于信用评估法律法规缺失,对信用评估指标的研究缓慢还未形成统一的评估标准。信用报告作为征信活动的主要产品,是促进信用开放和信息共享的重要途径。一旦信用报告失实便失去了数据的价值,且错误信息的传递

---

〔1〕 参见吴国平:《个人信息开放与隐私权保护——我国征信立法疑难问题探析》,载《法学杂志》2005年第3期。

〔2〕 例如,美国邓白式公司从早期对企业信用评估5个指标(如应收账款)到现在建立的邓式编码及完整的评级模型指标体系。

在信用开放的环境中会带来一系列负面影响。在建立完善的征信体系过程中,需要不断调整寻找与市场经济发展相适用的统一信用评估标准。

(2)加强政府监管与行业自律

美国和欧洲采取不同的监管方式,美国是分业立法模式下的分散式监管,而欧洲则采取统一的监管模式。我国在征信机构的监管方面,应以保护个人信用信息为基础,同时保障征信业的良好发展。[1] 政府的监管是促进征信健康发展的重要推手。加强政府监管主要可以分为以下两个方面:一为监管权责的明确;二为对征信机构的全面监管。现由中国人民银行及其派出机构作为征信机构的监管部门,统一的监管能够提升监管的效率,但亦可能产生监管权滥用的现象,仍然需要进一步明确监督处罚权力和职责,以及监督方式和范围,通过规范的监督行为完善征信建设。

政府监管是一种外部的、刚性的监管,是必需的一道防线。但政府监管成本大,对行业发展把控不敏锐,辅之以行业自律能够弥补此不足,将责任和保密义务等内化为行业意识,从内部推动行业的规范化。各地已经出现一些行业协会,如北京信用协会、广东省信用协会等,正逐步推进行业协会的建设。发达的行业自律能够在征信业中发挥重要的作用,其不仅能够以其市场灵敏性和专业性推动征信的成熟,还是与政府沟通的桥梁,可代表整个行业与政府共同协商,提出建设性意见。

五、结语

金融隐私权利的保护在大数据时代产生了新的问题。面对技术的发展和互联网经济的推动,金融隐私被大量泄露、金融隐私权利保护制度受到新的冲击。而大数据随之带来的对信息共享的需求和信用的多样化运用造就了信用开放的必然趋势。大数据时代使金融隐私保护和信用开放的冲突更加明显。平衡两者的冲突需要结合现实的法律环境和社会状况,选择正确的途径。

对于金融隐私保护和信用开放的平衡,需要多方位的共同发展。基于我国的现状,金融隐私共享产权的合理分配是平衡两者的基础,明确、合理的产权分配能够使个人与机构义务的承担和权利的行使更加明晰。在此基础上,结合我国金融隐私保护力度欠缺的现状,对金融隐私实施多元保护是防止过度信用开放的重要方式。信息收集者对保密义务的履行、行业协会的自律、政府监管和司法救济的保障及个人信息保护意识的提高构成了对金融隐私的多角度保护。此外,处于大数据时代,信息共享需要一个良好的渠道,征信机制正扮演金融隐私保护和信用开放之间的桥梁,更完善和成熟的征信机制能够使两者相互平衡,共同健康发展。

---

[1] 参见陈真真:《个人征信和信用信息权利保护的冲突与平衡》,山东大学2014年硕士学位论文。

如何平衡金融隐私保护和信用开放是数据爆炸和时代发展中需要不断探讨的问题。在新的社会环境下,面对新的时代变化和科技的进步,两者的平衡将会需要新的思考。

P2P网络借贷中的非法集资问题研究

——基于"善林金融案"的几点思考

熊雪雨*

一、引言:非法集资概念的厘清

2018年4月24日上海市公安局官方微博"警民直通车—上海"发文称:善林金融通过推出各种不同期限、不同收益率的理财产品,吸引社会大众资金形成资金池,供周某某等人任意使用。经查,善林金融对外宣称的投资项目并无盈利能力,其通过借新还旧的方式偿还前期投资人到期本息,随着时间推移,资金缺口越来越大,最终导致崩盘。据此,善林金融系典型的"庞氏骗局",已涉嫌非法吸收公众存款罪。[1] 此案一出,再度引发了社会各界对于P2P网络借贷平台合法性问题的讨论。特别是,在近几年国家层面接连出台相关法律文件[2]进行严厉规制的大背景下,P2P平台被爆出涉嫌非法集资的案件却依旧屡见不鲜。P2P平台与非法集资之间到底存在何种联系? P2P平台合法与非法的界限何在?

据网贷天眼研究院不完全统计,2018年3月P2P网贷行业成交额达1919.83亿元,环比上涨11.78%,同比下降11.95%,贷款余额在稳定增长的趋势下突破1.2万亿元,环比上涨3.01%。截至2018年3月31日,我国P2P网贷平台数量累计达6067家,新增问题平台45家,累计问题平台达4042家,在运营平台2025家,同比增长11.88%。[3] 以上数据表明:在中国,P2P网贷行业的规模是很大的,单月行业成

---

* 上海交通大学凯原法学院法学硕士研究生。

〔1〕 参见《有存管的善林金融被定性非吸,存量平台请还投资者一个风险提示》,载搜狐财经:https://m.sohu.com/a/229422169_640002/? pvid=000115_3w_a,最后访问日期:2018年4月28日。

〔2〕 与P2P网贷平台相关的主要法律文件:(1)《网络借贷信息中介机构业务活动管理暂行办法》[中国银行业监督管理委员会(已撤销,现同中国保险监督管理委员会合并为中国银行保险监督管理委员会,下同)、工业和信息化部、公安部、国家互联网信息办公室令2016年第1号];(2)《网络借贷信息中介机构备案登记管理指引》(银监办发〔2016〕160号);(3)《网络借贷资金存管业务指引》(银监办发〔2017〕21号);(4)《网络借贷信息中介机构业务活动信息披露指引》(银监办发〔2017〕113号)。

〔3〕 《3月网贷行业报告》,载网贷天眼:https://news.p2peye.com/article-511553-1.html,最后访问日期:2018年4月28日。

交额高至千亿元,平台数量达到6000多家。但与此同时,问题平台的数量也在不断增加。P2P网贷,作为一种打破以银行为金融中介机构进行交易的传统借贷的新模式,体现了互联网金融去媒化的特征,促进了民间借贷市场的活跃程度。但正是由于P2P网贷的去媒化,使平台用户之间点对点的交易行为不容易受到监管机构的规制,从而导致P2P平台成为大量不法分子非法集资的工具。因此,本文将以P2P平台的运营模式为中心,进一步对P2P网贷中的非法集资问题进行探讨,以期厘清P2P网贷平台合法与非法的界限所在。

非法集资,从字面上去理解,就是指利用不合法的方式向社会公众募集资金的行为。按照我国相关管理制度的规定,一般而言,只有经过监管机构的批准,行为人才可以实施向公众募集资金的行为。商业银行就是一个典型的例子。在我国,经过银监会的批准设立后,商业银行可以从事吸收存款、发放贷款以及办理结算等业务。除了商业银行外,我国还存在其他一些金融机构和非金融机构,它们也可以从事吸收公众资金的行为。比如,保险公司和证券公司等金融机构,只要通过了中国保监会和证监会的批准,也可以实施吸收公众资金的行为。一些上市公司经过证监会的审查和批准可以通过公开发行股票的方式向公众募集资金,借此来满足企业自身发展的资金需求。以上所列的募集资金的行为都是经过了相关监管机构批准的合法行为,这些行为自然不属于非法集资的范畴。

既然通过特定监管机关批准的向公众募集资金的行为是合法行为,那么未经有关机构批准或者采用其他非法方式募集资金行为显然就是所谓的非法集资行为。至少在文义上,这种解释是行得通的。但是如果仅仅根据这种解释来界定非法集资的标准,我们会发现这种做法在实践中往往会造成诸多问题。首先,如何将非法集资行为与合法的民间借贷行为进行区分?其次,如何判断一个非法集资行为是属于行政意义上的违法行为还是刑事意义上的犯罪行为?合理地解决上述两个问题对于确定非法集资行为的范畴十分必要。

(一)非法集资与民间借贷的区别

在实践中,有关机关在对非法集资行为与民间借贷行为进行认定时经常出现分歧。以曾经在全国轰动一时的"吴某案"为例,在"吴某案"进入死刑复核程序时,社会上出现了很多反对的声音。律师张思之就曾致信给最高人民法院,声称:吴某的行为本质上更倾向于是一种合法的民间借贷行为,只不过,因其数额巨大、并且无力偿还,社会危害性极大,但该行为并不构成刑法上的集资诈骗罪。[1] 最终,最高人民法院并未核准吴某的死刑判决。由此可见,在实践中,厘清非法集资与民间借贷的认定标准是十分有价值的,这既有利于保障人权,也有利于实现司法公正。

---

〔1〕 非法集资是一个大的概念,我国刑法体系中并不存在一个名为"非法集资罪"的罪名,但是非法集资犯罪行为确实包括多个罪名,集资诈骗罪是其中一种。

如上文所述,非法集资行为是指未经有关机关批准或者采用其他非法方法向社会公众募集资金的行为。该定义表明,构成非法集资活动的核心要素有三个:非法性、集资性、面向公众性。非法性主要是指未经有关机关批准。具有集资性质的行为是指通过虚构交易或者其他承诺未来回报的方式对相对人进行募集资金的行为。在这种具有集资性质的交易方式中,集资者能够立刻获得资金,但对方并不能立刻得到回报,相对人就相当于做出了一个"被动性"的投资行为。[1] 这与普通的买卖不一样,在一个正常的买卖交易中,卖方通过卖出商品得到资金,而买方则通过支付价款获得了合同标的物的所有权。买方购买商品是为了使用和消费,不是为了投资,其合法权益可以通过我国《合同法》和《消费者保护法》这两部法律得到保障。在这种情况下,卖方的行为不是我们这里所讨论的具有集资性质的行为。但是,如果集资方通过虚构交易,或者承诺在未来的一定期限内以给予另一方回报的方式来得到资金,这时另一方就要承担集资方所带来的信用违约风险。因此,这种具有集资性质的行为是需要有关国家机构进行监管和控制的。而至于第三个要素,我们可以将其理解为"不特定对象"。但对于不特定对象的含义,还需要做进一步的探讨。其实,监管者之所以要对非法集资行为进行打击是为了保障社会公众的合法利益。与一些专业人士相比,社会公众不具备一定的对信息进行分析和处理的能力,这就导致他们缺乏自我保护的能力,国家监管机构要对其给予特别保护。因此,当在判断是否属于社会公众时,真正的标准并不在于对象是否特定,而在于集资对象是否具有保护自己的能力。

所谓的民间借贷是指特定的平等民事主体之间借贷资金的行为。对于民间借贷,一般认为,只要双方约定的利率不高于法律的强制性规定,该行为就是合法有效的。因此,民间借贷行为与非法集资行为的首要区别就在于法律后果不同:民间借贷行为是基于借贷合同双方的合意而发生的合法行为,在符合法律规定的条件下,当事人之间的民间借贷行为是受法律保护的,而非法集资行为则是法律明令禁止的违法行为。此外,两者针对的对象也有所不同。非法集资行为针对的是不特定对象,而民间借贷针对的是特定对象。并且,正是由于民间借贷仅仅是发生在特定民事主体之间的借贷行为,所以尽管在大多数情况下,民间借贷行为也具有集资性质,[2] 但仍旧属于合法行为。

(二)非法集资的行政监管标准与刑事标准

非法集资行为是未通过有关机关批准或者采用其他非法方式向公众募集资金

---

〔1〕 参见彭冰:《非法集资行为的界定——评最高人民法院关于非法集资的司法解释》,载《法学家》2011年第6期。

〔2〕 借贷双方会约定支付利息,而这本身就是借款人为了获得借款而向出借人作出的支付未来回报的一种承诺。

的行为。根据上述定义,非法集资行为首先表现为一种违反金融监管要求向公众筹措资金的行政违法行为,只有当该行为的社会危害性达到了一定程度、满足了一定的入罪标准时才会构成犯罪行为。这说明行政违法性的非法集资行为与刑事违法性的非法集资行为之间是一种递进关系。

从行政监管的角度来看,我国行政法律体系中并不存在专门规制非法集资行为的行政法律法规,更多相关规定分散于不同的行政规范性法律文件中,但这并不妨碍我们对行政违法性的非法集资行为进行研究。事实上,一个行为只要具备上文所提到的非法集资活动的三个核心构成要素,就可以初步将其认定为行政违法性的非法集资行为。对于该行为,适用行政法律法规进行处罚,行为人承担的是行政违法责任,承担责任的方式主要表现为罚款等行政处罚。至于该行为是否会进一步转化为刑事违法性的犯罪行为,则与非法集资行为的刑事认定标准有关。

总体来说,相较于行政违法方面的认定标准而言,我们可以将非法集资行为的刑事认定标准笼统地概括为:具有更大的社会危害性。对此,根据最高人民法院 2010 年发布的《关于审理非法集资刑事案件具体应用法律若干问题的解释》(以下简称《司法解释 2010》)第 1 条的内容,就可以得出上述结论。根据《司法解释 2010》第 1 条规定,非法性、公开宣传、回报承诺和面向公众是认定非法集资所必须采用的四个标准。[1] 其中,回报承诺与上文提到的"集资性质"本质是一样的。这样一来,刑事标准仅仅比行政标准多了一个"公开宣传"。最高人民法院之所以要在满足行政三标准的基础上再加上一个"公开宣传",主要是因为:一旦进行"公开宣传",就可能会使更多的社会公众牵涉其中,其社会危害性就更大。换言之,若仅从行政监管的角度来看,集资者无论是否采用了公开宣传手段,只要其非法面向公众筹集资金,都可以认定为构成非法集资,但若在定罪量刑时,"公共宣传"则可能是一个必备要件。[2] 这就说明,与行政违法意义上的非法集资行为相比,非法集资犯罪行为的重要特征是具有更大的社会危害性。

如何认定一个行为具有更大的社会危害性?不同罪名的认定标准有所不同。首先,根据我国《司法解释 2010》规定,非法集资犯罪行为主要包括以下几种罪名:非法吸收公众存款罪,集资诈骗罪,擅自发行股票、公司、企业债券罪,非法经营罪,虚假广告罪。此外,根据《司法解释 2010》第 1 条规定可以得知,上述各个具体罪名

---

〔1〕《司法解释 2010》第 1 条规定:违反国家金融管理法律规定,向社会公众(包括单位和个人)吸收资金的行为,同时具备下列四个条件的,除刑法另有规定的以外,应当认定为《刑法》第 176 条规定的"非法吸收公众存款或者变相吸收公众存款":(1)未经有关部门依法批准或者借用合法经营的形式吸收资金;(2)通过媒体、推介会、传单、手机短信等途径向社会公开宣传;(3)承诺在一定期限内以货币、实物、股权等方式还本付息或者给付回报;(4)向社会公众即社会不特定对象吸收资金……

〔2〕参见彭冰:《P2P 网贷与非法集资》,载《金融监管研究》2014 年第 6 期。

之间是一种普通罪名与特殊罪名的关系。其中,非法吸收公众存款罪为普通罪名,而其他罪名则为特殊罪名,在不构成其他具体罪名时,非法吸收公众存款罪为兜底罪名。其次,对于不同的罪名而言,由行政违法的非法集资行为转化为刑事违法的犯罪行为的标准——入罪标准也有所不同,即更大的社会危害性的认定标准有所不同。以最常见的非法吸收公众存款罪和集资诈骗罪为例。对于非法吸收公众存款罪,根据我国《司法解释 2010》第 3 条第 1 款规定:个人非法吸收或者变相吸收公众存款,数额在 20 万元以上或者对象为 30 人以上时,单位非法吸收或者变相吸收公众存款,数额在 100 万元以上或者对象为 150 人以上时,应当依法追究刑事责任。从表面上看,这一标准通过金额和人数上的限制来使其符合"具有更大的社会危害性"这一原则,具有一定的合理性。但是,一旦将其适用于 P2P 网络借贷领域,该标准所存在的问题就随之突显出来了。原因在于:P2P 作为一种借贷型众筹,[1] 分散风险的绝佳办法是多个投资人小额投资。换言之,对某一借款人通过网贷所融的总体借款金额设置上限有其必要性,但对同一项目设置投资人数的限制,则在网贷小额分散投资的特性下不甚妥当。[2] 至于集资诈骗罪,根据我国《刑法》第 192 条的规定,行为人以非法占有为目的,使用诈骗方法进行集资,只有当"数额较大"时才能成立集资诈骗罪,追究其刑事责任。而按照我国《司法解释 2010》第 5 条的规定:个人进行集资诈骗时,所谓的"数额较大"是指数额在 10 万元以上;单位进行集资诈骗时,所谓的"数额较大"是指数额在 50 万元以上。

二、中国 P2P 网贷运营模式现状

自 2007 年拍拍贷平台出现后,中国 P2P 网贷市场蓬勃发展。至今,P2P 网贷,这种新型的借贷方式已经在我国衍生出了很多独具特色的模式。中国的 P2P 市场体量大,运营模式纷繁复杂,要想穷尽其所有的操作方式,恐怕有些困难。因此,本文只介绍目前在中国市场中存在的大多数 P2P 网贷平台在运营时所采用的几种基本的商业模式。

(一)纯平台模式

纯平台模式是 P2P 网贷最早出现的一种模式。纯平台模式 P2P 坚持仅仅充当信息中介的原则,不将自有资金投入借贷交易中。[3] 在这种模式中,平台通过提供互联网线上服务为交易双方提供交易信息,交易者在交易成功后支付一定的服务费作为报酬给平台。除此之外,借款人的违约风险由出借人承担,平台不提供任何的

---

〔1〕 参见彭冰:《股权众筹的法律构建》,载《财经法学》2015 年第 3 期。

〔2〕 参见纪海龙:《P2P 网络借贷法律规制的德国经验及其启示》,载《云南社会科学》2016 年第 5 期。

〔3〕 参见叶湘榕:《P2P 借贷的模式风险与监管研究》,载《金融监管研究》2014 年第 3 期。

担保。在我国,拍拍贷是纯平台模式的典型代表。拍拍贷自成立以来,一直坚持信息中介性质,并且在风控体系建设方面越来越完善:第一,拍拍贷对自有资金和客户资金进行独立分账管理;第二,针对每一笔借款,魔镜风险〔1〕评估系统会给出一个风险评分,以反映对逾期率的预测,每一个评分区间会以一个字母评级的形式展示给借入者和借出者,从AA到F,风险不断上升;第三,为了保障投资人的利益,拍拍贷实施了风险保障计划。〔2〕纯平台模式是一种直接融资方式,体现了金融去媒的特征。

(二)保证本金(利息)模式

保证本金(利息)模式是指平台向出借人提供本金或本金和利息的保证,以此来吸引大量的投资者用户。实际上,迫于市场竞争压力,除了拍拍贷,几乎所有平台都为出借人提供了本金或本金和利息保证。〔3〕只不过,不同平台担保的方式会有所不同。比如,有的平台通过提取风险准备金提供担保,有的则引入第三方担保机构提供担保。〔4〕在这种模式下,提供担保的担保机构承担了借款人的信用风险,公众投资人完全依赖于担保机构的信用,以至于没有动力去选择借款人,对公众投资人的保护也因此取决于对该担保机构的监管。与纯平台模式相比,该模式的内部运行机制更为复杂。

(三)信贷资产证券化模式

这种交易方式在P2P网贷行业中,主要表现为一些担保机构和小额贷款公司通过建立自己的平台或者与其他平台合作,将自己的担保产品或小额信贷资产打包成理财产品通过平台销售给平台的投资人,其过程就类似于信贷资产证券化。〔5〕陆金所就是采用信贷资产证券化模式的平台之一。陆金所平台上经营的项目有上百种,但并不是所有的项目都是P2P项目。据了解,在陆金所经营的项目中,只有陆金服〔6〕平台上的项目才是我们日常所说的P2P项目,如"慧盈—安e""慧盈—安e+"

---

〔1〕《魔镜等级》,载拍拍贷官网:https://help.ppdai.com/Home/List/12,最后访问日期:2018年4月28日。

〔2〕《风险保障计划》,载拍拍贷官网:https://www.ppdai.com/help/riskmarginplan,最后访问日期:2018年4月28日。

〔3〕参见叶湘榕:《P2P借贷的模式风险与监管研究》,载《金融监管研究》2014年第3期。

〔4〕参见彭冰:《P2P网贷与非法集资》,载《金融监管研究》2014年第6期。

〔5〕参见叶湘榕:《P2P借贷的模式风险与监管研究》,载《金融监管研究》2014年第3期。相同观点参见傅巧灵、张诗悦:《P2P网贷类资产证券化的风险机理与监管》,载《银行家》2016年第12期。

〔6〕陆金服是陆金所旗下专门提供网络借贷中介信息服务的网贷平台。其实,在陆金所平台成立之初并不存在陆金服网贷平台,该平台是在《网络借贷信息中介机构业务活动管理暂行办法》公布之后,陆金所为了完成整改而专门设立的。

项目。[1] 陆金所的这两个 P2P 项目所采用的模式与保证本金(利息)模式并无太大差异,其“信贷资产证券化”模式体现在该平台的其他项目中。这些非 P2P 项目大多数是一些金融机构设计的理财产品或者资产管理计划。这些金融机构将这些产品通过陆金所的互联网平台进行在线销售。在这个交易过程中,陆金所仅仅为交易双方提供网上交易平台的居间服务,而不作为产品的销售方,所有与第三方产品销售有关的纠纷由个人会员与金融机构自行解决。[2] 具体交易结构如图 1 所示。

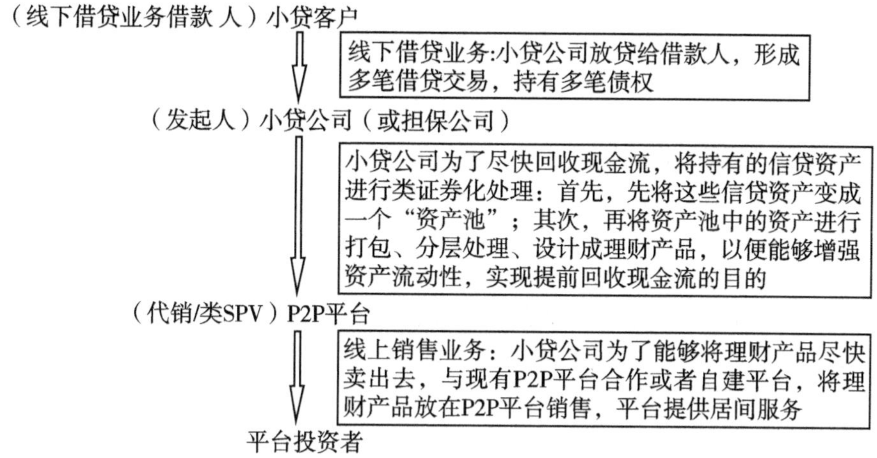

图 1

从上述交易结构可以看出,所谓的“信贷资产证券化”模式的 P2P 与真正意义上的“资产证券化”还是存在差异的,这些差异体现在:(1)形成的不是资产支持证券而是理财产品;(2)P2P 平台只是代销平台,并不能充当真正的 SPV;(3)小贷公司与 P2P 平台之间并未实现风险隔离,风险一直都是由小贷公司在承担。[3] 但是该交易结构又确实体现了“资产证券化”的一些思想,比如,小贷公司打包债权,将债权进行分层处理,之后又放到 P2P 平台上销售,因此将其称为“信贷资产证券化”模式也并无不妥。

---

〔1〕 参见《陆金服服务介绍》,载陆金服网:https://www.lup2p.com/about/introduction_ljf.html,最后访问日期:2018 年 4 月 28 日。

〔2〕 参见陆金所:《第三方产品线上服务协议》,载陆金服网:https://www.lu.com/help/help_project_fuying.html,最后访问日期:2018 年 4 月 28 日。

〔3〕 参见肖洋:《解析 P2P 网贷平台业务资产证券化到底是什么?》,载和讯网:http://p2p.hexun.com/2015-05-12/175741420.html,最后访问日期:2018 年 4 月 28 日。

(四)债权转让模式

债权转让模式是指当借款人有借款需求时,借款双方并不直接发生债权债务关系,而是先由与平台紧密关联的第三方个人(一般为平台的内部人员)先行放款给资金需求者,然后再由第三方将债权转让给平台投资者。在债权转让过程中,P2P网贷平台往往会将债权进行拆分,形成期限不同、金额不同的份额出售给投资人,以便能够同时满足出借人和借款人的需求,增加资金的利用程度。[1] 在这种模式下,网贷平台实施了一系列期限错配、金额错配的行为,这很容易引发流动性风险。并且,在期限错配的情况下,债权转让模式实质上也构成信贷资产证券化,[2] 具体论述过程见下文。宜信就是采用债权转让模式的平台之一。

三、P2P网贷与非法集资

首先,在所有的P2P网贷运营模式中,不可避免的一个问题就是借款人可能利用平台进行非法集资。一般而言,未经有关机关的批准,任何单位或者个人都不能向社会公众募集资金。因此,从理论上讲,那些活跃在P2P平台上的借款人的行为天然构成非法集资。但鉴于法律的滞后性,如果一味对这种金融创新活动进行打击,无疑会阻碍我国金融领域的发展。因此,对于借款人的行为,相关监管机构还是要根据具体情况,并且结合借款人的主观方面来加以规范以及认定。既然所有P2P网贷模式中的借款人都有可能涉嫌非法集资,那P2P平台是否也会涉嫌非法集资呢?对于这个问题,下文将结合P2P网贷运营模式来进行具体分析。

(一)纯中介模式P2P与非法集资

纯中介模式的P2P是为出借人和借款人提供信息的平台,一般而言,采用这种运营模式的P2P平台是不会涉嫌非法集资风险的。但是,在实践中,有些借款人往往会利用P2P网贷平台,在平台上发布虚假的借款信息进行募集资金,有的甚至在标满后直接携款逃跑。在这种情况下,特别是当借款人的行为构成刑事非法集资犯罪时,P2P网贷平台是否会构成非法集资呢?对于这个问题,我国法律有明文规定。最高人民法院、最高人民检察院和公安部2014年联合下发的《关于办理非法集资刑事案件适用法律若干问题的意见》(以下简称《司法解释2014》)的规定:"为他人向社会公众非法吸收资金提供帮助,从中收取代理费、好处费、返点费、佣金、提成等费用,构成非法集资共同犯罪的,应当依法追究刑事责任。"根据上述条款可以得知,当借款人的行为构成非法集资犯罪时,由于P2P平台为借款人提供了帮助并收取了手续费,平台很有可能构成非法集资犯罪的共犯,从而要承担相应的刑事责任。因此,

---

〔1〕 参见张超:《P2P债权转让模式中的制度创新与风险监管》,载《中财法律评论》(年刊)2015年第00期。

〔2〕 参见易燕、徐会志:《网络借贷法律监管比较研究》,载《河北法学》2015年第3期。

在这种模式下,P2P 平台在进行操作时应该对借款人进行一定程度的尽职调查,只要平台能够证明自己已经尽到了尽职调查的义务,就可以推定其在主观上并不存在过错,自然不构成非法集资犯罪的共犯。

(二)保证本金(利息)模式 P2P 与非法集资

保证本金(利息)模式 P2P 通过对出借人的本金或者本金和利息进行担保的方式来吸引投资者。首先,在平台用自有资金进行担保时,平台变成了无证经营的担保机构,并且由于平台已经承担了借款人违约风险,利益驱动会促使其成为真正的借款人。这样一来,保证本金(利息)模式就很容易演变成实质上的平台自融模式,平台就会变成非法集资者。其次,如果平台不是用自有资金进行担保,而是通过引入第三方担保机构来对出借人的利益进行担保,借款人的信用违约风险由第三方担保机构承担。虽然此时 P2P 平台不作为担保的一方,但第三方担保机构与平台之间往往会存在某种利益关系。因此,为了便于理解,我们可以将平台与担保机构看作一个利益共同体。在这种情况下,该模式就与平台自行担保的模式无本质上的差异,其内部存在的风险可想而知:第一,平台借助担保优势发布虚假借款信息进行自融资金;第二,担保机构利用平台推销自己所担保的产品。在第一种情况下,平台的行为显然构成非法集资;而在第二种情况下,所谓的保证(本金)模式则衍生出了第三种模式——信贷资产证券化模式。

(三)信贷资产证券化模式 P2P 与非法集资

所谓信贷资产证券化模式就是理财产品的在线销售。与 P2P 平台的其他运营模式相比,信贷资产证券化模式 P2P 平台的特点在于:在该模式下,借贷业务主要在线下完成,线上主要是销售理财产品。这一点在上文的交易结构图中已经有所体现。从表面上看,信贷资产证券化模式的 P2P 平台好像并不会存在非法集资风险,但实则不然。实践中,由于大多数 P2P 平台销售的理财产品的底层资产实际上就是金融机构所持有的信贷资产(如小贷公司所持有的债权),这些资产均不具有流动性或者流动性很弱,[1]因此,按照金融行业关于投资者保护的基本原理,这些产品一般不能通过 P2P 平台面向社会公众进行公开销售,只能向合格投资者进行定向销售。否则,有关金融机构就会构成非法集资,而 P2P 平台就会构成非法集资的共犯。具体而言,如果一家金融机构为了销售自己的理财产品自行建立了 P2P 平台或者借助其他 P2P 平台,但该金融机构在产品协议中明确表明此理财产品只能由符合规定的合格投资者投资,其他普通投资者则不能购买。那么,在这种情况下该金融机构是不构成非法集资的,P2P 平台也不会构成非法集资的共犯。因为这种方式仅仅是将线下销售模式转移到了线上,这跟卖家在淘宝网上开网店的原理是一样的,线上

〔1〕 参见彭冰:《P2P 网贷与非法集资》,载《金融监管研究》2014 年第 6 期。

销售与线下销售唯一的不同就是突破了地域限制,其对象还是那些符合条件的合格投资者。但如果某些金融机构设立 P2P 平台或者借助 P2P 平台销售自己的理财产品是为了逃避监管,在产品协议中对投资者没有进行任何限制或者在表面上虽有限制但实际上没有限制,则此时该金融机构的行为构成非法集资,平台也可能会被认定为非法集资的共犯。因为,在这种模式下,平台为投资者和金融机构提供居间服务的同时也会收取一定的服务费,符合《司法解释 2014》规定的情形。而为了证明自己与这些金融机构之间不存在共同故意,P2P 平台还需要对投资者的资质、产品协议等方面进行一定程度的实质审查。

(四)债权转让模式 P2P 与非法集资

债权转让模式是指当借款人需要借款时,先由与 P2P 平台紧密联系的第三人先行放贷,然后再将该债权转让给平台上的投资者。在这个过程中,由于社会公众无法探知 P2P 平台与第三人的真正关系,因此,所谓的先行放贷的第三人很有可能就是 P2P 平台本身。在上述情况下,很显然,P2P 平台就承担着信用中介的作用。并且在实践中,有些 P2P 平台为了方便债权的转让、提高该债权的流动性,会将债权进行拆分。这就导致平台的作用更像是一个"影子银行",它一边从事着对借款人进行放贷的业务,另一边却在不断地通过债权转让从事着吸收社会公众资金的行为。在这种交易模式下,由于自有资金的介入,P2P 平台所具有的非法集资风险更为突出。

但在一个具体的案例中,对于采用债权转让模式运行的 P2P 平台是否构成非法集资的问题,还是要根据具体情况来进行讨论。债权转让是我们日常生活中常见的一种融资方式。我国《合同法》对民事主体之间的债权转让作出了明确规定,该法第 79 条规定,债权人可以将合同的权利全部或者部分转让给第三人,但有下列情形之一的除外:(1)根据合同性质不得转让;(2)按照当事人约定不得转让;(3)依照法律法规不得转让。这就说明,民事主体之间债权债务关系的转让只要不违反上述情形,该转让就是合法有效的。将此规定运用在 P2P 债权转让模式中,可以得出一点结论:有些采用债权转让模式运营的 P2P 平台的行为也可能是合法有效的。因此,对于债权转让模式的 P2P 平台而言,最关键的问题就是将平台的合法行为与非法行为进行类型化。对此,下文将通过一个例子来进行说明。

首先,一个借款人由于资金周转困难想通过一个 P2P 网贷平台进行借款,此时该网贷平台会向与其具有紧密关系的第三人推荐这个借款人,由这个第三人向借款人进行放贷(注意:在这个过程中,P2P 平台与第三人之间的真正关系,我们是无法探知的)。如果根本就不存在第三人,所谓的第三人仅仅是 P2P 平台虚拟出来的,真正的贷款人就是平台本身,此时 P2P 平台实质上是从事了一项贷款业务。在中国,虽然经营贷款业务并不要求非得持有商业银行牌照,如小贷公司、信托公司等也可以发放贷款,但毋庸置疑的是,经营贷款业务需要相应牌照。[1] 换言之,即使没有商业银行牌照,也必须要持有其他类型的合法牌照才能经营贷款业务。这样一来,在 P2P 平台未取得任何相关牌照的情况下,其发放贷款的行为首先就构成非法经营。因此,为了规避监管,大多数 P2P 平台在表面上并不会直接放贷给借款人,而会先行引入一个第三人。如果在这个过程中真的存在一个第三人,平台只是为借贷双方提供信息,那么至少在这个阶段 P2P 平台的行为是合法的。

接下来,继续讨论之后的交易中可能存在的问题。当第三人放贷给借款人之后,该第三人就对借款人享有债权,为了能够尽快回收现金流,该第三人就想把债权转让出去。此时,根据我国《合同法》第 79 条的规定,该第三人在转让时可以选择全部转让,也可以选择部分转让。因此,在维持期限不变的情况下,仅仅将债权金额进行拆分的方式是合法的。并且,根据我国《合同法》的相关理论,所谓的合法债权转让交易中所转让的债权与未转让之前的债权应该是具有同一性的。换言之,债权人是将针对债务人的债权转让给了受让人,受让人受让的还是对原债务人所享有的债权,而原债权人则通过这样的交易安排使自己从原有的债权债务关系中脱离出来。即当债务人违约时,原债权人不承担任何责任,受让人只能要求债务人承担违约责任。但是,在现实的交易中,为了增强债权转让的流动性,债权人往往会通过采用期限错配的方式来满足各类投资人的需求,促进其债权转让。在这个过程中,所谓的债权转让模式就出现了异化现象,即受让人所受让的债权与原有债权的履行期限不同。这直接导致在债权到期后,向受让人承担履行责任的不再是债务人,而是出让人(第三人),此时该第三人的行为就不再是合法的债权转让行为,而会构成非法集资行为。[2] 原因如下:(1)将现有债权进行时间的错配,实际上就是先形成“资产池”,然后再根据现实情况将其进行分层的行为,其过程实质上与信贷资产证券化的行为相似;[3](2)被错配的债权不再具有原债权的特征,此时投资者受让的债权本质上不再是针对原债务人的债权,而是针对该第三人的债权;(3)当受让人所受让的债权的履行期通过错配安排晚于原有债权的履行期时,第三人此时可以获得对应的期限利益。上述三种原因都表明:被错配了的债权转让行为已经完全不符合我国《合同法》所要保护的合法的债权转让行为形式,并且,在这种错配的债权转让交易中,该第三人所从事的行为与我国某些金融机构所从事的行为本质无异——第三人

---

[1] 参见纪海龙:《P2P 网络借贷法律规制的德国经验及其启示》,载《云南社会科学》2016 年第 5 期。

[2] 相同观点参见杨振能:《P2P 网络借贷平台经营行为的法律分析与监管研究》,载《金融监管研究》2014 年第 11 期。

[3] 关于这一点,在上文介绍债权转让模式时也有提到。

发放贷款,然后通过类似于信贷资产证券化[1]的方式将贷款进行错配、分层得到新的债权,再将其转让给其他投资者。在这个过程中,第三人可以实现现金回流,也可以通过期限错配获利,其行为显然符合非法集资的构成要件。

同时,如果该第三人实质上是平台本身,则此时 P2P 平台的行为构成非法集资。如果该第三人仅仅是与平台存在紧密联系的自然人,P2P 平台也会构成非法集资的共犯,并且此时 P2P 平台很难证明其与该第三人之间不存在共同故意。因为在这种情况下,首先,该第三人是与平台具有紧密联系(大多数情况下为平台内部人员)的第三人,平台定向地把借款人推荐给这个第三人,说明第三人的放贷行为是受平台控制的;其次,该第三人将债权拆分后通过平台向其他投资者转让,平台并未阻止其进行转让,说明平台对其行为是认可的,并且愿意帮助其转让。上述两个原因足以表明平台在主观上具有故意,构成非法集资共犯。

四、网络借贷信息中介机构监管细则的比较法评析

截至目前,在对 P2P 行业进行规范监管方面,适用最为普遍的是 2016 年 8 月 24 日由中国银行业监督管理委员会、中华人民共和国工业和信息化部、中华人民共和国公安部、国家互联网信息办公室联合发布的《网络借贷信息中介机构业务活动管理暂行办法》(以下简称《管理办法》)。该《管理办法》自颁布以来,一改我国在 P2P 领域的监管真空状态,使各级机关、各有关部门在对 P2P 平台进行监管时能够实现有法可依。从法律性质来看,该《管理办法》属于部门规章,是具有法律效力的规范性法律文件。从内容上看,该办法一度被业界称为"史上最严厉的网贷新规",使 P2P 行业一度陷入一种紧张和低迷的氛围之中。虽然,目前针对 P2P 网贷平台的管理办法已经瓜熟蒂落,各有关部门正在逐步落实管理办法中的相关内容,整个 P2P 行业也正处于模式转型的过渡时期。但是,仍然有必要对管理办法的相关内容进行剖析,分析其合理之处与不合理之处。因此,在下文中,本文将会采用一种比较法的视角对管理办法中的一些重要条文进行阐释和评析。

(一)明确了监管主体以及监管体制

要知道,在管理办法颁布以前,P2P 行业在我国被认为是无准入门槛、无行业标准、无监管机构的三无行业,这就导致国内 P2P 市场鱼龙混杂,混乱的 P2P 市场给越来越多的投资者造成了巨大的损失。对此,《管理办法》第 4 条明确规定:在对网络借贷信息中介机构进行监管时,由国务院银行业监督管理机构及其派出机构负责制定相关的业务活动监督管理制度,并实施行为监管;各省级人民政府负责在本辖区

---

〔1〕 之所以说是类似信贷资产证券化是因为该第三人在这个过程中,在形式上,没有引入特殊目的实体的帮助,最后也没有形成资产支持证券,但该行为在实质上与信贷资产证券化无异。

内进行机构监管；工业和信息化部负责对涉及的电信业务进行监管；公安部牵头负责对涉及的互联网服务进行安全监管，依法查处违反网络安全监管的违法违规活动，打击网络借贷涉及的金融犯罪及相关犯罪；国家互联网信息办公室负责对金融信息服务、互联网信息内容等业务进行监管。

首先，这一规定直接表明，就监管主体而言，我国对 P2P 网络借贷平台的管理采用的是“分化”管理的模式。具体而言，针对 P2P 网贷平台所涉及的不同性质的活动由不同的机关进行监管，而不是由一个机构进行统一监管。其次，就监管体制而言，该规定表明我国采用的是一种中央和地方同时进行监管的双层监管体制。〔1〕在中央层面，由国务院有关部门、直属事业单位、相关办公室进行监管；在地方层面，则将监管权力统一收归于省级人民政府。但是，需要注意的是，此处的中央（中国银监会及其派出机构）与地方（省级人民政府）之间的关系并非是一种直接的隶属关系，反而是具有同等法律地位，且均服从于国务院的两个平等主体。因此，即使《管理办法》已经明确规定由银监会负责行为监管、由地方省政府负责机构监管，但两者到底如何进行分工协调依旧是个难题。对此，有学者提出了自己的一些看法，本文认为其建议确实具有可行之处，不失为一种破解之道。该学者提出：在具体实施过程中，银监会与省级人民政府的分工可以参照《P2P 网贷风险专项整治工作实施方案》〔2〕（以下简称《整治方案》）中的分工来进行。在地方层面，省金融办和地方银监局在省级政府的统一领导下通力合作，共同对本地区备案的 P2P 网贷机构进行具体的业务和行为监管；而在中央层面，银监会的职能主要表现为会同相关机构制定监管规则和行业规范，并且在出现跨省风险时，出面进行统一协调。〔3〕

其次，值得进一步思考的是，这种双层监管体制是否就是一种最为理想的模式？比如，在美国，根据美国国会下属的政府责任办公室（下称 GAO）所提交的报告显示：对 P2P 平台进行监管，要特别重视以下三个因素——持续一致的消费者和投资者保护、灵活性和适用性、效用和效率。但是按照 GAO 的上述评估标准，双层监管体制并不完全符合 GAO 提出的最后两条，相反，由于 P2P 平台要受到联邦和州的双层监管，这种双重监管形式要求平台提交大量的文件，从而大大提高了平台的运营成本。〔4〕

〔1〕 参见彭冰：《P2P 网贷长效监管机制建立》，载《经济参考报》2016 年 10 月 25 日，第 8 版。

〔2〕 银监发〔2016〕11 号。整治方案对中央和地方的职责分工规定如下：在中央层面，要求设立网贷风险专项整治工作领导小组，该小组由多个相关部委组成，银监会为组长单位，小组办公室设在银监会；在地方层面，省金融办和银监会省级派出机构共同负责设立网贷风险专项整治联合工作办公室，具体整治工作由省级政府负责。

〔3〕 参见彭冰：《P2P 网贷长效监管机制建立》，载《经济参考报》2016 年 10 月 25 日，第 8 版。

〔4〕 参见王朋月、李钧：《美国 P2P 借贷平台发展、历史、现状与展望》，载《金融监管研究》2013 年第 7 期。

(二)要求平台定期进行报告,履行充分的信息披露义务

在金融市场中,风险的产生来源于信息不对称。P2P网贷作为金融创新的典型代表,其之所以蕴含非法集资风险,主要原因也在于出借人、借款人以及平台之间信息不对称。因此,《管理办法》第9条第4项、第5项明确规定了网络信息借贷中介机构应当履行充分的信息披露义务。并且,管理办法的第五章还就网贷平台如何履行具体的信息披露义务进行了详细的规定,其中包括:网贷平台应当向出借人充分披露借款人的相关信息、平台应当定期以公告形式向公众披露年度报告等。根据《管理办法》的规定,我们可以看出:与美国进行对比,我国法律为P2P平台创设的信息披露标准并不算严格。在美国,P2P网贷被视为一种证券发行行为,由SEC对其进行监管,对其适用证券发行的一套制度。[1] 平台需要去SEC进行登记注册,并且具有全面的信息披露义务,如每天至少要向SEC提交报告一次;平台要将每天的贷款列表提交给SEC,以便在消费者对平台提起诉讼时,能有证据来证明其是否存在以错误信息误导消费者的情形。[2] 至于我国是否需要采用像美国那样严格的信息披露标准,笔者认为大可不必。因为国内P2P市场发展才短短几年,不如美国成熟,如果一味地遵循美国的披露标准,则势必会打消市场发展的积极性,阻碍P2P行业的发展。事实上,根据银监会发布的《网络借贷信息中介机构业务活动信息披露指引》[3]的内容可知,目前我国P2P平台的定期报告主要是月度报告和年度报告,并不需要每天都进行报告。

(三)绝对禁止平台自融

其实,对于P2P网贷平台的监管,我国官方一直都是以坚持维护网贷平台中立的信息中介地位为原则。故而,在面对平台自融的问题时,监管机关的态度是绝对禁止的。对此,《管理办法》在第10条第1项中作出了明确规定。[4] 但是,一味禁止平台自融是否就是一种合理的处理方式呢?对于这一问题,可以借鉴德国对债权转让P2P网贷平台的监管经验。首先,德国的债权转让模式与上文中提到的我国债权转让模式有所不同:一是在形成债权的过程中,德国是由商业银行作为放贷人将资金提供给资金需求方,而在中国的债权转让模式中,则是由没有任何金融牌照的自然人先行放贷给借款人;二是在债权转让过程中,德国不对债权期限进行拆分,只拆分债权数额,而在中国实践中,很多P2P平台在进行债权转让时既拆分数额,也拆

[1] 参见彭冰:《如何规范监管P2P》,载《经济参考报》2014年8月20日,第6版。

[2] 参见王朋月、李钧:《美国P2P借贷平台发展、历史、现状与展望》,载《金融监管研究》2013年第7期。

[3] 银监办发[2017]113号。

[4] 《网络借贷信息中介机构业务活动管理暂行办法》第10条规定:网络借贷信息中介机构不得从事或者接受委托从事下列活动:(一)为自身或变相为自身融资……

分期限。其次,德国的债权转让模式也具体分为两种:一是由贷款银行直接将债权数额进行拆分,然后再转让给投资人;二是贷款银行先将债权转让给网贷平台或者平台的关联企业,然后再由平台或其关联企业将债权数额拆分后转让给投资者。在第二种债权转让模式中,存在一个由P2P平台或其关联企业向投资人转让债权的环节,这一环节就涉及平台自融。对此,德国监管者认为,虽然平台或其关联企业在债权转让过程中存在融资行为,但只要其符合其他方面的合规要求,如履行相应的信息披露义务或者能够达到豁免信息披露义务的条件,那么这种自融行为就是允许的。[1] 因此,对于平台自融问题,监管机构要结合实际情况,对于平台通过发布虚假信息、虚构项目的方式自融资金的行为要严厉禁止,但是对于平台发布真实信息自融资金的行为要予以区别对待。

五、结论

P2P行业虽然是近年来互联网金融创新的产物,但其中所蕴含的非法集资风险却不容小觑。因此,本文通过对非法集资行为进行定性讨论,结合国内P2P行业的基本模式,具体分析了P2P网贷在各种运营模式下可能存在的非法集资风险。经过一系列的分析,大致可以得出以下结论:(1)借款人非法集资。由于借款人才是真正的资金需求方,因此几乎所有的P2P网贷模式中都可能存在借款人借助P2P平台从事非法集资行为的风险。(2)不同的P2P网贷平台会因其具体运营模式的不同而存在不同程度的非法集资风险。具体而言,纯中介模式的P2P平台一般不涉及非法集资风险,保本金(利息)模式的P2P平台可能会涉及平台自融的非法集资风险,信贷资产证券化模式的P2P平台则可能存在因规避传统金融机构理财产品销售所受到的监管而产生的非法集资风险,而采用债权转让模式的P2P平台则由于平台介入自身信用而可能涉嫌非法集资。鉴于非法集资的范围非常宽泛,至于各模式下的P2P网贷平台究竟构成何种非法集资风险还需要有关机关结合具体的实际情况来进行认定。同时,随着P2P行业进入发展的关键时期,社会各界对P2P行业加强监管的呼声越来越高,因此,有关机构应该多多借鉴国外有益经验,不断完善目前国内P2P行业的监管体系。

就“善林金融案”而言,根据公安机关的调查结果可知,善林金融存在向社会不特定公众销售债权转让理财产品、形成“资金池”供平台所有人自用、发布虚假投资项目借新还旧等问题,可以说已经完全踩到了非法集资犯罪的雷区,触犯到了法律的底线,必然会受到法律的制裁。此外,可以预见的是,在金融宏观审慎监管的大背

---

〔1〕 参见纪海龙:《P2P网络借贷法律规制的德国经验及其启示》,载《云南社会科学》2016年第5期。

景下,我国未来 P2P 网贷行业的发展势必会经历一段艰难的低潮期。但这本身就是优胜劣汰的市场机制发挥作用导向的结果。金融创新的关键还在于高质量,唯有合规发展,才能越走越远。

约稿启事

互联网金融是充分运用以互联网为代表的现代信息科技，促进金融服务更富有效率的商业模式，对人类金融模式产生革命性、颠覆性影响，进而影响社会经济发展乃至整个社会生活的金融新业态。互联网金融在推动金融创新的同时，既突破了现有法律规定所建构的边界，又离不开法律规则的引导与调适，其带来的金融创新呼唤法律规范的回应。为充分展示互联网金融创新及其法律规制方面的最新动态与发展趋势，上海交通大学互联网金融法治创新研究中心于2014年12月起创办《互联网金融法律评论》（以下简称《评论》），搭建一个开放的思想交流平台，以此容纳不同领域关于互联网金融发展过程中法律问题的真知灼见。上海交通大学互联网金融法治创新研究中心主任许多奇教授担任《评论》主编，编委会设于上海交通大学凯原法学院。

《评论》以“互联网金融及其法律治理研究”为定位，文章集中于法学、金融学、经济学、管理学和社会学等领域，主要栏目有：“慎思篇”（专题研讨）、“审问篇”（热点评论）、“笃行篇”（司法实践）、“广闻篇”（前沿动态）。“解真问题，写真文章，做真学问”是《评论》的基本精神和学术理念。《评论》强调学术研究基础，主张对文献、经验和学理逻辑的精细把握，着力奉行严谨的研究方法以提升研究深度，强调文章必要长度以保证学术基本水准，呼吁学术原创以增进学术增量。

《评论》以一年四辑的形式由法律出版社出版发行，对所登载的文章期待具有实质性的内容和原创性的贡献。所有稿件一经登载，编委会即支付润笔费若干，并采取“优稿优酬”之原则。

《评论》希望在社会各界的支持下，为学界与实务界构建一个理论与实务的对话平台，走出一条理论与经验、人文与科学、规范与实证的复合道路，以此办出《评论》的风格和特色。感谢并继续期待各界同人共同呵护与大力支持，推动《评论》向更高层次和更高水平发展！愿共谋佳篇，共长学术！

来稿请以电子邮件的方式惠寄至 jifl_sjtu@ 126. com。审稿周期为60天；60天未收到修改意见或录用通知，作者可自行处理。

邮寄地址：上海市徐汇区华山路1954号法学院318室，《互联网金融法律评论》编委会；邮编：200030；电话：021-62932051。

附:投稿要求

(一)来稿一般不少于8000字且不超过18,000字(包括注释,特别优秀的论文可适当放宽字数要求)。所有稿件请用Word文件的电子版,并保证照片与图表的清晰度。

(二)欢迎原创性成果,署名无争议。请作者附上真实姓名和详细联络地址(包括邮寄地址、邮编、联系电话、电子邮箱,凡稿件发表后,都会将作者加入我们的作者和读者互动群,并优先推送电子期刊)。

(三)请在稿件中注明作者简介(包括最高学历、学位、工作单位、职务、研究方向等,有特别要求的作者请备注)。来稿若有基金项目支持,请在首页地角注明。

(四)所有来稿文责自负。编委会有权对采用稿件做必要修改,如不同意请在来稿时声明。

(五)注释体例:

1. 注释以必要为限,提倡引用正式出版物,出版时间应精确到年;根据被引资料性质,应在作者姓名后加"主编""编译""编著""编选"等字样。

2. 文中注释一律采用脚注,每页重新编号,注码样式为:〔1〕〔2〕〔3〕等。

3. 非直接引用原文时,注释前加"参见";非引用原始资料时,应注明"转引自"。

4. 数个注释引自同一资料时,请补全脚注。

5. 相邻引文出自同一资料时,注释体例为:同上,第67页以下。

6. 引用自己的作品时,请直接标明作者姓名,不要使用"拙文"等自谦词。

(六)具体注释体例:

1. 著作类

①季卫东:《法治秩序的建构》(增补版),商务印书馆2014年版,第20页。

②徐冬根:《财富与美德》,北京大学出版社2013年版,第31页。

2. 论文类

①韩长印、韩永强:《债权受偿顺位省思——基于破产法的考量》,载《中国社会科学》2010年第4期。

②许多奇:《论税法量能平等负担原则》,载《中国法学》2013年第5期。

③黄韬:《应对操作风险:"加强监管"还是"健全市场"?——我国商业银行内部控制法律机制变迁的路径选择》,载《上海财经大学学报》2015年第6期。

3. 文集类

黄韬:《为什么法院不那么重要——中国证券市场的一个观察》,载苏力主编:《法律和社会科学》(第9卷),法律出版社2012年版。

4. 译作类

[英]H. L. A. 哈特、[美]托尼・奥诺尔著:《法律中的因果关系》,张绍谦译,中国政法大学出版社2005年版,第216页。

5. 报纸类

许多奇:《终结互联网金融野蛮生长》,载《人民日报》2016年4月15日,第10版。

6. 古籍类

《史记・秦始皇本纪》。

7. 辞书类

《新英汉法律词典》,法律出版社1998年版,第24页。

8. 外文类

依从该文种注释习惯。

Shen Wei, *Rethinking the New York Convention—A Law and Economics Approach*, Cambridge: Intersentia, 2013, p. 153.

9. 法院判决、公告类

《关于进一步支持小微企业增值税和营业税政策的通知》(财税〔2014〕71号)。

10. 网络资讯类

原则上,如果同样内容有纸质参考,请选用纸质参考,以方便保存查阅。

尹守革:《专访吴晓灵:央行应该有更多的自主权》,载搜狐财经:http//business.sohu.com/20131218/n392003645.shtml,最后访问日期:2013年12月18日。

图书在版编目(CIP)数据

互联网金融法律评论. 2018年. 第2辑 : 总第13辑 / 许多奇主编. -- 北京 : 法律出版社, 2018

ISBN 978-7-5197-2745-1

Ⅰ. ①互… Ⅱ. ①许… Ⅲ. ①互联网络-金融法-研究-中国 Ⅳ. ①D922.280.4

中国版本图书馆CIP数据核字(2018)第221862号

互联网金融法律评论(2018年第2辑·总第13辑)
HULIANWANG JINRONG FALÜ PINGLUN
(2018 NIAN DI-2 JI · ZONG DI-13 JI)

许多奇 主编

策划编辑 沈小英
责任编辑 沈小英 刘晓萌
装帧设计 李 瞻

出版 法律出版社
总发行 中国法律图书有限公司
经销 新华书店
印刷 北京虎彩文化传播有限公司
责任校对 马 丽
责任印制 吕亚莉

编辑统筹 财经法治出版分社
开本 720毫米×960毫米 1/16
印张 13.25
字数 261千
版本 2018年6月第1版
印次 2018年6月第1次印刷

法律出版社/北京市丰台区莲花池西里7号(100073)
网址/www.lawpress.com.cn
投稿邮箱/info@lawpress.com.cn
举报维权邮箱/jbwq@lawpress.com.cn
销售热线/010-63939792
咨询电话/010-63939796

中国法律图书有限公司/北京市丰台区莲花池西里7号(100073)
全国各地中法图分、子公司销售电话:
统一销售客服/400-660-6393
第一法律书店/010-63939781/9782 西安分公司/029-85330678 重庆分公司/023-67453036
上海分公司/021-62071639/1636 深圳分公司/0755-83072995

书号:ISBN 978-7-5197-2745-1 **定价**:50.00元